인간의 정신과 행동에 대한

심리학의 이해

Understanding of Psychology

석창훈 저

선문대학교 출판부

그럼에도 불구하고

대학에서 교수님 호칭을 들으면서 심리학 관련 강의를 시작한 지가 어언 30여 성상(星霜)이 흘렀다. 심리학 분야의 강의를 하면서 학생들이 오해하는 점이 하나 생겨났다. 그것은 다름 아닌 내가 심리학 공부를 위해 준비를 꽤 잘하였고, 대학 다닐 때부터 심리학에 관심이 큰 것으로 여긴다는 사실이다. 그런데 사실은 그렇지 않다. 학생들의 선입관이 낳은 착각인 셈이다.

나는 대학 1학년 교양 수업 때 심리학개론 과목에서 C학점을 받았다. 심리학이라는 과목을 처음 접한 나로서는 외국학자들의 이론만 잔뜩 소개하고 나의 심리와 행동 이해와는 동떨어져 한마디로 외계어 학문이라는 인상을 받았다. 그래서 공부를 열심히 하지 않았다. 그럼에도 불구하고 2학년 교육학 전공수업을 들으면서 상담과 관련하여 자신에 대한 탐색의 기회가 많이 주어져 담금질이 잘 이루어진 탓에 송충이 솔잎 먹듯 상담과 심리학의 길을 뚜벅뚜벅 걷게 된 것이다.

자신과 타인, 나아가 인간과 사회에 대한 이해는 유사 이래 꾸준히 이어져 왔다. 신학이 나타나기 전에 신이 존재했고, 사회학이 등장하기 전에 사회는 우리 삶과 불가분의 관계를 맺고 있는 것처럼 심리학이 학문으로 정립되기 이전부터 인간의 마음에 대한 탐구는 꾸준히 지속되었다.

필자는 심리학 관련 수업을 시작할 때 자주 던지는 질문이 바로 "지피지기면 백전??"이다. 그러면 대부분 백전백승을 답한다. 그런데 나를 알고 상대를 알면 모든 전쟁에서 언제나, 반드시, 꼭, 예외없이, 100% 승리할 수 있을까? 손자는 '백승'이라는 결과론적 단어보다는 '불태'(不殆) 즉 위태롭지 않다는 과정적 용어로 위기에 임하는 삶의 자세를 안내하였다.

본 저서는 지난 30여년 상담과 심리학을 강의하면서 연구했던 바를 정리한 졸저이다. 특히 미래의 주역인 청소년들이 심리학과 상담분야에 대해서 나날이 관심을 많이 보이는 것에 대해 안내자 역할을 할 수 있는 나침반용으로 만들어 보았다.

이를 위해 본서에서는 인간의 정신과 행동에 대한 과학인 심리학이라는 물고기를 잘 잡을 수 있도록 '그물'이라는 메타포를 빌어 총 3부로 정리하였다.

먼저 제1부 심리학의 날줄(trends)에서는 심리학의 정의와 심리학의 역사를 조망하였다. 특히 심리학 분야에 여학생들의 관심이 증폭되는 점에 착안하여 심리학자를 꿈꾸는 여학생들에게 좋은 모델이 되기를 소망하는 마음으로 역사를 바꾼 12인의 여성심리학자를 소개하였다.

제2부 심리학의 씨줄(scopes)에서는 청소년에 대한 심리학적 이론과 심리학자의 주장을 통해 청소년의 심리와 행동에 대해 폭넓은 이해를 다루었는데, 진화·발달심리학적 접근, 정신분석심리학적 접근, 인지심리학적 접근, 생태심리학적 접근, 인본주의심리학적 접근 등 다양한 조망을 시도하였다.

제3부 심리학의 그물코(praxis)에서는 대중심리학으로 널리 알려진 MBTI를 활용하여 심리학의 실제를 경험하고 활용할 수 있도록 하였다. 이를 위해 대학생과 적응심리를 바탕으로 MBTI의 16가지 유형 이해, MBTI의 4가지 기질과 진로 탐색, 미래의 직업과 MBTI 유형, MBTI를 활용한 진로 탐색과 직업선택의 구체적인 실천 전략뿐 아니라 사례를 부록에 담았다.

1879년 W. Wundt가 과학으로서의 심리학을 태동시킨 이래 140여년이라는 짧은 역사 속에서 심리학은 21세기에 가장 각광받는 학문분야로 발돋움했으며 지금보다 앞으로 더욱 발전할 것으로 기대되는 연구영역이다. 졸저가 심리학에 관심을 갖는 후학들에게 이론(theoria)과 실제(praxis)의 길잡이가 되기를 소망한다. 비포장도로인 졸고임에도 불구하고 아우토반으로 만들어 준 선문대학교 출판부에 깊은 감사를 전한다.

2022년 새해에

삼봉산 자락에서 淸涼

목 차

제 3 부 심리학의 그물코(praxis) : MBTI와 진로 및 직업설계

제1부

"역사는 시간이라는 날줄에 걸린 과거를 통해
지금-여기를 살피는 것이다."
— 『호모 히스토리쿠스』 중에서 —

UNDERSTANDING

심리학의 날줄(Trends)

OF PSYCHOLOGY

제1장

심리학의 정의

1. 브레인스토밍(뇌풀기)

인간의 마음은 [ ] (이)다.

왜냐하면 [ ] 때문이다.

심리학은 [ ] (이)다.

왜냐하면 [ ] 때문이다.

심리학 관련 수업을 시작할 때면 학생들에게 출발점 행동을 확인하는 차원에서 늘 브레인스토밍(뇌풀기) 시간을 가지면서 위의 질문을 던진다. 그리고 느낌 나누기 차원에서 서로 발표하고 내용을 공유하면 사람들마다 각자의 생각을 지니고 있음과 심리학 수업에 대한 관심과 동기가 촉진됨을 느낀다.

몇몇 학생들의 응답을 모아보면 다음과 같다. 먼저 인간의 마음에 대해 살펴보면 다음과 같이 다양하게 응답한다.

◎ 인간의 마음은 (날씨)다. 왜냐하면 (변덕스럽고 복잡하며, 그 사람의 기분에 따라 주변 분위기를 좌우)하기 때문이다.

◎ 인간의 마음은 (호수)다. 왜냐하면 (작은 돌에도 큰 파장이 일어나기) 때문이다.

◎ 인간의 마음은 (강철)이다. 왜냐하면 (어떤 부분에서 한없이 튼튼하지만 또 어떤 면에서는 쉽게 녹거나 변질되는 것처럼 쉽게 상처받을 수 있기) 때문이다.

◎ 인간의 마음은 (화분)이다. 왜냐하면 (물(ex. 자극)이 있으면 생동감 있지만, 방치해두면 메마르기) 때문이다.

◎ 인간의 마음은 (바다)다. 왜냐하면 (바다처럼 넓고 깊은 내면이 존재하기) 때문이다.

◎ 인간의 마음은 (무지개)다. 왜냐하면 (형형색색 여러 가지 마음이 존재하기) 때문이다.

◎ 인간의 마음은 (알 것 같다가도 모르는 것)이다. 왜냐하면 (인간마다 타고난 품성과 성격은 다르기에 상대방의 마음을 파악하고자 하는 공식이란 것이 존재할 수 없기) 때문이다.

◎ 인간의 마음은 (변화무쌍)이다. (왜냐하면 세상에 존재하는 인구 수 만큼의 다양한 인간군상이 존재하기) 때문이다.

◎ 인간의 마음은 (?)이다. 왜냐하면 (천 길 물속은 알아도 한 길 사람 속은 잘 알지 못하기) 때문이다.

다음으로 심리학에 대한 응답은 다음과 같다.

◎ 심리학은 (던진 돌)이다. 왜냐하면 (마음의 파장을 확인)하기 때문이다.

◎ 심리학은 (기상예보)이다. 왜냐하면 (날씨처럼 변덕스럽고 복잡한 인간의 마음과 행동을 분석하고 예측)하기 때문이다.

◎ 심리학은 (이성과 본능에 대해 이해하는 학문)이다. 왜냐하면 (사람마다 학습한 이성과 내재된 본능이 상이)하기 때문이다.

◎ 심리학은 (김치)다. 왜냐하면 (한국 사람이 먹고 살아가는 데 없어서는 안 되기) 때문이다.

◎ 심리학은 (인간의 행동과 정신과정을 이해하는 과학)이다. 왜냐하면 (인간의 행동이나 정신과정을 통제하는 방법, 수정하는 방법과 같은, 인간을 이해하고 개인의 삶의 질을 향상시키기 위한 여러 기술들을 과학적으로 연구)하기 때문이다.

◎ 심리학은 (!)이다. 왜냐하면 (자신과 타인을 발견하고 이해하면서 '유레카'하기) 때문이다.

모두가 정답이지 않을까? 엄밀한 의미에서 과학으로서의 심리학 정의에 부합하는 것도 있고 그렇지 않은 것도 있지만 인간의 정신과 행동을 이해하는 심리학에 대한 출발점 행동을 확인하는 것으로는 적절한 응답이라 생각된다.

여러분은 인간의 심리가 어떠하며, 사람들은 왜 그렇게 행동하며, 이를 연구하는 심리학은 어떤 학문이라고 생각하는가?

통상 심리학을 한자적 해석으로 보면 사람 마음(心)의 이치(理致)를 연구하는 학문분야이다. 즉 인간의 마음(mind), 심리(psycho), 정신(spirit)의 구조와 기능이 어떻게 연관되어 있는지 탐구하는 분야로, 심리학(psychology)이라는 말은 심리를 뜻하는 psycho와 논리, 학문을 뜻하는 logy가 합쳐져 'psychology'가 되었다. 이 용어를 처음 사용한 사람은 1590년 독일의 스콜라 철학자 Rudolf Gőckel(1547~1628)이다. 그의 논문 『*Yucologia hoc est de hominis perfectione, anima, ortu* 인간의 유콜로기아(psychology의 라틴어 표기)의 완성, 영혼의 상승에서』에 처음 사용되었다고 한다.

물론 신학이 나타나기 전에 신이 존재했고, 사회학이 등장하기 전에 사회는 우리 삶과 불가분의 관계를 맺고 있는 것처럼 심리학이 학문으로 정립되기 이전부터 인간의 마음에 대한 탐구는 꾸준히 지속되어 왔다. 그런데 과학으로서의 심리학(다음 절에서 상술)이 태동한 이후 심리학의 정의는 학자에 따라 다양하게 나타나고 있다.

본 절에서는 한국심리학회의 정의를 바탕으로 심리학의 정의를 소개한다. 한국심리학회에서는 심리학을 "인간의 행동과 심리과정을 과학적으로 연구하는 경험과학의 한 분야"로 규정하고 있다. 여기서 중요한 것은 과학(science)으로서의 심리학이라는 점이다. 과학이란 연구 대상물이 아닌 연구방법에 의해 결정된다. 유사심리학(psudo-psychology)이나 상식심리학과의 차별성은 과학적 연구 방법에 의해 성립된다.

인간 심리에 대한 과학적 연구방법(scientific method)이란 마음과 행동이라는 연구 주제에 대해 관찰가능하고, 측정 가능하며, 반복해서 검증 가능한 엄정한 실험 절차를 거쳐 이론으로 인정됨을 의미한다.

비과학적인 연구방법(non-scientific method)은 신비적 방법(예: 하늘의 계시를 받았다), 경험에 의한 방법(예; 노하우), 관습에 의한 방법(예; 인디언의 기우제), 직관에 의한 방법(예: 아이디어), 권위에 의한 방법(예: 웃어른의 한 말씀), 대중에 의한 방법(예: SNS 인플루언서) 등을 들 수 있다.

요컨대, 심리학은 인간의 행동과 마음을 이해하는 과학이다.

제 2 장

심리학의 역사

1. 심리학의 태동 이전

영화 『10,000 BC』 포스터
© Warner Bros.

2008년에 개봉된 Camilla Bell Routh 주연의 할리우드 영화 『10,000 BC』은 매머드가 살아 숨 쉬고 피라미드가 등장하는 야생의 시대에 사랑하는 여인을 구하기 위하여 사악한 제국과 맞서는 청년의 힘든 여정을 다룬 판타지 영화이다. 우리가 아는 역사학적 지식으로는 BC 10,000년은 중석기 시대이며, 피라미드가 만들어진 것이 BC 2500여년으로 본다면 이 영화의 소재는 상상력의 산물임이 분명하다.

그런데 인류가 수렵, 어로, 채집으로 삶을 영위했던 BC 10,000년 이전의 구석기 시대를 보면, 인류는 수십 명이 하나의 집단을 형성하여 매머드와 하마 등 큰 동물을 사냥했다. 수렵이 생활 수단으로 일반화하면서 남자는 사냥에 전념하고 여자는 식물 채취와 가사를 담당했다. 선사시대 연구에서 불후의 업적을 남긴 L. H. Morgan은 공동체 안에서 남자보다 여자의 권위가 더 강했다고 말한다. 여자의 일이었던 식물 채취가 수렵이나 어로보다 더 안정적으로 식량을 확보할 수 있었던 데다가 집단혼의 상태에서 제 자식을 확실히 알 수 있는 사람은 남자가 아니라 여자였기 때문이라고 한다.

또한 언제 죽음이 닥칠지 모르는 생활환경 속에서, 남녀 사이의 불평등을 따지는 것은 무의미했다. 특히 인류는 죽음이나 망자(亡者)에 대해서 각별한 관심을 기울였다. 그들은 동굴 속에 판 무덤에 시체를 묻고 흙의 압력을 받지 않도록 시체 주변에 돌을 쌓았다. 시체와 함께 음식과 각종 부장품을 묻어 주기도 했다. 이것으로 보아 사후세계에 대해 막연하게나마 인식하고, 종교적 의식이 싹트고 있었음을 추측할 수 있다. 이러한 의식은 인간에 대한 이해를 싹틔운 고대의 지혜를 낳았다.

한편 BC 5,000년경 신석기 시대의 고대 유적을 보면 원형 또는 사각형의 구멍이 뚫린 사람의 두개골이 많이 발굴되었다. 구멍의 주변을 따라 딱지가 앉은 것으로 미루어 이는 분명 살아 있는 사람의 머리를 수술한 천두술(穿頭術, trepanation)의 시초라 아니할 수 없다. 시술자가 예리한 돌로 두개골을 긁거나 톱질할 때 출혈이나 감염, 경뇌막(硬腦膜)의 손상을 피해서 그 부위를 조심스럽게 고른 흔적도 엿보인다. 현존하는 원시종족 사이에서도 이와 유사한 수술을 볼 수 있어 선사시대 인류가 널리 천두술을 성공적으로 실시했음을 증명하고 있다. 이렇게 천두술을 실시하는 까닭은 사람의 몸으로부터 악령이 빠져 나갈 수 있도록 마술적인 의식이 행해졌으리라 의학사에서는 추정한다.

BC 2500년 경 바빌론이나 중동지방(지금의 아프카니스탄)에는 사람을 9가지 성격으로 분류하는 에니어그램(Enneagram)[1]이 유래하였다고 한다. 희랍어에서 9를 뜻하는 ennear와 점, 선, 도형을 뜻하는 grammos의 합성어로, 원래 '9개의 점이 있는 도형'이라는 의미이다. 이후 기독교, 불교, 이슬람교, 유태교 등 종교의 가르침과 더불어 여러 가지 철학이 포함되었다.

한편 지금으로부터 2,500여 년 전인 BC 6세기경 중국 춘추전국시대, 약소국이었던 오나라는 손무(孫武)가 전군의 지휘권을 맡으면서 막강한 군사력을 형성하게 되어 일약 강국이 되었다. 이로 인해 후세에 '병성(兵聖)' 또는 '무성(武聖)'으로 추앙받는 손무는 병가의 바이블이란 뜻의 '병경(兵經)'인 『손자병법(孫子兵法)』을 만들었다. 이 책은 전쟁에서 이기기 위한 전술과 전쟁의 법칙뿐 아니라, 국가경영의 중요한 내용과 인

---

1) 에니어그램 시스템은 피타고라스와 신플라톤학파(기원전 100년경)를 거쳐 그리스와 러시아의 동방정교회(서기 500년경), 이슬람교의 수피즘(14~15세기)으로 구전되었다. 입으로만 전해 내려오던 에니어그램 시스템을 서구에 처음으로 소개한 것은 러시아의 신비주의자 Gurdjieff이다. 그는 수피즘의 단체인 나크쉬밴디스(Naqshbandis)를 통해 에니어그램 시스템을 소개받아 자신이 연구한 것을 1915년에서 1916년 사이에 파리에서 공개하였다. 이후 볼리비아의 Ichazo가 1960년대에 칠레 아리카연구소에서 에니어그램 시스템을 기반으로 9가지의 유형을 개발했고 1970년대에 Claudio Naranjo에 의해 미국 기독교계에서 급속도로 확산되었다. 그 후 에니어그램의 신비주의적, 종교중심적인 접근법에서 벗어나기 위해 Gurdjieff와 Ichazo는 에니어그램을 재정리하여 성격심리학적인 접근을 시도하였다. 한국에 에니어그램이 소개된 것은 1984년에 박인재가 번역한 Gurdjieff의 저서 『위대한 만남(*Meeting with remarkable men*)』이 최초이다. 그 후 일부 천주교 사제들을 중심으로 지엽적인 교육이 이루어지다가 우재현(대구대)이 1997년 한국에니어그램협회를, 윤운성(선문대)이 1998년에 한국에니어그램학회를 창설하고 에니어그램을 대중에게 알렸다. 윤운성은 2001년에 표준화된 한국형 에니어그램 성격유형검사를 출판하였다.

사 등에도 비범한 견해를 담고 있어 오늘날까지도 최고의 전쟁 연구서 중 하나로 평가된다.

죽간(竹簡)으로 만들어진 손자병법은 전체 13편으로 이루어져 있는데 제3편 「모공(謀攻)」편에는 적군에게 이기는 방법, 즉 여러 가지 승리의 방법이 적혀 있다. 여기서 말하는 최선의 승리는 백 번 싸워 백 번 이기는 것(百戰百勝)이 아니라 아군의 피해가 전혀 없이 싸우지 않고 승리하는 것이다. 그러기 위해서는 계략을 가지고 적의 군대를 굴복시켜야 하는데 상대편에게도 전략이 있다는 것을 간과해서는 안 된다. 따라서 적군과 아군의 약점과 강점을 잘 비교 검토한 다음에 전투에 임할 것을 권하며 다음과 같이 말한다.

손자병법
© vlasta2

知彼知己者, 百戰不殆.(적을 알고 아군을 알면 백 번 싸워도 위태하지 않다.)
不知彼而知己, 一勝一負(적을 알지 못하고 아군을 알면 한 번은 이기고 한 번은 진다.)
不知彼不知己, 每戰必殆(적을 알지 못하고 아군도 알지 못하면 싸울 때마다 위태롭다.)

이후 '지피지기백전백승(知彼知己百戰百勝)', '지피지기(知彼知己)', '지피지기백전불패(知彼知己百戰不敗)'란 말이 흔히 쓰인다. 그런데 지피지기 백전백승은 불가능한 일이다. 그래서 지피지기만 한다고 '반드시, 늘, 언제, 항상, 예외 없이, 꼭, 모든, 100%' 전쟁이나 경쟁에서 이긴다는 보장으로 해석하기보다는 어떤 경쟁이나 대결에서 자신의 능력을 과대평가해 기고만장해서도 안 되고, 상대의 전력과 상황에 대한 파악이 없이 무턱대고 덤벼서도 안 됨을 경계하는 말로 이해해야 한다. 따라서 위태로움을 선제적으로 예방하는 측면에서 이해하는 것이 더 타당할 것이다. 손자의 메시지는 현대의 인간 이해와 심리 관계에도 여전히 유효한 표현이라 생각된다.

한편 동시대에 동양에 손무가 있었다면 서양에는 Socrates(BC 470-399)가 있다. Socrates가 남긴 말로 유명한 '너 자신을 알라(γνῶθι σεαυτόν 그노티 세아우톤)'는 사실은 고대 그리스의 유명한 격언으로, 그리스의 여행담 작가인 파우사니아스에 따르면 델포이의 아폴론 신전의 프로나오스(앞마당) 기둥에 새겨져 있던 것인데 Socrates가 즐겨 사용함으로써 Socrates의 말이 되었다고 전해진다.

이 말은 우리 자신의 무지(無知)를 자각하라는 말이다. 즉 우리가 아무것도 모른다는 사실을 스스로 깨달을 때에만 참다운 지식의 획득은 가능하며, 또 올바르게 행동할 수 있다는 뜻이다. Socrates는 인간의 지혜가 신에 비하면 하찮은 것에 불과하다는 입장에서, 무엇보다 먼저 자기의 무지를 아는 엄격한 철학적 반성이 중요하다고 하여 이 격언을 자신의 철학적 활동의 출발점에 두었다. 현대 심리학의 관점에서 소크라테스의 말을 환언해서 사용하면, 'Who am I?'로 표현할 수 있을 것이다.

2. 심리학의 태동

현재 우리는 4차 산업혁명 시대를 살고 있다. 세계사 속에서 보면, 인류는 18세기에 증기기관과 방적기의 발명에 의해 1차 산업혁명을 일으켰고, 19세기에는 전기 동력을 개발하여 자동화에 의한 대량생산체계를 구축하여 2차 산업혁명을 겪어왔으며, IT 정보기술과 산업의 접목으로 이루어진 3차 산업혁명을 경험하였다. 오늘날에는 사이버 물리 시스템(cyber-physical system)과 사물인터넷(internet of things)의 기술을 융합하여 새로운 가치를 창출해내는 4차 산업혁명(Industry 4.0) 시대를 살고 있다.

인간의 삶에 거대한 변혁을 초래하는 산업혁명의 시기는 인간이해에 대한 패러다임도 바꾸어 놓았다. 특히 근대 과학의 발전과 궤를 같이한 2차 산업혁명(1865년~1900년) 시기에 주목해야 할 점 가운데 하나는 19세기 초에 발명된 두루마리 제지기계의 기술 발명에서 나타난 지식의 보급이다. 그 결과 1870년대에는 종이에 걸려 있던 관세가 철폐되었고, 생산 비용도 저렴해져 기술 관련 저널리즘이나 정기 간행물의 성장이 촉진되었다.

19세기 중엽 중 1859년은 과학사에 있어서 획기적인 해로 규정할 수 있다. C. R. Darwin(1809-1882)이 『종의 기원(*On the Origin of Species*)』을 발간한 것이다. 500쪽이 넘는 방대한 분량의 저서에서 다윈은 남아메리카 대륙 탐사에서 드넓은 초원(팜파스)에 야생 토끼가 보이지 않는다는 사실을 발견했다. 토끼 서식 환경을 잘 알고 있던 다윈에게 토끼가 잘 자랄 수 있는 팜파스에 토끼가 없다는 것은 수수께끼였다. 연구결과, 팜파스에 토끼가 살지 않는 이유는 토끼가 아프리카에서 남아메리카로 대서양을 헤엄쳐 건너올 수 없기 때문이었다. 이 같은 질문은 꼬리에 꼬리를 물 수 있다. 다윈의 역작인 진화론은 바로 이런 의문에서부터 출발한다. 그 결과 당시 유럽사회를 지배했던 창조론에 대항하는 진화론을 태동시키기에 이르렀다. '디스커버리 채널'은 세계의 각 전문가들을 대상으로 인류사를 바꾼 위대한 발견 열 가지를 선택했는데 첫 번째로 다윈의 진화론을 올려놓고 아인슈타인이 구상한 '상대성이론'과 '$E=mc^2$' 두 가지를 지식적 업적의 둘째와 셋째로 꼽을 정도로 인류 과학사에 미친 영향은 지대했다.

저서 『종의 기원』과 관련하여 1859년 초판의 정가가 15실링이었음에도 1259부는 출판된 첫날 모두 팔렸고 다음해 1월 발간된 3000부도 나오자마자 매진되었다. 6판인 최종판이 1872년에 나올 때까지 9750부가 팔렸으며 다윈이 자서전을 쓰던 1876년까지 무려 1만 6000부가 팔려 그야말로 당시로서는 초베스트셀러였다.

Wilhelm Wundt

이러한 인간에 대한 과학적 사고와 발견은 독일 라이프치히대학의 W. Wundt(1832~1920)가 1879년 세계 최초로 실험심리학연구소를 설립하여 과학으로서의 심리학을 태동시키는 데 영향을 크게 미쳤다.

철학자이면서도 생리학자였던 W. Wundt는 제자들과 함께 내성법(內省法, introspection)을 발전시켰다. Wundt는 과학적인 심리학이 되기 위해서는 인간의 의식(세상과 정신에 대한 인간의 주관적인 경험)을 분석해야 된다고 믿었다. Wundt가 진행한 연구의 배경은 생리학이었는데 그 이유는 그의 연구가 반응 시간이나 감각 과정 혹은 주의에 대한 것에서부터 출발했기 때문이다. 실험 참가자들은 일반적인 자극, 예를 들어 메트로놈의 소리를 듣거나 향기를 맡는 것에 노출된 후 그들의 감각에 대해서 이야기한다.

라이프치히대학 심리학실험실

다시 말해, Wundt는 내성법을 이용하여 의식적인 정신 상태를 과학적으로 연구할 수 있다고 생각했다. Wundt의 내성법은 인과 관계를 설명하기보다는 정교한 자기 관찰법의 일종이다. 그래서 그는 심리학 학생들이 개인적인 해석 또는 과거 경험에 의해 한쪽으로 편향되는 상황에 대해서 정확히 관찰할 수 있도록 훈련시켰으며 그 결과를 이용하여 의식에 관한 이론을 발달시켰다. 요컨대, Wundt의 실험심리학은 경험에 근거하여 세상을 연구하는 학문이며, 특히 발생하는 즉시 이루어지는 즉각적 경험으로서 의식을 연구하기 위해 실험기법을 사용하는 학문이라 할 수 있다. 즉 Wundt는 과학으로서의 심리학을 태동시킨 연구자이다.

이후 Wundt의 제자들이 미국 동부의 아이비리그 대학으로 진출하여 하버드대학을 비롯한 유수의 대학에 심리학과를 창설하면서 심리학은 부흥기를 맞기 시작한다.

3. 심리학의 태동 이후

Wundt 이후 심리학의 발달은 1, 2차 세계대전과 컴퓨터의 발명을 거쳐 비약적인 성장을 이룬다. 심리학의 성장과 발달과 관련하여 D.

Schultz(1977)는 인간을 보다 체계적으로 이해하고자 4가지 흐름—정신분석, 행동주의, 인본주의와 실존주의, 초개인주의—으로 구분하였는바 필자는 인지주의를 덧붙여 살펴보고자 한다. 이에 본 절에서는 Freud의 정신분석을 중점적으로 살펴보고, 나머지 심리학은 각 장에서 세부적으로 다룬다.

S. Freud와 정신분석

Sigmund Freud

제 1세대 심리학은 S. Freud의 정신분석학(Psychoanalysis)이나 C. G Jung을 중심으로 하는 분석심리학으로, 여기에서는 인간의 무의식의 세계를 파헤친 바, 본능적 충동으로서 원욕(id)이나 초자아(superego)의 충돌에 의해 긴장이나 갈등이 초래되며 이로 인하여 여러 가지 정신병리 현상이 일어난다고 본다.

S. Freud는 심리학의 발전에 가장 크게 기여한 인물로 손꼽히는데 이론이 없다. 빅 데이터 인문학의 저자들이 구글 엔그램 뷰어를 이용해 지난 200년 동안 가장 유명했던 사람을 선정했는데 1위 히틀러, 2위 마르크스에 이어 3위는 지그문트 프로이트였다. 4위 레이건, 5위 스탈린, 6위 레닌, 7위 아이젠하워, 8위 찰스 디킨스, 9위 무솔리니, 10위 바그너 순이었다. 다수의 정치인 가운데 심리학자로는 유일무이한 학자인 셈이다. A. Einstein은 "프로이트 당신에 비하면 나는 놀라운 물고기를 낚기 위해 매달린 작은 벌레에 불과합니다."라

고 할 정도로 Freud의 사상에 대해 경외심을 표하기도 하였다.

그렇다면 Freud의 심리학적 업적 가운데 어떤 내용이 중요하게 연구되었는가? 짧은 지면에 Freud의 사상과 연구결과를 정리한다면 '심리학의 거인(Giant of Psychology)'으로 불린 Freud에 대해 불경의 오해도 있을 수 있지만 심리학에 관심을 가지는 독자들의 이해를 위해 몇 가지 의미 있는 내용만 간략히 소개하고자 한다.

Freud는 심리학의 연구주제로 왜 의식 대신 무의식을 선택했을까? 당시 유럽사회는 올바르고 합리적인 정신과 의식이 가장 훌륭한 덕목이자 요소라고 여긴 계몽주의가 주류를 이루고 있었다. 즉 사람을 정신과 육체로 나누고, 육체는 부정적인 의미를 가지고 있다고 생각하면서, 올바른 정신과 의식으로 육체를 다스려야 한다고 주장했다.

이에 반해 Freud는 정신과 의식이 항상 같은 것은 아니며, 무의식이라는 부분이 존재한다고 주장했다. Freud는 의식과 함께 무의식이 정신의 한 부분이라고 말하는 것에서 멈추지 않고, 무의식이 의식에 못지않게 중요한 역할을 한다고 말한다. 먼저, 무의식은 자유로운 정신 에너지원이기 때문에 인간의 정신 활동에 없어서는 안 될 부분이다. 그리고 이 에너지원은 무의식에서 나와서 의식에까지 영향을 미치기 때문에, '의식 활동'은 무의식에 기반을 둔 것이 된다.

이렇게 의식에까지 영향을 미치는 무의식은 의식에 비해서 그 내용이 정확하게 파악되기 힘들고, 인간이 인식하지 못하지만 실제로 원하거나 추구하는 내용을 담고 있다. 그렇기 때문에 이러한 무의식이 의식으로 넘어가는 것을 억지로 막으면 문제가 일어나게 된다. 예를 들어, 평상시에 하는 말실수부터 심각하게는 노이로제까지 생기는 것이다.

따라서 Freud는 무의식의 흐름과 의식에까지 미치는 영향을 거부하거나 억압해서는 안 된다고 주장했다.

인간의 정신세계를 좀 더 체계적으로 이해할 수 있도록 '빙산'이라는 지형학적 구조를 통해 은유로 설명하였다(아래 그림 참조).

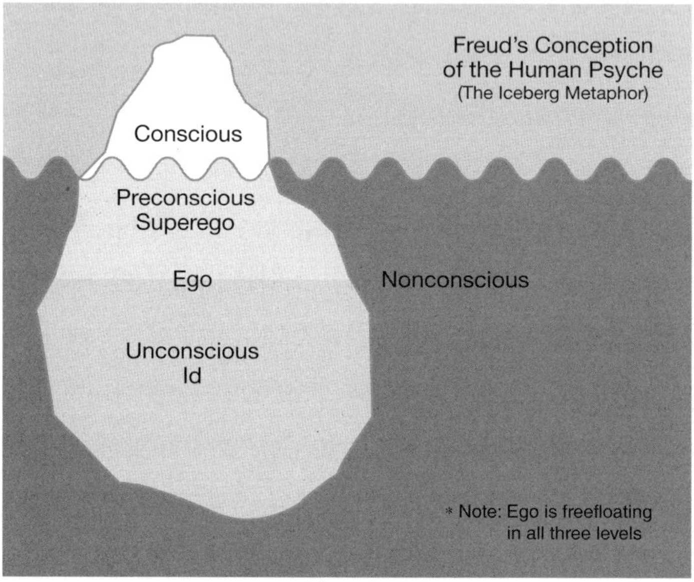

Freud의 인간 정신 개념도

의식(conscious)은 감각 기관을 통해서 현재 인식되고 지각되는 모든 대상을 포함한다. 이 부분은 정신 구조 중에서 완전히 지상으로 나와 있는 부분으로, 실제로 겉으로 표현되는 내용이 대부분을 차지한다. 그리고 외부에서 오는 자극이나 상황을 판단하고 계속해서 받아들이는 역할을 수행하는데, 감각 기관을 통해 새로운 내용을 깨닫고 지각하는 경험을 지속적으로 쌓아 나간다는 점에서 의의가 있다.

위의 그림에서 특히 주목해야 할 점은 의식과 전의식 사이의 파동(波動)이다. 수평선의 은유이기는 하지만 선이 아닌 물결로 볼 때, 물결은 올라올 때와 내려갈 때가 있듯이 인간의 의식과 전의식은 분리되거나 폐쇄적이지 않고 서로 서로 영향을 주고받는다는 측면에서 역동적이다. 이에 Freud의 정신분석을 정신역동(psychodynamic)이라 일컫는 이유 가운데 하나가 여기에 있다.

전의식(preconscious)은 과거에 인식되었던 기억이나 경험들 중에서 현재에는 잘 의식되지 않지만 조금만 집중하고 노력하면 곧 떠올릴 수 있는 내용들을 포함한다. 이는 의식과 무의식의 사이에 존재하는 일종의 완충 지대로서, 무의식이 의식으로 보내려는 내용들을 포장하는 역할을 한다. 다시 말해 무의식에서 정비되지 않은 욕망들이 의식으로 곧바로 보내지면 혼란이 생기고, 인간의 행동이 비정상적으로 나타날 가능성이 높기 때문에 전의식이 그 사이에서 중재를 한다. 무의식과 의식이 서로에게 도달하려면 반드시 전의식 부분을 거쳐야 하기 때문에, 무의식에서 가끔 일어나는 강한 욕망이나 사회와 어울리지 않는 행동을 하고 싶은 충동들을 전위나 압축 등의 과정을 통해 다듬고 바꿔서 보낼 수 있는 것이다.

사람이 더 이상 떠올리고 싶지 않거나 지우고 싶은 트라우마나 콤플렉스와 같은 것을 의식 영역에서 무의식 영역으로 한번 밀어내면, 이후에 꺼내고 싶을 때 의식으로 다시 가지고 올 수 없다. 의식은 지극히 현실적인 부분이고, 외부의 자극이나 상황에 민감하다. 따라서 현실과 동떨어져 있는 무의식과는 교류가 전혀 없다고 볼 수 있으며, 전의식과의 연결점이 조금 있을 뿐이다.

그리고 전의식도 무의식의 영역에 자유롭게 드나들 수는 없지만, 무의식의 내용들이 전의식을 통해서 가꾸어지고 무의식이 아닌 것처럼 변형되기 때문에 두 영역 사이에도 접점이 있다고 본다. 결론적으로 의식과 무의식은 상반되는 만큼 떨어져 있고 교류도 없지만, 전의식은 그 가운데에서 둘 사이의 관계를 이어 주고 서로 부딪혀서 큰 혼란이나 정신적 파괴가 오지 않도록 하는 관계를 맺고 있다.

무의식(unconscious)은 기본적으로 아기가 가지고 있는 일차적인 본능적 욕구들로 구성된다. 배가 고프면 주변 사람들이나 어떠한 상황에도 상관없이 음식을 집어 먹거나, 잠이 오면 자고, 원하는 사람이나 물건이 있으면 가지려고 하는 등의 원초적인 욕구(id)들이다. 이토록 사회성이 전혀 포함되지 않는 인간의 내면으로 채워지는 무의식 속에는 당연히 사회적으로 지탄받을 금기된 성향과 욕망, 상상들이 들어 있다. 근친을 사랑하는 마음이나 특이한 버릇, 폭력적인 행동이나 이를 실행에 옮기는 상상 등이 포함된다. 나아가 이미 스스로는 기억 속에서 지워버린 어린 시절에 겪었던 추억이나 경험, 트라우마와 상처, 콤플렉스도 무의식 속에서 보이지는 않지만 항상 존재한다.

이렇게 무의식은 타인과 마찰 없이 살아가기 위해서는 참아야만 하고 현실에서는 용납되지 않는 정신적 에너지들이 항상 꿈틀대면서, 무의식이 원하는 생각이나 행동을 전의식을 통해서 의식으로 보내려고 한다. 그리고 보내진 내용들이 전의식에서 까다로운 검사를 통과해 조금 변형된 사회적인 모습으로 의식에 도달하면서 정신 작용이 일어나기 때문에 무의식이 특히 역동적일 수밖에 없다. 나아가 무의식에서 원하는 바를 전달하려는 욕구나 과정이 없다면 정신 활동이 활발하고 지속적으로 일어나지 않기 때문에, 무의식은 정신 구조에서 에너지원이 된다.

그러나 인간이 스스로 무의식에 접근할 수는 없는데, 그 이유는 바로 무의식 속에 방어 기제가 있기 때문이다. 무의식 속에 있는 쾌락을 추구하는 모습들을 숨기고 들여다볼 수 없게 하는 이 본능적인 방어 작용 때문에 인간은 자신의 정신인데도 불구하고 통제할 수가 없다.

심리학이 태동한 1879년 이후 20년 만인 1899년 11월 4일, Freud는 『꿈의 해석(*Die Traumdeutung*)』을 발간(초판 600부가 완판하기까지는 8년이 걸림)하여 꿈은 무의식으로 가는 왕도이며 무의식을 이해하는 것이 신경증적 증상이나 행동을 이해하는 지름길이라 주장하였다.

그런데 무의식에 관한 이론의 대표 주자인 Freud를 비판하는 목소리는 그의 제자들로부터 현대 학자들까지 이어져 오고 있다. 이들은 Freud의 주장이 '충동'과 '성적 욕구'에 기반해서 만들어졌기 때문에 현대에까지 적용될 수 있는지 의문을 제기한다. 또한 무의식을 마주하게 함으로써 신경증과 같은 정신 질환을 치료할 수 있다고 믿는 Freud의 이론은 치료를 목적으로 하지만 강압적이고 강박적인 방법이라고 비판받기도 한다. 이밖에도 남성우월주의에 뿌리를 내린 주장이라는 비판이 있다. 그러나 무의식의 존재를 상상하기도 어려웠던 시대에 이를 발견하고 체계적으로 정리하고 증명하려고 한 Freud의 시도는 후학들로 하여금 거인의 어깨에서 심리학을 조망하도록 심리학적 의의를 남겼다.

행동주의

제 2세대 심리학은 행동주의 심리학(Behavioristic psychology)으로, 개인의 성격은 습관들의 체계(habit-system)이며 습관은 강화 받은 행동에 의해서 형성되는 것이기 때문에 새로운 조건형성(conditioning)에 의해 인간의 행동 습관 성격을 개조할 수 있다고 보았다.

대표적인 행동주의 심리학자인 J. B. Watson(1878~1958)은 내성(內省)에 의지하는 종래의 구성주의적인 의식심리학의 비과학성을 강하게 비난하고, 심리학이 과학으로서의 자율성과 엄밀성을 확립하기 위해서는 의식을 배제하여 객관적으로 '관찰 가능한 외현행동(overt behavior)'만을 연구대상으로 삼아야 한다는 것을 주장함으로써 자극(S)과 반응(R)의 연쇄에 의해 행동을 설명하는 이른바 S-R심리학의 입장을 표명했다

행동주의 심리학에서는 인간을 철저히 중립적인 존재로 보면서 자극으로 대표되는 환경의 재구성 및 변화와 이에 대한 학습과정을 통해 인간의 행동을 바람직하게 변화시킬 수 있다고 보았다. 행동주의의 대표적 이론은 I. Pavlov의 고전적 조건형성과 B. F. Skinner의 조작적 조건형성 등이 있다.

인본주의와 실존주의

제 3세대 심리학은 인본주의 심리학(Humanistic psychology)과 실존주의 심리학(Existential psychology)으로서 이들은 전술한 두 개의 전통적 심리학이 인간을 인간 이하의 존재(infrahuman)로 취급한다고 보고 심리학은 인

간의 인간다운 특성 즉 자기실현이나 실존에 대하여 연구해야 한다고 주장한다.

정신분석 심리학이 결정론적이고 본능적인 인간관을 가진 점과 행동주의의 기계론적 인간관에 반감을 가진 학자들이 인간의 자유의지와 자기실현에 초점을 두고 인간을 연구하는 인본주의 심리학을 제창했다. 제3의 심리학이라 불리는 인본주의는 인간을 자신의 문제를 해결하고, 잠재력을 실현하고, 삶을 긍정적으로 변화시킬 수 있는 능력을 가진 자율적인 존재라고 본다(Schneider, Bugental, & Pierson, 2001).

인본주의 관점을 취하는 성격 이론가들은 개인은 세상을 지각하는 각자의 고유한 틀을 가진 자유롭고 능동적인 존재이며, 이렇게 사람마다 고유하고 독특한 지각이 각자의 행동을 결정한다고 보았다. 인본주의 관점에 속하는 대표적인 심리학자로는 인간 유기체 실현의 궁극적인 목표를 "충분히 기능하는 인간(fully functioning person)"으로 조망한 C. Rogers와 '욕구 위계(hierarchy of needs)'를 제시하고 이를 바탕으로 자기실현 접근을 제안한 A. Maslow 등이 있다.

실존주의 심리학은 종래의 과학적 심리학에 대한 도전이다. 구체적으로는 다음 세 가지를 들 수 있다. 첫째, '어머니가 ~했기 때문에 자신은 비행을 일삼았다.'라는 것과 같은 인과론적 사고를 거부한다. 비행을 일삼는 결단을 한 것은 자신이며, 어머니가 그렇게 하도록 한 것은 아니라고 생각하는 것이다. 즉 인과론(결정론)에 대한 도전이며, 주체성과 자기결단을 강조한다. 둘째, 자료를 수량적으로 분석해도 상대방의 본질은 밝혀지지 않는다. 상대방과 대화(encounter)하여 몸으로 이해하는 것이 진실로 이해하는 것이다. 즉 형태주의 심리학(Gestalt psychology)에서 강조하는 자유로운 체험활동을 중시한다. 셋째, '적응하고 있는 인간만 좋다'고는 할 수 없다. 약간은 부적응해도(사람들을 웃겨서 바보로 되는 것 같지만) 자신의 방식을 취하는 용기를 갖는 인간이 바람직하다고 생각한다. 대표적인 심리학자로 의미치료(logotherapy)를 창안한 V. Frankle과 자유의 의미를 추구한 E. Fromm 등이 있다.

인지주의와 초개인주의

제 4세대 심리학은 1950년대 컴퓨터의 발달로 시작된 인지 심리학(Cognitive psychology)이다. 인지 심리학을 흔히 인간 정보처리론(human information-processing)이라고도 하는데, 이는 대부분의 인지 심리학자들이 인지를 공부할 때 정보 처리 접근법을 따르기 때문이다. 정보 처리 접근법에서는 정보의 습득, 저장, 인출 및 활용이 여러 단계를 거쳐 이루어진다고 가정하고, 각 단계에서 어떤 일이 벌어지는지를 밝히고자 한다. 이러한 단계식 접근법이 발달하게 된 것은 컴퓨터에 자료를 입력하고, 저장하며, 인출하는 등 사람들의 컴퓨터 활용 방식에 힘입은 바 크다고 하겠다.

인지 심리학은 신경인지(neuro-cognition), 지각, 학습을 중심으로 주의, 형태 재인, 기억, 언어 이해 및 산출, 문제 해결, 개념적 사고, 추리 및 판단과 결정, 지능과 창의성, 정서와 인지, 사회적 인지, 인지와 발달, 의식 등의 영역과 함께 연구되고 있다. 인지 심리학은 인접 학문과 상호작용하며 발전하고 있고, 학제적 과학인 인지과학과 신경과학에서 중심적 기초 학문의 위치를 확고히 차지하고 있다.

한편 1970년대부터 나타나기 시작한 초개인주의 심리학(Transpersonal psychology)은 인간의 생존에는 불안이나 절망이 따르기 때문에 인간이 행복한 상태라고 볼 수 없으며 이를 극복하기 위해서는 인간이 자기(self)를 계속 초월시켜 나가야 한다고 주장한다.

초개인주의 심리학이 나타난 배경은 A. H. Maslow가 자기실현인의 성격 특징을 연구하면서, 이들이 초월적인 의식 형태를 지니고 있고 정상경험(peak experience)을 잘 한다는 점 등을 제시하여 초개인 심리학의 출발점을 이루어 놓은 것이라고 볼 수 있으나 보다 직접적인 배경은 실존주의 내지는 실존주의 심리학이다. 여기서는 인간의 실존 불안의 문제가 야기되었는데 이를 극복하기 위하여 새로운 인간에 관한 모형이 요청되었다. 이러한 새로운 모형으로서 동양 심리학에 대한 관심이 증가된 바, 초개인주의 심리학은 서양적 전통에다 힌두교 불교 도교 등을 중심으로 하여 개인이 자기를 초월시켜 나아가는 문제가 탐구되어 왔던 동양 심리학을 접목시켜 새로운 인간에 관한 모형을 정립시키려는 접근으로 볼 수 있다(이영재, 1988).

현대 심리학

현대의 심리학 연구와 관련하여 기존의 심리학 연구를 세대별로 표현한 방법이 관련 연구의 단절을 나타내는 것이 아님을 기억해야 한다. 즉 Freud의 정신분석이 행동주의 심리학의 발흥으로 사라진 것이 아니라 여전히 정신건강의학영역에서 발전을 지속하고 있으며, 여타 심리학도 마찬가지로 계속 수정, 보완, 성장하는 추세이다.

현대의 심리학은 개인을 넘어서 사람들 간의 상호작용을 연구하는 사회심리학, 서로 다른 민족, 국가, 종교에 따른 인간 행동의 차이를 연구하는 문화심리학, 이외에도 범죄심리학, 광고심리학, 건강심리학 등 다양하며, 계속 분화되고 있는 추세이다.

미국심리학회(APA, www.apa.org)에는 1892년 창립 이래(초대 회장: G. S. Hall) 현재 56개의 분과가 있으며, 한국심리학회(KPA, www.koreanpsychology.or.kr)는 1946년 조선심리학회로 창립된 이래 현재 15개 분과가 있다.

1분과 임상심리학	2분과 상담심리학	3분과 산업 및 조직심리학	4분과 사회 및 성격심리학	5분과 발달심리학
6분과 인지 및 생물심리학	7분과 문화 및 사회문제 심리학	8분과 건강심리학	9분과 여성심리학	10분과 소비자 광고심리학
11분과 학교심리학	12분과 법심리학	13분과 중독심리학	14분과 코칭심리학	15분과 심리측정 평가학회

한국심리학회 분과 현황

제 3 장

역사를 바꾼 12인의 여성심리학자

1879년 독일 라이프치히대학의 W. Wundt가 내성법(introspection)을 기반으로 과학으로서 심리학을 태동시킨 이래 140년 넘는 세월 속에 수많은 심리학자들이 심리학 발전에 기여하였다. 그런데 우리가 기억하는 심리학자들은 대부분 남성 심리학자들이다. 심리학 분야의 거인으로 불리는 S. Freud, C. G. Jung, . B. Watson, B. F. Skinner, J. Piaget, C. Rogers, A. Maslow 등이 그러하다. 그런데 많은 여성들이 심리학 발전에 중요한 공헌을 했음에도 불구하고 간과되고 있다. 한때 여성들이 심리학에서 소수를 구성했지만 트렌드가 극적으로 바뀌었다. 오늘날 여성들은 미국의 경우 심리학 전공 학생의 약 2/3, 미국 심리학회 회원의 절반 이상, 심리학 전공자의 75%를 차지하고 있으며 그 비율은 점증 추세이다. 한국도 예외가 아니다. 그렇다면 심리학의 트렌드를 바꾼 여성 심리학자는 누구인가? 본 장에서는 Coon, D. Mitterer, J. O, Talbot S. Vanchella C. M(2010)이 『*Introduction to psychology: gateways to mind and behavior*, 12*th*』에서 언급한 10명의 여성 심리학자에다 필자가 주목한 2

명의 여성 심리학자를 추가하여 심리학 트렌드를 바꾼 12인의 여성심리학자를 소개한다.

심리학의 초기 역사를 연구하는 동안 모든 초기 심리학자가 남성인지 궁금해 할 수 있다. 초기 심리학의 중요한 개척자 명단에 남성 사고의 지배가 확실하게 나타나기는 하지만 실제로는 여성이 초기부터 심리학에 기여해 왔다. 1900년대 초반 미국의 심리학자 10명 중 1 명은 여성이었다고 추산된다. 그러나 심리학 분야의 개척 여성 중 상당수는 상당한 차별, 어려움 및 어려움에 직면해 있었다. 많은 사람들이 남성과 함께 공부할 수 없었고, 합법적으로 얻은 학위를 거절당했으며, 연구하고 출판할 수 있는 학문적 지위를 확보하기가 어려웠다. 여성들은 종종 성별로 인해 상당한 차별을 받고 있음에도 불구하고 심리학 분야에 많은 중요하고 획기적인 공헌을 했다. 다음은 심리학의 새로운 트렌드를 형성하는 데 기여한 대표적 여성 심리학자들이다. 물론 이들 역시 여성 심리학자의 일부임을 기억해야 할 것이다.

Mary Whiton Calkins

Mary Whiton Calkins

Mary Whiton Calkins(1863~1930)는 Harvard대학에서 공부했으나 정식 입학허가를 받지 못했다. William James와 Hugo Münsterberg를 포함한 당시 저명한 사상가들과 함께 공부했으며, 박사학위 취득을 위한 모든 요건을 완료했음(하버드대학 심리학과 교수의 만장일치)에도 Harvard대학은 그녀가 여자라는 이유로 학위 수여를 거부했다. 그럼에도 불구하고, Calkins는 미국심리학회와 미국철학학회 최초의 여성 학회장이 되었으며, 심리학 주제에 관한 4권의 책과 100편 이상의 논문을 썼으며 기억, 꿈, 자아에 대한 이론과 연구에 앞장섰다. 그 결과 1903년에는 동료들이 선택한 가장 뛰어난 50명의 심리학자 목록에서 12번째로 뽑힐 정도로 자기심리학(self psychology) 분야에서 유명한 여성심리학자였다. Calkins는 1900년부터 심리학을 '자기 과학(self science)'로 묘사하였으며, 당시 구조주의와 기능주의가 치열한 경쟁을 벌인 시기에 '나는 나이고, 너는 너라는 의미에서 독특한 존재'이며 자아와 영혼의 통합을 주장한 인간관을 주장하였다. Calkins는 Wundt가 최초의 심리학연구소를 설립한 지 12년 만인 1891년 Wellesley대학에 여성이 운영하는 첫 번째 심리연구소이자 여자대학에 최초로 연구소를 설립하기도 하였으며, 여성의 참정권과 평화운동을 위해 헌신한 사상가였다.

Anna Freud

Anna Freud

대부분의 사람들이 Freud라는 이름을 들을 때, S. Freud를 떠올릴 것이다. 그만큼 심리학 분야의 거인이기 때문이다. 그런데 S. Freud의 딸인 Anna Freud((1895~1982) 역시 유명하고 영향력 있는 심리학자였다. Anna Freud는 아버지의 아이디어를 확장했을 뿐만 아니라 아동 정신 분석학 분야를 발전시켰고 E. Erikson을 포함한 다른 사상가들에게 영향을 주었다. 그녀의 많은 업적 가운데는 아동심리학 분야에서의 자아와 방어기제를 소개하였는데 1936년에 출판한 『자아와 방어기제(*Ego and Defense mechanism*)』가 대표적이다. A. Freud는 아동을 위한 정신분석은 성인 정신분석과 달라야 하므로 아동 환자와는 강한 치료 동맹(therapeutic alliance)를 맺어야 하며, 모든 아이들이 자신의 권리에 따라 인격체로 인식해야 하므로 성인 정신분석에서 사용하는 카우치 대신에 카펫 위에서 뛰어 놀거나 자유롭게 그림을 그리고 표현함을 격려하였다. 또한 청소년 시기가 내적 갈등, 심리적 불안으로 인해 혼란을 겪는 시기이므로 콤플렉스에서 벗어나기 위해 방어기제를 사용한다고 주장하면서 id(원욕), ego(자아), superego(초자아)간의 갈등 해결이 중요함을 역설하였다.

Mary Ainsworth

Mary Ainsworth
© Johns Hopkins University Sheridan Libraries.

Mary Ainsworth(1913~1999)는 미국계 캐나다의 발달심리학자였다. 그녀의 작품은 아동기 애착(attachment)의 중요성을 보여주었는데 '낯선 상황 절차(strange situation procedure)'로 알려진 기술의 사용을 개척했다. 어머니와 아이의 애착과 상호작용에 관한 연구에서 Ainsworth는 낯선 방에서 어머니와 아이를 앉게 했다. 연구원은 방으로 들어오는 낯선 사람, 낯선 사람과 혼자 있는 채로 있는 어머니, 방으로 돌아오는 어머니 등 다양한 상황을 연출하여 친숙하거나 친숙하지 않은 현상의 흐름을 재연해서 다양한 긴장상태를 유발하고 이에 대한 아이의 반응을 관찰하는 것이다. 이 연구에서 Mary Ainsworth는 아이와 양육자(주로 어머니)와의 관계에서 안정형(Secure)(B), 불안-회피, 불안정(Anxious-avoidant, insecure)(A), 불안-양가/저항, 불안정(Anxious-ambivalent/resistant, insecure)(C) 유형을 발견했으며, 이후 제자인 M. Main은 비조직화/혼돈형(Disorganized/disoriented)(D)을 추가하였다. Ainsworth의 획기적인 작업은 애착스타일에 대한 이해와 이러한 스타일이 어떻게 행동에 기여하는지를 파악하는데 큰 영향을 미쳤다.

Leta Stetter Hollingworth

Leta Stetter Hollingworth
© National Women's History Museum

Leta Stetter Hollingworth(1886~1939)는 미국에서 심리학 초기 개척자였다. 어린 시절 학대적인 가정생활 속에서도 학교에서 자신의 역량을 적극 발휘한 Hollingworth는 Edward Thorndike의 지도하에 교육심리학을 연구하였으며, 당시 여성의 대학원 진학을 금지하는 성차별적인 사회현상에 대한 반동으로 여성심리학의 발전에 주목하였다.

1920년대 Hollingworth는 아동, 특히 '영재아(gifted children)'의 식별, 교육, 잠재력 발휘에 연구를 집중한 결과, 당시의 시대정신인 '밝은 사람은 스스로 돌볼 수 있다'는 방임적 교육에 대신하여 영재를 위한 커리큘럼으로 구성된 학교를 운영하기도 하였다. 물론 높은 지능만이 모두

가 아니라 아동의 자기발견도 중요하게 고려하였으며, 이러한 접근은 아동치료센터에서 C. Rogers를 훈련시키기도 하였다.

Hollingworth의 중요한 공헌 중 하나는 여성심리학에 관한 연구였다. 당시의 여론은 남성이 여성보다 더 비범한 집단이며, 여성은 생리 중에 심리적으로 손상된다는 것을 정설로 받아들인 시기였다. Hollingworth는 이러한 가정에 도전했고 연구 결과에 따르면 여성이 남성의 경우와 같이 지능적이고 능력이 있음을 도출하였다. 53세라는 짧은 나이에 사망하였지만 심리학 분야에 대한 기여와 영향력은 매우 인상적이다.

Karen Horney

Karen Horney
© Culver Pictures

독일 출신인 Karen Horney(1885~1952)는 여성심리학(feminist psychology)에 대한 영향으로 유명한 신프로이드(Neo-Freudian) 심리학자였다. 1920년 베를린 정신분석연구소의 창립멤버인 Horney는 Freud의 정신분석에 대해 성과 공격성이 성격형성의 주요인이 아니라 아동기 사회적 관계요인이 중요하다는 점을 주장하면서 A. Adler과 신프로이드 분야를 형성하였다. Freud가 여성이 '남근 선망(penis envy)'을 경험했다고 제안했을 때 Horney는 남성이 '자궁 선망(womb envy)'으로 삶을 양육하고 유지하는 여성의 역할에 대해 시기심을 느낀다고 주장했다. 이처럼 Freud와의 갈등과 독일의 나치즘 부상으로 인해 1932년 미국으로 이주한 Horney는 신경증적 욕구의 10가지 패턴을 연구하였다. 미국 최초의 여성 정신과 의사로서 자기실현이 모든 사람이 추구하는 것이라는 Abraham Maslow의 견해를 공유하면서 우리의 자아에 대해 '진정한 자기(real self)'와 '이상적인 자기(ideal self)'를 구분하였다. 진정한 자기는 우리가 실제로 누구이며 무엇인지를 아는 것이며, 이상적인 자기는 우리가 되어야 한다고 느끼는 바이다. 진정한 자기는 성장, 행복, 의지력, 은사 실현 등의 잠재력을 가지고 있지만 결핍도 있다. 이상적인 자기는 진정한 자아가 잠재력을 개발하고 자기실현을 달성하는 데 도움이 되는 모델로 사용된다. 따라서 이 둘의 차이점을 아는 것이 정신건강에 중요하다는 점을 강조하였다.

Melanie Klein

Melanie Klein
© Douglas Glass

오스트리아 출신의 영국계 정신분석가인 Melanie Klein(1882~1960)은 어린아이들에게 전통적인 정신 분석을 최초로 사용한 사람 중 한 사람이다. Klein은 장난감을 사용하여 아이들과 함께 작업하는 것과 같은 놀이치료는 유아 발달에 대한 이론에서 혁신적이었다. Klein의 놀이치료는 아이들이 자신의 감정과 경험을 자연스럽고 도움이 되는 방식으로 표현하도록 돕는 데 주로 사용되는 기술이다. 오늘날 널리 사용되는 놀이치료는 Melanie Klein이 기술을 개발하는 데 중추적인 역할을 담당했다. 그녀는 아이들과의 작업을 통해 아이들이 종종 놀이를 그들의 주요 의사소통 수단 중 하나로 이용한다는 것을 관찰했다. 어린아이들은 자유 연상과 같이 보다 일반적으로 사용되는 정신분석의 기술을 사용할 수 없기 때문에 클라인은 어린이의 무의식적인 감정, 불안 및 경험을 조사하는 방법으로 놀이치료를 활용한 것이다. 또한 Klein은 대상관계이론을 주장하면서 자녀를 양육하는 '중요한 타인(significant others)'로부터의 관계 경험이 내면화되고, 이것이 성격, 개인의 행동, 삶에 영향을 준다고 주장하였다.

Mamie Phipps Clark

Mamie Phipps Clark
© Psychology's Feminist Voices

Mamie Phipps Clark(1917~1983)는 1943년 실험심리학을 전공하여 콜롬비아 대학에서 박사학위를 취득한 최초의 아프리카계 미국인 여성이다. Clark는 인형연구를 통해 인종 간 분리가 심리적 피해를 준다는 연구 결과를 발표하였다. 이는 미국법원 역사상 확실한 증거로 제출된 최초의 사회과학 연구였다. 인형연구는 색상을 제외하고 모든 면에서 동일한 4개의 인형을 사용했는데 모든 아이들이 흰색인형에 대한 선호도를 보여 주였고, 흰색인형에 대해 긍정적인 속성을 부여했다. Clarks는 편견, 차별, 분리가 흑인 아이들에게 열등감과 자기 혐오감을 발달시킨다고 결론지었다. 인종차별과 고정관념 등으로 인종과 성에 근거한 상당한 시대적 편견에도 불구하고 Clark가 수행한 인형검사(doll test) 개발과 연구는 발달심리학과 인종주의 심리학 분야에 중요한 공헌을 했다.

Christine Ladd-Franklin

Christine Ladd-Franklin
© Warner Bros.

Christine Ladd-Franklin(1847~1930)은 미국의 수학자이자 심리학자였다. 심리학에서의 여성 리더로서의 역할은 어머니와 이모가 모두 여성의 권리를 옹호하는 입장이었기 때문에 일찍부터 시작되었다. 이 초기 영향은 상당한 반대에도 불구하고 그녀의 분야에서 성공할 수 있을 뿐만 아니라 나중에 학계에서 여성의 권리를 옹호할 수 있도록 영감을 불러일으켰다. Ladd-Franklin은 심리학, 논리학, 수학, 물리학 및 천문학을 포함하여 다양한 관심사를 갖고 있었다. 그녀는 실험 집단에 여성의 참여를 허용하지 않았던 Edward Titchener에게 도전했으며, 색각이론(theory of color vision)에 대한 영향력 있는 이론을 개발했다. Johns Hopkins대학에서 『논리의 대수학(*The Algebra of Logic*)』"이라는 제목의 논문을 마쳤지만 학교는 여성이라는 이유로 박사 학위를 수여하지 않았다. 그 시간에 그녀는 Hermann von Helmholtz와 Artur Kőnig과 함께 독일에서 공부하였으며, 1926년 논문을 마친 지 42년 만에 Johns Hopkins 대학은 그녀에게 박사 학위를 수여했다. 오늘날 그녀는 남성이 지배했던 초창기 심리학분야에서 선구적인 여성으로 기억되고 있다.

Margaret Floy Washburn

Margaret Floy Washburn

Margaret Floy Washburn(1871~1939)은 박사 학위를 받은 최초의 여성이었다. Washburn은 Edward B. Tichener와 함께 대학원 공부를 했으며 그의 첫 대학원생이었다. 많은 여성 학자들과 마찬가지로 심리학에서 성차별을 당했음에도 불구하고 그녀는 존경받는 연구자, 작가, 강사가 되었다. Washburn의 주요 연구 관심사는 동물인지 및 기본적인 생리과정 분야에 있었다. 그녀의 '동물의 마음(animal mind)'에 대한 연구는 동물종의 다양성(당시 동물 연구는 쥐에 한정되어 있었는데 Washburn은 개미. 꿀벌, 해파리, 거북이 등 마수많은 동물의 행동을 연구)을 이끌어 비교심리학에 큰 영향을 미쳤으며, 신체 운동이 사고에 영향을 미쳤다는 것을 나타내는 운동이론(motor theory)을 개발했다. Mary Whiton Calkins에 이어 미국 APA 두 번째 여성회장으로 심리학 발전에 기여하였다.

Eleanor Maccoby

Eleanor Maccoby(1917~2018)의 이름은 발달심리학을 연구해 본 사람이라면 누구나 익숙할 것이다. Maccoby는 생애 전반에 걸쳐 아동의 관점에서 성차, 성 발달, 성 차별, 부모-자녀 관계, 아동 발달 및 사회 발달을 연구했다. Maccoby는 100여 편이상의 연구물을 가지고 있는 것으로 알려져 있으며 그녀를 가장 영향력 있는 아동 발달/사회 심리학자 중 한 사람으로 만들었다. 성차별 심리학에서의 선구자적인 연구는 사회화, 성차에 대한 생물학적 영향, 성 역할을 이해하는데 중요한 역할을 했다. Maccoby는 발달 심리학 연구, 성별 및 성 역할에 대한 연구, 선택적 주의에 대한 연구, 이혼이 어린이에게 미치는 영향에 대한 조사로 가장 잘 알려져 있으며, 스탠포드 심리학과의 첫 여성 학과장이 되었다. Maccoby는 Stanford대학에서 명예교수로 지위를 유지하였으며, Maccoby Book Award(발달심리학 분야의 우수 저자에게 수여)를 비롯하여 수많은 학술상을 수상했다.

Eleanor Maccoby
© University of Michigan

Bluma Wulfovna Zeigarnik

Bluma Wulfovna Zeigarnik

러시아 출신의 Bluma Wulfovna Zeigarnik(1901~1988)은 '장이론(field theory)'으로 유명한 게슈탈트 심리학자인 K. Lewin에게 사사받았다. Zeigarnik은 식당에서 웨이터가 아직 지불하지 않은 주문을 더 잘 기억한다는 점과 손님이 지불한 후에는 웨이터가 주문의 세부사항을 더 이상 기억 못함에 주목하였다. 이른바 미완성 과제에 대해 인간의 기억력이 더 지속된다는 점을 발견했다. 이 효과는 Lewin의 장이론으로 설명할 수 있다. 이미 시작된 작업은 긴장을 설정하여 해당 내용의 인지적 접근성을 향상시킨다. 그런데 과제가 끝나면 긴장이 풀리지만 중단되면 지속되며, 지속적인 긴장을 통해 내용을 보다 쉽게 접근할 수 있고 쉽게 기억하는 것이다. Zeigarnik효과는 현대에도 주요하게 활용되고 있는데 그 예로 티저 광고를 들 수 있으며, 연속극의 경우 결정적인 순간에 '다음 기회로' 방영을 넘길 때 우리는 그 내용을 더 잘 주목하고 기억한다는 사실이다. 같은 관점에서 본 저자의 경우는 수업시간에 미완의 과제를 촉진하는 성찰일지로 '심득기(이 장의 마지막 참조)'를 활용하고 있다.

Maria Montessori

Maria Montessori

Maria Montessori(1870~1952)는 1896년 이탈리아 최초의 여성 의사 중 한 명이었으며, 교육자 및 혁신가였다. Montessori는 아이들이 자연스럽게 배우는 방식을 기반으로 하는 교육 방법으로 호평을 받았다. Montessori는 1907년 로마에 최초 몬테소리학교인 Casa dei Bambini(Children's House)을 열었다. 이 학교는 부모가 일하러 나가는 동안 맡겨진 3~7세의 소외된 아동을 대상으로 하였다. Montessori는 아이들을 대상으로 한 초기 작업에서 얻은 과학적 관찰과 경험을 사용하여 아이들의 자연스러운 학습 욕구를 조장하고 스스로 자료를 선택할 수 있도록 학습 자료와 교실 환경을 설계했다. 놀랍게도 Montessori 프로그램에 참가한 아이들은 집중력, 주의력, 자발적인 자기 훈련을 보이며 성장했다. 그 후, Montessori는 아동교육에 대한 자신의 접근 방식에 대해 광범위하게 글을 썼고 현재 전 세계적으로 수천 개의 몬테소리 학교가 있다. 아동 및 청소년의 발달심리학 연구에서 엄격하고 남성이 지배하는 초창기 심리학 분야에서 성공적으로 진출하기 위해서는 관습, 규범 및 기대를 극복하는 엄청난 힘, 헌신 및 인내가 필요했을 것이다.

【실습】

심득기(성찰일지)

※ 과제 작성 일시 : 매주 3교시 수업 중

※ 과제 작성 내용 : 수업(1-2교시) 내용 중심

※ 과제 작성 요령 : 자필 또는 워드 작성 후 직접 제출 / 질문에 대해서는 차주 FAQ 답문

<table>
<tr><td colspan="2">과목명</td><td></td></tr>
<tr><td rowspan="2">수강자</td><td>성명</td><td></td></tr>
<tr><td>학과/학번</td><td></td></tr>
<tr><td colspan="2">강의주차</td><td>20 년 학기 주차</td></tr>
<tr><td colspan="2">작성일</td><td>20 년 월 일(요일)</td></tr>
<tr><td rowspan="3">心得</td><td>涵養(함양)
- 강의 주요 내용 요약
(필수)</td><td></td></tr>
<tr><td>體察(체찰)
- 강의 후 개인 소감
(선택)</td><td></td></tr>
<tr><td>質問(질문)
- 강의 내용 중 궁금사항
(선택)</td><td></td></tr>
</table>

UNDERSTANDING OF PSYCHOLOGY

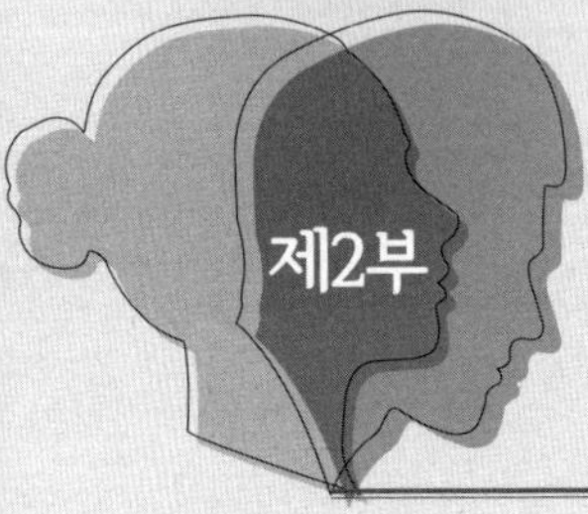

제2부

"우리는 아무도 혼자가 아닙니다.
우리 각자는 모자이크로 형성된
거대한 인류의 살아 있는 조각들입니다.
이 세상에 평화를 건설하는 데
젊은이만큼 고유하고 합당한 사람들은 없습니다."

— 교황 요한 바오로 2세 —

UNDERSTANDING

심리학의 씨줄(scopes)

OF PSYCHOLOGY

전생애(lifespan) 관점에서 볼 때 청소년기는 아동기와 성인기의 중간단계이다. 청소년기를 뜻하는 영어의 'adolescence'가 '성장하다' 또는 '성숙을 향해 자람'을 의미하는 라틴어의 adolescere에서 유래한 것처럼, 청소년기는 신체적, 정서적, 인지적, 사회적 성장이 급격하게 이루어지는 때이다. 물론 이러한 변화가 모든 사람에게 동일하게 진행되는 것은 아니지만 대부분의 청소년들이 반드시 거치는 과정이라는 점에서 청소년기는 전적으로 부모에게 의존했던 아동기에서 한 사람의 독립된 성인 역할을 수행하는 성인기를 서로 잇는 가교(架橋)의 시기인 셈이다(Rice, 1999).

일상생활에서 태풍이나 지진과 같은 천재지변이나 부실시공과 같은 인재에 있어 두 지역을 연결하는 다리가 무너지면 그 후유증이 엄청난 것처럼, 아동기와 성인기의 중간시기인 청소년기의 중요성은 새삼 강조되어도 지나치지 않을 것이다. 물론 Erikson과 같은 전생애 발달심리학자들에 의하면, 개인의 성장과 발달은 평생 동안 계속적으로 이루어지기 때문에 청소년기뿐만 아니라 전생애의 어떤 시기도 중요하지 않은 시기가 없다고 한다. 그럼에도 불구하고 성장을 지향하는 동력과 변화의 진폭이 가장 왕성하고 급격해지는 청소년기[2]는 인생의 성공과 관련

2) 이러한 청소년기를 일컫는 학술 개념으로 청소년기(adolescence), 사춘기(puberty), 십대(teenager, teens), 미성년자(juvenile) 등 여러 가지인데, 청소년 연구로 유명한 미국 메인대학(University of Maine)의 F. P. Rice(1999:3)에 따르면, 사춘기는 성적 성숙과 관련하여 신체적·생리적 변화가 발생하는 시기를 총칭하며, 십대는 엄격한 견지에서 13세에서 19세로 연령상 구분되는 시기를 말한다. 그리고 미성년자는 법률적 관점에서 성년에 이르지 않은 인격체를 뜻하며, 학문적 견지에서는 'youth'보다 'adolescence'를 선호한다. 하지만 청소년기의 구분은 학자, 법률, 사회문화적 차이에

지워 볼 때 이해와 관심이 가장 필요한 시기임에 틀림없다.

현재 우리의 청소년들이 성장하는 21세기는 전지구화, 정보화, 산업화를 횡축으로 하고, 컴퓨터, 물질, 교육, 가족, 성, 폭력 영역이라는 주요 청소년 문제가 종축으로 서로 교차하면서, 자고 나면 세상이 바뀔 정도로 사회의 구조와 기능이 급변하고 있다(Rice, 1999). 이 시점에서 많은 숫자의 청소년들이 자신의 미래와 적응, 고민과 문제 해결에 방황하고 있는데, 이러한 청소년들을 길잡이하기 위한 나침반으로 청소년 상담의 중요성이 부각한다. 따라서 본 장에서는 청소년을 이해하는 주춧돌로서 청소년에 대한 심리학적 제 이론-진화·발달 심리, 정신분석 심리, 인지심리, 생태심리, 인본주의 심리-를 조망하고자 한다.

따라 다양하다. 예를 들면 1985년 UN에서 청소년(young people)의 개념을 15세부터 24세 사이의 집단으로 공식 규정하고 있으나, UN 사무국의 조사에 의하면 하한연령을 7세부터 잡는 나라에서 상한연령을 35세까지 잡는 나라에 이르기까지 각양각색으로 나타난다(이봉철, 199:111). 우리나라의 경우, 청소년기본법(유관부서: 문화관광부)에서는 '9세부터 24세', 청소년 보호법과 청소년 성보호에 관한 법률(청소년보호위원회)에서는 '만 19세 미만', 아동복지법(보건복지부)에서는 '18세 미만', 근로기준법(노동부)에서는 최저 연령을 '15세 미만'으로 규정하며, 소년법(법무부)에서는 20세 미만을 청소년으로 본다. 따라서 하나의 개념으로 청소년기를 규정하기는 쉽지 않으므로 본 장에서는 청소년 상담의 주된 내담자 대상인 우리나라 중·고등학생의 연령인 만 13세부터 만 19세 사이를 청소년기로 본다.

제 4 장

청소년에 대한 진화·발달심리학적 조망

1. Granville Stanley Hall과 '재현 이론'

Granville Stanley Hall

심리학적 시각에서 청소년기에 대한 관심이 촉발된 계기는 1904년 Hall(1844~1924)이 2권으로 이루어진 『청소년기 : 청소년 심리학과 생리학, 인류학, 사회학, 성, 범죄, 종교, 교육과의 관련성』(*Adolescence : Its psychology and its relations to physiology, anthropology, sociology, sex, crime, religion and education*)을 출판한 20세기 초로 거슬러 올라간다. 물론 Hall 이전에도 많은 사람들이 청소년기와 청소년에 대해 언급하였지만, 과학적 연구방법에 의한 청소년기 연구라고 보기는 어렵다. 하버드 대학에서 최초로 심리학 박사학위를 받았고 미국심리학회(APA)를 창설하여 초대 회장(1892년)을 역임하기도 했던 Hall은 Darwin의 진화론에 영향을 많이 받았으며, 청소년기는 인간의 발달

단계에서 매우 특별한 시기라고 주장하였다. 그는 청소년기에 겪게 되는 신체적 성장, 성적 발달, 지적 발달, 적응, 반사회적 행동, 정서, 종교, 교육 그리고 사랑 등 폭넓은 주제에 대해서 언급하면서, 청소년들의 양육과 교육에 대해 충고하였다. Hall의 주장 이후 많은 심리학자와 교육학자들은 아동이나 십대가 단지 신체적 크기에서만 성인과 차이가 나는 존재라는 생각을 더 이상 하지 않게 되었다.

Hall의 '재현 이론(recapitulation theory)'에 의하면, 각 개인의 발달은 인류의 발달역사를 재현(반복)한다고 주장한다. 다른 말로, 개체발생(ontogeny: 개별적 유기체의 생물학적 발달)은 계통발생(phylogeny: 종의 역사적 진화) 과정을 반복한다는 것이다. 즉 종(種)의 경험적 역사는 개인 유기체의 유전적 구조의 일부분이 되어 세대간 전이되며 개인의 발달과정과 단계는 종의 발달과정과 단계를 반복한다는 이론인데, 인류의 발달이 원시적이고 야만적인 문화에서 지금의 문명사회로 발달하여 왔듯이, 개인의 발달도 원시적인 유아기에서부터 청소년기를 거쳐 성인기로 발달한다는 것이다(표 2-1 참조).

이처럼 Hall은 개인의 성장과 발달에 영향을 미치는 요인으로 양육(nurture)과 같은 문화적·상황적 요인보다 천성(nature)처럼 유전적·생물학적 요인을 더 중요하게 보았다. 따라서 사회적 구조, 부모의 가치관, 동료와의 관계, 생물학적 변화에 대한 문화적인 해석 등과 같은 환경적인 조건은 인간의 행동에 크게 영향을 미치지 못한다고 생각했다. Hall의 이러한 주장은 청소년기에 나타나는 생물학적 성숙은 불안정과 혼란을 일으킨다는 19세기의 사회적 시각을 반영한 것으로 보인다. 그는 청소년기를 독일의 Goethe나 Schiller에게서 차용한 '질풍 노도'(storm and stress, 독일어로는 Sturm und Drang)의 시기로 명명하였는데, 청소년기가 역사적으로 급격한 문명화적 변화를 다시 겪게 되는 시기이므로 야만인이 문명인이 되기 위하여 원시적인 충동을 문명인의 그것으로 변화시키는 과정에서 혼란이 불가피하다고 주장하였다.

〈표 2-1〉 Hall의 재현 이론

발달단계	발달적 특징
유아기(infancy)	0 - 4세, 유아가 동물적이고 원시적인 발달을 재현하는 시기
아동기(children)	5 - 7세, 아동의 술래잡기나 장난감 총놀이는 과거 인류의 동굴 생활과 수렵, 어획활동을 재현하는 것
청소년 전기 (youth)	8 - 14세, 인류가 인간으로서의 특성과 야만적인 특성을 동시에 가지고 있었던 시기로, 아동이 야영시대의 삶을 재현하는 시기로 이 시기에 연습과 훈련을 통하여 읽고 쓰고 말하는 기술을 획득함
청소년 후기 (adolescence)	14 - 25세. 인류가 야만적인 생활에서 문명시대로 접어드는 시기, 제 2의 탄생기, 급진적이고 변화가 많으며 안정적이지 못함.
성인기(adulthood)	인류의 문명적인 생활

출처 : 임영식(2004)

또한 다른 발달 시기에 비해 독특한 청소년들의 행동은 보편적인 것이기 때문에, 청소년에 대한 성인들의 관용적인 인내와 양육은 건강한 청소년의 발달에 필수적인 것이라 하였다. 특히 Hall은 청소년에 대한 교육을 강조하면서, 사회에서 청소년의 욕구에 대해 어떻게 반응하느냐에 따라 인류의 미래가 달라질 수 있다고 주장하였다. Hall의 이러한 주장은 청소년들의 본능적인 욕구를 사회적으로 바람직한 방향으로 발산시키기 위한 YMCA와 보이스카우트 등과 같은 청소년 조직을 구성하는데 상당한 기여를 하였다(임영식, 2004).

청소년기에 대한 홀의 견해는 Arnold Gesell의 성숙 이론에 깊은 영향을 주었을 뿐 아니라 Freud의 정신분석학과 Erikson에게도 영향을 미쳤다. 물론 Erikson은 정신분석 이론과 인류학 및 사회과학을 결합하기도 하였지만, 성차(性差)에 대한 Erikson의 사고는 철저하게도 생물사회학적 조망에 기초하고 있다.

그러나 Hall의 이론은 몇 가지 점에서 비판을 받았다(장휘숙, 1999). 우선 청소년기를 혼란과 질풍 노도의 시기라고 가정한 Hall의 견해는 오랫동안 청소년기에 대한 고정관념으로 작용하였으나 후속 연구들은 다수의 청소년들이 부모나 기성세대와 심각한 갈등 없이 청소년기를 보낸다고 밝힘으로써 Hall의 견해가 잘못되었음을 지적하였다. 또한 Hall의 이론은 발달의 생물학적 결정요인을 지나치게 강조하고 청소년기의 발달이 갑작스럽게 이루어진다고 가정했다는 점에서 비판을 받았다. Hall은 인간 발달에 미치는 사회문화적 요인의 중요성을 간과하였고, 청년기의 발달도 본질적으로 점진적이고 단계적이며 계속적으로 이루어진다는 것을 인정하지 않았다. 그럼에도 불구하고 청소년기에 대한 과학적 연구 방법을 처음 시도하였다는 점에서 Hall을 '청소년학의 대부'로 부르는 데 이견이 없다고 하겠다.

2. Arnold Gesell과 '나선형 성장'

G. S. Hall의 제자였던 A. Gesell(1880~1961)은 아동과 청소년에 대한 직접적인 관찰을 통해 발달이론을 수립하였다. 예일 대학의 아동발달 클리닉(나중에 게젤아동발달연구소로 개칭) 소장을 역임하면서 Gesell은 해마다 1,000명이 넘는 어린이와 청소년의 행동을 카메라에 담아 관찰하면서

Arnold Gesell

발달의 단계와 주기에 따른 행동의 규준(norm)을 기술하였다.

Gesell의 주장은 생물학적 이론을 지향하며(biologically oriented theory), 성숙은 유전자와 생물학에 의해 매개되고, 이것이 행동 특징의 표현과 발달 순서를 좌우한다고 하였다. Gesell은 인간의 변화가 점진적으로 나타나고 중복된다고 강조하였지만, 한 연령에서 다른 연령으로의 변화가 심오하면서도 갑작스럽게 발생함을 주장하였다. 즉 발달이 상승적(upward)일 뿐 아니라 나선적(spiral)이라는 것이다. 예를 들면, 11살과 15살은 반항적이며 잘 다투는 반면, 12살과 16살은 상당히 안정적인 경우를 제시하면서 청소년 발달의 '나선형 성장(spiral growth)'을 제시하였다.

이러한 Gesell의 이론은 연구의 표집대상이 비교적 부유한 가정의 청소년을 대상으로 이루어진 것이기에 일반화의 오류를 범하였지만 Gesell의 주장과 그의 저서(대표적으로 1956년에 출간된 『청소년: 10상부터 16살 까지』(*Youth: The Years from Ten to Sixteen*)는 1940년대와 1950년대 미국 부모와 교사를 위한 아동 발달의 성경 노릇을 톡톡히 하였다(Rice, 1999).

3. Robert Havighurst와 '발달과업'

'발달 과업(developmental task)'이란 Havighurst(1900~1990)가 최초로 제안한 개념으로 신체적 성숙과 개인적 노력 및 사회적 기대를 기초로 삶의 어떠한 시점에서 개인이 획득해야만 하는 지식과 태도, 기능 및 기술을 의미한다. 만약 한 단계에서 발달과업의 성취가 만족스럽지 못하다면 다음 단계의 발달은 지장을 받게 되기 때문에 발달과업은 성공적 적응 여부를 평가하는 기준 역할을 한다. 전생애적 조망을 채택한 Havighurst는 영아기부터 성인후기까지의 일련의 과업을 제시함으로써 우리 사회에서 건강하고 만족스러운 성장을 위한 길잡이가 될 수 있도록 하였으며, 그의 발달 과업을 대중화시킨 사람은 E. Erikson이다. Havighurst의 발달과업 중 청소년기의 발달과업은 다음 8가지로 요약된다(Kaplan, 2004:34).

Robert Havighurst
© University of Oklahoma

- 자신의 신체(physique)를 수용하고, 효율적으로 관리한다.
- 동성이나 이성의 친구와 새롭고 보다 성숙한 관계를 이룬다.
- 남성 또는 여성으로서의 사회적 성역할(sex role)을 성취한다.
- 부모와 다른 성인들로부터 정서적으로 독립한다.
- 경제적 직업(economic career)을 준비한다.
- 결혼과 가정 생활을 준비한다.
- 사회적으로 책임지는 행동을 바라며, 이를 실천한다.
- 행동의 길잡이가 되는 가치 및 윤리체계를 형성한다.

그러나 이는 외국 학자에 의하여 연구된 것으로서 우리의 청소년들에게 그대로 적용하기는 힘들 것이다. 이와 같은 생각에서 김종서 등

(1982)은 Havighurst의 기본 전제에 따라 '한국인의 발달과업'를 확인하려고 시도하였으며, 이들에 의하면 청소년기의 발달과업의 내용은 다음과 같다(김헌수, 1999). 해당 발달과업에 대한 청소년의 응답을 탐색함으로써 청소년의 자기 이해와 관련된 진단자료로 활용하는 것도 유익하다.

※ 다음 발달과업을 성취하였다고 생각되면 왼쪽 빈 칸에 V표를 해 보세요.

① 인지적 영역

☐ 정치, 경제, 사회, 문화에 대한 기본적 지식 갖추기
☐ 자연과 사회환경의 여러 원리를 배우고 생활과 관련짓기
☐ 전통문화를 이해하고 보존, 발전시키는데 필요한 지식 갖기
☐ 외국문화 및 국제관계에 대한 이해 넓히기
☐ 진로와 직업을 탐색하고 준비하기
☐ 신체구조와 생리현상 및 성에 대하여 이해하기
☐ 매스 커뮤니케이션에 대한 바른 이해와 지식 갖기
☐ 논리적으로 사고하고 합리적으로 문제해결 능력 기르기
☐ 자기의 능력과 적성에 대하여 비교적 정확히 파악하기

② 정의적 영역

☐ 바람직한 이성교제에 대한 바른 태도를 발전시키기
☐ 부모나 다른 사람으로부터 정서적으로 독립하기
☐ 성적 충동이나 감정을 통제하기
☐ 문학 및 예술작품을 이해하고 감상하기

□ 여가를 건전하게 보내기

□ 긍정적인 자기개념 형성하기

□ 일생을 살아갈 지침이 될 가치를 획득하기

③ 사회적 영역

□ 사회적으로 요구되는 행동을 책임 있게 수행하기

□ 건전한 국가관 확립하기

□ 사회질서를 지키고 공익을 존중하기

□ 동료집단과 잘 어울리기

□ 존경하는 인물 본받기

□ 웃어른에 대한 공경하는 태도를 기르기

□ 남성과 여성의 역할을 받아들이고 수행하기

□ 인격을 존중하기

□ 좋은 친구를 선택하여 우정을 두터이 하기

□ 규칙적인 생활습관을 가지기

④ 신체적 영역

□ 체력과 체능을 증진시키기

□ 자신의 신체적 구조나 생리적 변화에 대하여 적응하기

□ 균형 있는 체격을 유지하기 위한 운동과 자세 취하기

□ 충분한 영양과 적절한 휴식 취하기

□ 청결한 환경을 유지하는 위생적인 생활을 영위하기

□ 건강에 좋은 습관을 기르기

【실습】

가족생활 발달과업 체크리스트(20대용)

석창훈(2015)

번호	질문	전혀 그렇지 않다	거의 그렇지 않다	그저 그렇다	대체로 그렇다	아주 그렇다
1	가족의 기념일을 챙긴다.	1	2	3	4	5
2	가족의 대소사에 참여한다.	1	2	3	4	5
3	가족과 함께하는 시간을 갖는다.	1	2	3	4	5
4	가족에게 도움을 주는 편이다.	1	2	3	4	5
5	가정에 충실한 편이다.	1	2	3	4	5
6	배우자나 결혼에 대해 마음의 준비를 한다.	1	2	3	4	5
7	배우자를 선택하기 위해 노력한다.	1	2	3	4	5
8	원가족과의 별거에 대해 적응한다.	1	2	3	4	5
9	부모로부터 경제적으로 독립한다.	1	2	3	4	5
10	결혼해서 새 가정을 만든다.	1	2	3	4	5
점수 합계						

제 5 장

청소년에 대한 정신분석 심리학적 조망

1. Sigmund Freud와 Anna Freud

Sigmund Freud

몇 해 전 타임지가 20세기 지적(知的) 지형을 바꾼 인물로 첫 번째로 선정된 S. Freud(1856~1939)는 널리 알려진 것처럼 심리학계의 태산(泰山) 같은 존재이다. 그는 정신분석 심리학 이론의 창시자였으며, 그의 딸 Anna Freud(1895~1982)는 Freud의 이론을 청소년에게 적용시켰다.

먼저 Freud는 인생초기 5~6년 동안(0세부터 1세까지의 구강기, 2세부터 3세까지의 항문기, 4세부터 6세까지의 남근기)을 성격 발달에서 가장 중요한 시기로 가정하였기에, 청소년에 대해서는 별로 관심을 기울이지 않았다. 그러나 1953년에 발간된 『성 이론에 관한 세 가지 단상』(*Three Essays on the Theory of Sexuality*)에서는 청소년에 관해 간략히 다루었는데, Freud는 청소년기를 성적 흥분, 불안, 그리고 때

때로 성격 혼란이 있는 시기로 묘사하였다. Freud에 의하면 사춘기는 유아 성욕이 사라지고 정상적인 성욕이 생기는 일련의 변화들이 나타나는 시기이다. 따라서 이 시기는 성기기(genital stage)로 '대상 발견'(object finding)이 이루어진다. 여기서 대상 발견이란 사춘기가 되면서 성 기관의 성숙과 더불어 성적 욕구를 해소하려는 강렬한 욕구가 생기는데, 이러한 욕구를 해결할 수 있는 애정의 대상으로 이성에게 매력을 느낀다는 이론이다.

Freud의 심리성적 발달은 행동의 기초로서 성적 동기를 지나치게 강조함으로써 많은 비판을 받았지만, Freud의 이론으로부터 청소년기를 규정하는 두 가지 중요한 사건을 다음과 같이 발견할 수 있다(장휘숙, 1999:52-53).

첫째, Freud는 청소년기 동안 일어나는 중요한 사건으로 외디푸스 콤플렉스(Oedipus complex : 남아의 어머니에 대한 성적 애착)와 엘렉트라 콤플렉스(Electra complex : 여아의 아버지에 대한 성적 애착)의 재인식을 지적하였다. 남근기 동안 나타나는 이 갈등은 남아가 아버지를 동일시하고 여아가 어머니를 동일시함으로써 해결되며, 이후 잠복기 동안 무의식 속에 억압된다. 사춘기의 시작과 함께 이성의 부모에 대한 성적 애착은 되살아나지만 근친상간(近親相姦)에 대한 금기가 내면화되어 있는 청소년들은 그것을 의식하지 못한다. 그 대신 청소년들은 아버지나 어머니를 생각나게 하는 연상의 이성에게 매력을 느끼고 첫사랑을 경험하는 경우가 많다.

둘째, Freud는 외디푸스 콤플렉스의 재출현과 함께 청소년들이 부모나 권위적인 인물에 대하여 반항하는 것은 불가피하고 필연적인 사건이라고 가정하였다. Freud에 의하면, 청소년들은 자율성을 확립하고 정서적 독립을 획득하기 위하여 부모에 대해 적대적이고 거부적인 태도를 취한다. 부모에 대한 애착의 약화나 탈애착은 동년배 집단이나 이성에 대한 애착을 증가시킨다. 따라서 대부분의 청소년은 부모와 탈애착을 경험한 후에 부모와의 유대를 재형성할 수 있다.

한편 Freud의 막내딸이었던 Anna Freud(1895~1982)는 Freud의 정신분석학을 아동 양육과 교육으로 확대하였으며, 청소년기와 관련된 중요한 이론으로 발전시켰다. A. Freud는 1946년에 출간된 『자아와 방어기제』(*The Ego and the Mechanisms of Defense*)에서 사춘기의 시작과 함께 본능적 욕구와 자아 기제 사이의 평형 상태가 일시적으로 무너짐으로써 질풍노도의 시기가 닥친다고 주장하였다.

A. Freud에 의하면, 사춘기의 성적 에너지(libidinal energy)의 주요 초점은 충동성, 좌절에 대한 인내성 부족, 자기 규제에 대한 계속적 요구 등의 특성을 띤다고 하였다. 뿐만 아니라 성적 본능의 합법성을 거부하려는 자아(ego) 때문에 경직되고 방어기제(defense mechanism)가 생겨날 수 있다고 보았다. 이때 방어기제는 아동기와 다른 자기 방어기제로서 자존심을 유지하고 불안을 회피하기 위해 자신에게 위협적인 충동과 정보를 속이면서 갈등이나 좌절에 반응하는 자기의 무의식적 반응이다. A. Freud는 청소년기에 자주 사용되는 특징적인 방어기제로서 금욕주의(asceticism)와 지성화(intellectualization)를 제시하였다.

금욕주의란 본능에 대한 불신감, 또는 쾌락의 거부를 말하는데 금욕주의의 자기 방어기제를 사용하는 청소년들은 성행위, 음주가무 같은 쾌락적 요소에 대한 탐닉이 성적 충동의 노예가 되는 것이라 생각하고 이러한 행동을 일체 거부한다.

지성화란 자기의 행동에 대해 그럴듯한 이유를 붙여 원래의 자기 의도 또는 욕망과는 반대(모순)되는 행동을 보인다. 예를 들면, 성적 욕망을 미술, 음악, 우정, 사랑 등으로 표현한다. 그리고 자기중심적인 욕망은 열정적인 사랑으로, 복종하려는 욕망은 오히려 반항적인 자세로 나타나기도 한다. A, Freud에 의하면 청소년기의 금욕주의와 지성화는 모든 본능적 소망의 불신을 잘 나타내는 증상인 셈이다.

이를 해결하는 방법은 극단적인 죄책감과 불안을 야기할 수 있는 본능을 지나치게 억압하지 않으면서, 초자기를 발달시키고, 갈등을 중재할 만큼 자기가 강해진다면 성격의 조화와 균형이 가능하다고 보았다 (Rice, 1999).

2. V. Frankle의 '의미치료'

Viktor Frankle
© Franz Vesely

Freud의 정신분석과 Adler의 개인심리학에 이은 정신요법 비엔나 제 3학파, 즉 로고테라피 학파의 창시자인 V. Frankle(1905~1997)은 2차 세계대전 당시 나치수용소에서의 극한 경험을 토대로 의미치료(Logotherapy)라는 정신치료법을 창안했다.

Frankle(1965)에 의하면 의미치료란 실재에 근거해 스스로 생의 의미와 가치를 찾도록 도와주는 것이며, 이는 인간이 그 의미를 충만시키려고 모색함으로써 수많은 가치 있는 잠재력을 실제화하려는 노력에 의해 동기화된다고 한다.

인생의 의미에 대한 의구심이나 삶의 목적 추구는 모든 인간에게 본질적이고 보편적인 동기로서 세상에서 유일무이한 존재이므로 독특한 의미로 이해되어야 한다. 각 개인은 반복되거나 누구도 대신할 수 없는 자신의 삶에 정신적 주체성을 자각하고 책임을 져야 한다는 것이다.

Frankle(1962)은 인간을 자신을 지각하고 의식할 수 있는 잠재력을 갖고 있으며 스스로 선택하고 결정하고 책임지는 일회적·절대적인 존재로 보고, 실재적 존재로서의 속성을 정신성·자유성·책임성으로 세분하여 설명하고 있다. 인간은 이 3가지 속성을 소유하기 때문에 삶의 의미와 목적을 발견하려고 한다(김애경, 1990).

Frankle은 이런 의미치료의 인간관을 삼중개념 즉 의지의 자유·의미에의 의지·삶의 의미에 바탕을 두고, 실존의 본질이면서 인간의 독특한 능력인 '자기초월성'을 강조했다. Frankle이 제시한 주요 개념들을 차례로 살펴보면 다음과 같다.

1) 의지의 자유(freedom of will)

Frankle의 차원적 존재론(dimensional ontology)에 의하면 인간은 신체적(Somatic), 심리적(Psychic) 차원뿐만 아니라 정신적(Noetic) 내지 영적(Spiritual) 차원을 포함한 세 차원을 가진 통일체라 하였다. 또한 Frankle은 실존의 본질적인 특징인 자유의지가 심리 역동적 인간 해석인 범결정론(pan-determinism)에 의해 간과되었다고 보고 사회적 환경·유전적 재능·본능적 충동이 인간의 자유의 범위를 제한할 수 있지만, 인간이 그것들에 대하는 '태도'는 자유롭다고 주장한다(김경숙, 1984).

로고테라피가 가르치는 바에 따르면 인간의 자유란 어떤 상태로부터의 자유가 아니라 상태에 대한 어떤 태도를 취할 수 있는 자유이다. Frankle은 이 상태를 '자기이탈(self-detachment)'이라는 용어로 바꾸어 설명하였다. 즉 자기이탈은 독특한 인간능력으로서 이 능력은 어떤 상황으로부터뿐 아니라 자신으로부터도 이탈할 수 있게 하고, 그래서 인간은 자신에 대한 자기의 태도를 선택하고 자신의 신체적·정신적 상태와 결정인자들에 대한 태도를 취하며, 나아가서 신체적·심리적 현상에 대한 태도의 결정 수준을 넘어서 새로우면서도 정신적 현상의 차원인 심령학적(noological) 차원을 열어나간다. 이것이 독특한 인간현상들이 존재하는 차원이며 그것은 의지의 자유에 의한 결과이다(한재희, 1992).

이처럼 인간은 더 높은 세계를 향해 그의 환경을 초월하고 또한 되어야할 자기인 당위(ought)를 향해 현 존재를 초월한다. 이러한 과정이 바로 Frankle이 인생의 최고 목표로 삼는 자기초월(self-transcendence)을 의미한다.

2) 의미에의 의지(will to meaning)

Frankle은 인간의 기본 동기로서 의미와 목적을 추구하고 충족시키기 위한 기본적인 노력으로 의미에의 의지를 강조하였다. Frankle은 Freud 정신분석학의 동기이론 중에서 극히 일반적인 쾌락원리와 아울러 개인심리학에서 결정적인 역할을 하는 권력에의 의지라는 두 개념을 자기발견적인 지나친 단순화라고 보고 이들과는 상반된 입장을 취해 왔다.

Schopenhauer의 삶의 맹목적 의지에서, Freud의 쾌락에의 의지(will to pleasure), 그리고 Nietzche의 뒤를 이은 Adler의 권력에의 의지(will to power)에 대하여 그는 인간으로서 한 개인을 자신이 경험하는 가운데서 의미감(feeling of meaning)을 찾으려는 존재로 보고 의미에의 의지(will to meaning)를 내세웠다.

그러나 오늘날 대부분의 사람들은 의미에의 의지 대신 쾌락에의 의지·권력에의 의지를 추구해 왔으며 오늘날 야기되는 많은 사회문제는 내적 공허감을 벗어나기 위한 도피 기제로 일어난다고 하였다(Frankle, 1962). 일반적으로 이해되고 있는 바와 같이 쾌락 원리는 불쾌의 회피를 내포하며 그것은 긴장 감소의 원리와도 일치한다. I. Kant나 Max Scheler의 견해처럼 쾌락은 근본적으로 삶의 성취 목적이 아니라 하나의 결과, 말하자면 부차적인 효과다. 즉 쾌락은 사람이 의미를 실현하고 가치를 인식하면 자동적으로 확립된다(Frankle, 1960). 다시 말해 쾌락에의 의지나 권력에의 의지는 자기 패배의 원리(self-defeating principle) 때문에 그것을 얻으려고 애를 쓰면 쓸수록 얻을 수 없게 된다고 하며 사람이 의미를 찾으려는 욕구는 그의 삶에 있어서 근본적인 힘이 되기 때문에 의미에의 의지를 쾌락에의 의지나 권력에의 의지 위에 두었다(Frankle, 1963). 결국 의미에의 의지란 인간 실존의 목적을 발견하려는 노력으로서 자신의 독특한 임무감 혹은 대의를 발견하려는 것이며 생에 방향을 제시해 주고 생을 이해할 수 있게 하는 것이다(Crumbaugh, 1963).

3) 삶의 의미(meaning of life)

인생의 의미와 목적을 묻는 질문에 대해 Frankle은 사람들이 이 일반적인 질문에 대답할 수 있을 것인지 의심스럽다고 하며 인생의 의미와 목적이란 사람마다 다르고 매일 매일 다르고 매 시간마다 다르다고 했다(Frankle, 1962). 즉 인생의 의미란 상대성과 독자성을 가진다. A. Adler(1958) 역시 사람의 수만큼이나 많은 인생의 의미가 있다고 했다(김경숙, 1984).

삶의 참된 의미는 가치실현을 통해 찾을 수 있는데 인간은 다음과 같은 3가지 가치를 실현함으로써 삶에 의미를 부여할 수 있다(Frankle, 1984).

첫째, 창조적 가치(creative values)라고 부르는 것을 실현함으로써 자신에 대한 삶의 의미를 부여하게 된다. 창조적 가치는 "삶에 무엇을 줄 것인가"와 관련되는 것으로 자신의 행위·작업·창조 등 창조적 행위를 통해서 실현이 가능한 것이다. 예를 들면 가정주부가 집을 잘 가꾸고, 가족을 잘 돌보며, 음식을 정성들여 만드는 일에 의미와 가치를 부여하면 그것이 바로 창조적 가치가 되는 것이다. 그러나 그것을 의미 없는 일로 귀찮게 여기면 창조적 가치 대신에 그 일에서 공허·무의미·절망을 경험하게 되는 것이다.

둘째, 경험적 가치(experiential values)를 실현함으로써 삶에 의미를 부여할 수 있다. 경험적 가치란 "세상에서 무엇을 취하느냐" 하는 것으로, 자신이 직접 창조해 내지는 않지만 타인이 창조해 놓은 것을 경험함으로써 가치를 느끼는 것을 말한다. 우리는 미술·음악·문학 등의 작품이나 운동경기를 감상하고 관람함으로써 삶의 가치와 의미를 경험할 수 있다.

셋째, 태도적 가치(attitudinal values)를 실현함으로써 의지의 자유를 경험할 수 있다. 이는 "변경할 수 없는 운명이나 고통에 대해 어떤 태도를 취하느냐"와 관계된 것으로, 인간은 극한 상황에 처하여 창조도 경험도 하기 힘들 경우라도 그의 태도적 가치를 통하여 삶에 의미를 부여할 수 있다. 비록 피할 수 없는 극도의 절망적인 상황에 처하더라도 그 운명을 어떻게 맞이하느냐 하는 태도는 인간의 자유의지에 의하여 선택할 수 있기 때문이다. 즉 우리는 그 운명적인 상황을 품위와 용기로 맞이할 수 있고, 반대로 절망과 분노의 태도로 맞이할 수 있다. 고통이나 고난뿐 아니라 심지어 죽음의 순간조차도 인간에게 의미를 부여해 줄 수 있다. 그러므로 인간의 의미추구는 고난의 상황뿐만 아니라 죽는 순간까지 계속되는 것이다(김상원, 2000).

3. Peter Blos의 '대처 행동'

독일 태생의 미국 아동 심리학자인 P. Blos(1904~1997)는 청소년기에 대한 깊이 있는 연구로 'Mr. Adolescence'라는 애칭을 얻었다. Blos는 청소년기란 생물학적 성숙(pubescence)에 대한 심리적 적응기간으로 보고 이러한 심리적 청소년기는 생물학적 기간보다 더 길다고 주장하였다. '방어'에만 초점을 기울인 Freud와 달리 Blos는 '대처(coping)'에 더 많은 관심을 기울였는데, 청소년의 대처 행동은 청소년기의 내적 갈등과 환경적 압력 등 두 가지를 해결하려는 적극적인 노력으로 보았다. 이 때 세 가지 대처 행동의 기본요소는 다음과 같다.

- 새로운 정보를 획득하고 처리하는 능력
- 감정 조절을 지속시킬 수 있는 능력
- 환경 안에서 자유롭게 움직이는 능력

이러한 대처 행동은 청소년기의 정신역동적 대처 체계의 진화라고 볼 수 있다. 일반적으로 생물학적 진화에도 '적응체계'(adaptive systems)가 작용하듯이 심리사회적 진화체계에도 '적응체계'가 반드시 존재한다. Blos에 의하면 적응체계는 다음과 같은 세 가지 단계로 구분된다(Newman & Newman, 1979:19-21).

전기 청소년기(early adolescence) : 이 단계는 동성의 친구와 관계 맺기에 몰입했던 소년과 소녀가 이성에게 점차 관심을 갖는 시기이다. 이 시기의 청소년은 생물학적 변화가 시작되었으나 심리적으로 아직 준비가 되지 않았을 때 스스로의 사고와 충동을 보고 무척 놀라게 되는 '발달적 혼란'(developmental disturbance)을 경험한다. 이러한 부적응은 생물학적 성숙(biological growth)과 심리적 기대(psychological anticipation)가 적절하게 통합될 때 해소될 수 있다.

중기 청소년기(adolescence proper) : 이 시기는 아동기에 부모를 비롯한 다른 성인들에게 부착되었던 리비도적인 에너지(libidinal energy)를 친구와 같은 다른 대상인물에게 투자한다. 이들은 가끔 어린 시절에 대한 향수와 우울증 경향을 나타내는데 이는 부모 등으로부터의 이별과정을 표현한 것이다. 청소년의 실험정신(experimentation)과 낭만적 사고는 점차 확대된 사회적 관심을 나타낸다.

후기 청소년기(late adolescence) : 이 시기는 신체적, 생리적 성숙과 심리적 발달 및 적응이 함께 튼튼하게 통합되는 시기이다. 따라서 개인에게 독특한 판단, 흥미, 지적 능력을 갖추고, 새로운 인물들과 경험을 나누며, 성적 정체감도 형성되고, 자기중심성도 줄어들며, 사적 자기와 공적 자기를 구별하는 균형감각도 확립된다. 따라서 후기 청소년이 되면 비교적 튼튼한 자기정체감이 형성된다. 그런데 이러한 청소년기의 성장과 변화를 위해서는 어떤 노력이 전제되어야 할까? 이에 대해 Blos는 다음 네 가지를 전제하였다(장휘숙, 1999).

첫째, 사춘기의 시작과 함께 청소년들은 부모와의 관계를 재형성해야 한다. 사춘기 이전까지 아동들은 부모에게 순종하고 부모는 가장 중요한 동일시 대상이었다. 그러나 청소년들은 부모로부터 점진적으로 독립하고 그들과 새로운 관계를 형성함으로써 새로운 동일시 대상을 발견해야만 한다.

둘째, 심리적 외상(trauma) 경험이 필요하다. 그 이유는 외상적 경험을 통하여 자기는 바람직하지 못한 심리사회적 상황에 대처할 수 있는 적응력을 획득하기 때문이다. 심리적 외상을 이미 경험한 청소년은 정서적 애착을 상실할 때 혹은 자기 존중감의 감퇴를 가져오는 사건에 직면할 때 대처할 수 있는 자기의 힘을 갖는다.

셋째, 긍정적 성격 형성을 위해 과거와 현재가 연결될 수 있는 자기의 계속성이 유지되어야 한다. 왜냐하면 가까운 과거와 함께 조상으로부터 물려받은 특성들을 지각하고 자신과 사회와의 연결성을 인식할 수 있어야만 미래에 대한 설계를 할 수 있기 때문이다. 이 시기의 청소년들이 자신의 뿌리에 관심을 갖고, 특히 외국으로 입양된 청소년들이 자신의 뿌리를 찾기 위해 고국을 방문하게 되는 것도 이 때문이다.

넷째, 이성과의 관계 형성을 열망하는 이성 지향성의 확립이 필요하다. 개인의 이성 지향성은 성적 모호성을 감소시키고 성역할 정체성의 획득을 가능하게 한다.

4. Harry Stack Sullivan과 '대인관계 이론'

Harry Stack Sullivan

Sullivan(1892~1949)은 영아기부터 성인에 이르기까지 커뮤니케이션 발달에 초점을 둔 '대인관계이론(interpersonal theory)을 정립하여 성격발달을 연구하였다.

Sullivan은 "성격이란 계속적으로 순환하는 대인관계 상황의 비교적 지속적 패턴"으로 정의하고, 대인관계의 만족이 성적 욕구의 만족보다 더 중요하다고 주장하였다. 즉 성공적이고 긍정적인 대인관계는 행복하고 만족스러운 생활의 필수 요건인 셈이다.

대인관계의 질적 특성은 인간의 발달 단계별로 '유의미한 타인

(significant others)'과 어떻게 상호작용하느냐에 달려 있다. Sullivan에 의하면 각 단계별 유의미한 타인은 〈표 2-2〉와 같다.

〈표 2-2〉 Sullivan의 발달단계별 욕구와 유의미한 타인

연령	발달단계	욕구 특징	유의미한 타인
출생-2세	영아기	안정감의 욕구	어머니
2-6세	유아기	인정의 욕구와 경험의 욕구	부모 포함 가족
6-10세	아동기	관계 형성 욕구	학교와 동년배
10-12세	청소년 이전기	친근감 욕구	단짝 친구
12-16세	청소년 초기	친밀감과 성적 만족 욕구	친구, 이성관계 시작
16-20세	청소년 후기	특별한 관계욕구와 사회적 위치 욕구	연인

출처 : 장휘숙(1999:68)

Sullivan에 의하면 한 단계에서 다음 단계로 이동하는 힘은 성적인 것(Freud), 성숙(Gesell), 인지적인 것(Piaget), 심리사회적 위기(Erikson)가 아니라 대인관계의 변화에 기인한 기본적 불안감에 대처하려는 개인의 발달능력으로 보았다. 이 과정에서 성숙과 사회적 경험, 새로운 대인관계 욕구 및 새로운 사회적 관계 모두가 중요한 역할을 한다.

청소년기와 관련하여 Sullivan은 청소년 이전 시기에는 단짝 친구관계(chumship)에서 출발하여 가장 친한 친구(best friend)를 이루고, 언어, 의복, 행동양식 등도 서로 비슷하게 된다. 또한 고독감, 우정 관계 단절에 대한 불안감도 함께 나타난다. 이 시기에 단짝 친구를 통해 충분한 사회적 지지를 받아 자기 존중감을 형성하지 못하면 사회적 거부와 배척의 감정, 또는 고립감을 갖기도 한다.

청소년 초기에는 동성 친구에서 점차 이성 친구와의 인간관계로 옮아가고, 성적 욕구, 불안감이 없는 개인적 안정의 욕구, 적어도 한 사람과의 친밀하고 지속적이며 의미 있는 협조관계에 대한 욕구 표현이 두드러진다. 이러한 욕구들이 제대로 충족될 때 청소년은 스트레스 상황에 잘 대처해 나갈 수 있게 된다. 그리고 청소년 후기에는 이성과의 사귐과 함께 다양한 친구를 통해 안정된 대인관계를 유지할 뿐 아니라 상징적 추리와 교육, 그리고 장래의 직업에 도전이 생겨나며 이러한 과정을 통해 심리적 성장이 이루어진다고 보았다(Newman & Newman, 1979: 23-24).

5. Erik Homburger Erikson과 '자기정체감'

Erik Homburger Erikson

청소년들은 급격한 신체적, 성적 변화와 더불어 새로운 사회적 요구와 압력에 당면하여 어떻게 대처해야 할지 몰라서 당황하게 된다. 따라서 청소년 이전 단계까지는 의심 없이 받아들였던 자기 존재에 대해 새로운 의문과 탐색을 시작하며, 이러한 움직임은 청소년의 자기정체감 정립으로 나아간다. 정체감(identity)이란 Erikson의 주장에 의하면, "우리 자신의 독특성에 비해 비교적 안정된 느낌을 갖는 것으로 행동, 사고, 그리고 감정의 변화에도 불구하고 우리 자신에 대해 갖는 일관성"이다.

Erikson은 1968년에 저서 『정체감 : 청소년과 위기』(Identity : Youth and

Crisis)에서 정체감 발달에 대해 광범위하게 논의하면서 청소년기는 "나는 누구인가?", "나는 무엇을 할 수 있는가?", "내 삶의 목표는 무엇인가?", "나는 어디에서 와서 어디로 가는 존재인가?" 등에 대한 의문을 제기하고 그 해답을 얻기 위해 노력하는 시기로 보았다.

이러한 청소년 시기에 이르는 과정을 설명하기 위해 Erikson은 발달의 점성 원칙(epigenetic principle)에 따른 심리사회적 8단계 이론을 제시하였다. 발달의 점성 원리란 인생 주기의 각 단계는 그 단계가 우세하게 출현하는 최적의 시기가 있고, 각 단계는 전 단계의 심리사회적 갈등의 해결과 통합을 토대로 한다. Erikson의 심리사회적 8단계는 각 단계마다 심리사회적 위기(psychosocial crisis)가 있는데, 이러한 위기는 발달의 각 단계에서 사회적 환경의 요구에 적응하기 위한 심리적 노력으로서 독특한 사건이라기보다는 일상생활에서 겪게 되는 긴장을 의미한다고 하였다.

〈표 2-3〉 Erikson의 심리사회적 발달단계

발달단계	심리사회적 위기	강점
유아기	기본적 신뢰감 vs 불신감	희망
아동 초기	자율성 vs 수치심	의지력
아동 후기	솔선성 vs 죄책감	목적
학령기	근면성 vs 열등감	유능감
청소년기	정체감 vs 역할 혼란	충실성
성인 초기	친밀성 vs 고립	사랑
성인기	생산성 vs 침체	배려
노년기	자기통합 vs 절망	지혜

출처 : Newman & Newman(1979:)

〈표 2-3〉에서처럼 8개의 심리사회적 위기는 긍정적 요소와 부정적

요소를 모두 포함한다. 긍정적 요소는 점차적으로 성장하는 자기 속에 포함되어 보다 건전한 발달을 주도하게 된다. 반대로, 만약 갈등이 계속되거나 처음에 불만스러운 양상으로 해결되면 자기발달은 손상을 입게 되고 많은 부정적 요소가 자기 속에 통합된다. 그렇다고 해서 한 단계의 성취나 실패가 영구불변하는 것은 아니지만, 다음 발달단계에서 잘 적응하고 건전한 방식으로 발달하려면 각 위기를 적절하게 해결하지 않으면 안 된다.

청소년 시기의 정체감은 청소년들이 자신의 신체적 특성은 물론 능력, 욕구, 동일시, 성역할 등에서 독특하고 고유한 방식으로 통합될 때 형성된다. 정체감 향상을 위하여 청소년들은 다양한 역할 실험을 시도하며, 그럼에도 불구하고 정체감을 획득하지 못하면 역할 혼란을 경험한다. 그렇다면 청소년들의 자기정체감 성취 여부를 어떻게 확인할 수 있는가?

〈표 2-4〉 Marcia의 네 가지 자기정체감 유형

		위기의 경험의 여부	
		예	아니오
수행의 여부	예	성취 (achievement)	유실 (foreclosure)
	아니오	유예 (moratorium)	혼란 (diffusion)

출처 : Yount(1996)

James Marcia(1976)는 '정체감 상태(identity status)' 이론에 근거하여 Erikson의 정체감 획득과 역할 혼란이라는 양 극단 사이에 유실(foreclosure)과 유예(moratorium)의 정체감 상태를 배치하고, 정체감 상태를 설명하기 위하여 위기(crisis)와 수행(commitment)이라는 두 가지 차원을 가정하였다(표 2-4 참조, Yount, 1996). 여기서 위기란 자신의 가치관에 대해 재평가하는 기간을 의미하고, 수행은 계획, 가치, 신념 등에 대해 능동적으로 의사결정을 내린 상태를 의미한다.

자기정체감 성취상태 : 위기와 수행을 모두 경험한 상태이다. 자기정체감이 성취된 청소년은 자신감과 성취 의욕이 높으며, 일반적으로 인지 능력과 과업 수행 능력도 높다. 그리고 대인관계가 원만하고 융통성이 뛰어나며 유머 감각도 우수한 것으로 보고되고 있다. 이들은 심리적으로 안정되어 있으며, 독자적인 삶을 개척해 나갈 수 있는 용기와 책임의식을 지닌다. 집단의 지도자로서 충분한 자질을 발휘하며, 또래의 부정적인 영향에 쉽게 유혹되지 않는다. 부모와의 안정적 애착과 사회적 지지를 높게 지각하는 청소년일수록 정체감 성취가 높다.

자기정체감 유예상태 : 수행은 거의 이루어지지 않지만 위기상황을 경험하고 있는 상태이다. 자기 삶의 주체성과 독립성을 주장하기에는 무언가 불안하고, 또 자신감도 없는 까닭에 아동도 아니고 성인도 아닌 어중간한 청소년으로서의 특권을 계속 유지시켜 나가고자 하는 일종의 정체(停滯) 시기이다. 이들은 좀처럼 자신의 현재의 위치를 바꾸려 하지 않지만, 새로운 가치체계에는 도전의식을 지닌다. 그러므로 자신의 태도를 고정시켜 놓고는 기존의 가치체계나 권위주의에 도전하고 비판하고 모험을 감행함으로써 나름대로 위기를 경험한다.

자기정체감 유실상태 : 가치와 직업, 개인적 이념 등은 수행하고 있지만 위기 경험은 없다. 이들은 사춘기의 심리적, 사회적, 육체적 혼란으로 인한 정신적 고통을 일시적으로 회피하기 위하여 부모나 기성세대 또는 또래에 의해 만들어진 기존의 가치체계를 그대로 수용하여 그들과 비슷한 선택을 하는 상태이다. 주로 "나는 누구인가?"라는 질문에 "나는 아빠의 귀여운 아들이다", "나는 형님의 동생이다"라는 등의 의존적 반응을 잘 나타내며, 위기를 경험하지 않고 쉽게 의사결정 하는 사람이 이 유형에 속한다.

자기정체감 혼란상태 : 이 상태에서는 발달과업의 성취를 위한 위기의식이나 대안이 없으며, 또한 개인의 수행도 이루어지지 않고 있다. 사춘기에 접어들면 다수의 청소년들은 자신의 존재에 대해 물음을 던지고 자신이나 부모, 선생님, 또는 친구들의 도움으로 슬기롭게 문제를 해결하지만, 일부 청소년은 이러한 현상이 지속되면서 갖가지 방황과 일탈행동을 경험한다. 정체감 혼란을 겪고 있는 청소년들은 존재보다 소유를 긍정하며, 자신의 욕망을 행동화하고 심지어 폭력과 범죄로 이어진다. 또한 자신의 위기를 부정하거나 가출, 약물이나 술, 섹스 등의 방법으로 위기를 회피하기도 하며, 이러한 일탈행위가 지속되거나 심각할 경우 정신분열증이나 자살 행동으로 이어지기도 한다.

우리나라에서 Marcia의 자기정체감 상태를 분석한 김형태(1989)의 연구에 의하면 고등학생의 28%가 혼란 상태, 21%가 성취 상태에 속하고, 대학생은 17%가 혼란 상태, 39%가 성취 상태에 있다는 결과는 자기 정체감과 관련된 청소년 교육 및 상담의 중요성을 시사해 준다.

제 6 장

청소년에 대한 인지심리학적 조망

청소년기는 신체생리적 변화를 포함하여 급격한 변화가 일어나는 시기일 뿐 아니라 인지 능력에서도 탁월한 신장을 보이는 시기이다. 본 장에서는 인지발달 연구에 대표적인 심리학자인 J. Piaget와 L. Kohlberg의 도덕성 발달 및 J. Fowler의 종교심 발달을 중심으로 청소년기의 특성을 살펴본다.

1. Jean Piaget의 '인지 발달'

스위스 태생의 심리학자인 J. Piaget은 지능검사의 산실인 Alfred Binet의 실험실에서 연구를 수행하면서 표준화 지능검사가 너무 단조로운 측정 방법이므로 아동의 사고를 이해하는 데 한계가 있다는 점을 발견하고는 논리학의 아이디어를 접목시켜 아동의 고차원적인 사고 과정을 탐구하였다. 그 결과 Piaget는 1923년 『아동의 언어와 사고』(*The*

Jean Piaget
© Praagnya

Language and Thought of Child), 1924년 『아동의 판단과 추리』(*Judge and Reasoning in the Child*) 등을 출간하면서 아동 인지 연구의 선구적 역할을 수행하였다.

Piaget에 의하면 인간은 환경으로부터 지식을 수동적으로 수용하는 것이 아니라 적극적으로 지식을 조직하며, 적응하면서 인지가 발달하는 것으로 보았다. 그 결과 인간의 인지 발달은 환경과 대뇌 신경계의 성숙 둘 다가 서로 결합된 결과이며, 이러한 인지 발달을 설명하는 5가지 개념을 제시하였다.

도식(schema) : Piaget와 Inhelder(1969)에 의하면 도식이란 유사한 상황에서 반복에 의해 전이되거나 일반화된 행동 구조 또는 조직을 말한다. 즉 도식이란 인간이 자신에게 주어진 환경을 해석하고 행동을 일으키는 일련의 인지 구조를 의미한다. Piaget에 있어서 인지 발달은 이런 도식의 변화, 발달이며 동일한 인지 단계의 도식이 고정되어 있는 것이 아니라 끊임없이 동화, 조절되어 적응하는 것으로 보았다.

동화(assimilation) : 개인이 자신의 인지 구조에 따라 환경에 반응하는 것이다. 예컨대, 손에 잡히는 것은 모두 입에 넣고 빠는 아동의 반사도식이 있다면 아동이 경험하는 모든 것은 이 도식에 동화된다. 동화는 개인이 환경에 적응하는 적응의 일부분이며 그 자체가 도식의 변화는 아니다.

조절(accommodation) : 기존의 인지 구조 대신에 새로운 인지 구조를 만들어 새로운 정보에 적응하는 것을 말한다. 즉 자신이 가진 도식이나 인지 구조가 새로운 사건이나 사물을 동화하는 데 적합하지 않을 때 새로운 대상에 맞도록 기존의 도식이나 인지구조를 바꾸어 나가는 것이다. 즉 조절은 동화와 반대로 인간이 외부 환경에 적응하는 측면이다.

적응(adaptation) : 개인이 이해를 증진시키기 위해 동화와 조절을 통하여 새로운 정보를 획득함을 말한다.

평형(equilibrium) : 동화와 조절 간에 균형을 이루는 것이다. 만약에 기존의 인지 구조가 새로운 경험을 동화시키지 못하면 인지 구조에 불균형이 발생하는데 이러한 불균형은 인간이 균형을 유지할 때까지 인지 구조를 조절하는 동기를 유발시킨다. 따라서 동화와 조절에 대한 평형 욕구는 인지 발달의 힘이 된다.

Piaget는 인지 발달을 네 단계-감각운동기(출생후 - 2세), 전조작기(2 - 7세), 구체적 조작기(7 - 11세), 형식적 조작기(11세 이상)-로 설정하였는데, 여기서는 논리적이고 추상적인 사고를 시작하는 형식적 조작기를 중심으로 살펴본다. Piaget가 말한 형식적 조작기는 보통 11세에서 15세 사이의 청소년 시기를 말하며, 이 시기에 청소년들이 경험하는 사고의 변화 특성은 다음과 같다(곽금주, 1996).

첫째, 현실 지향에서 가능성 지향 : 청소년 시기가 되면 초기에는 현실적인 상황이나 또는 가상적인 대상이나 사건에 대해서만 추론이 가능하다. 그러나 청소년기가 진행되면서 실제 사건이나 상상의 사건에 대한 현실 지향에서 점차 가능성을 생성하며, 이러한 가능성을 증명함으로써 실세계를 이해하는 방향으로 인지 구조가 변화한다. 예를 들면, "닭이 초록색 달걀을 낳을 수 있을까?"라는 물음에 아동은 그럴 수 없는 일이라고 더 이상 생각하지 않으려는 반면 가능성 지향의 형식적 조작 사고를 지닌 청소년 그러한 가상적 일이 일어날 수 있다는 가능성에 근거하여 초록색 사료를 먹이거나 유전자 조작을 시도하면 가능할 것이라는 등 여러 가지 의견을 주장할 수 있게 된다. 이러한 가능성 지향적 사고는 어떤 문제에 직면할 때 틀에 박힌 사고만으로 해결하는 것이 아니라 여러 측면에서 대안을 가지고 문제를 해결하는 원동력이 된다. 이러한 원동력을 잘 이해하고 촉진시켜 줄 때, 청소년은 미래에 펼쳐질 자신의 무한한 가능성을 신뢰한다.

둘째, 부분적 분석에서 조합적 분석 : 가능성이 많을수록 가설을 검증하는 데 시행착오보다는 체계적으로 면밀하게 모든 요소들의 조합을 계산할 수 있는 능력이 요구된다. 이러한 조합 능력(combination ability)이 형식적 조작 사고의 주요 특징 중 하나이다. 예를 들어, 서로 다른 색깔의 향기 없는 액체가 담긴 5개의 시험관을 아동과 청소년에게 보여주고 이 5개의 액체를 조합하여 노란색 혼합액을 만들어보라고 주문하면, 아동은 아무런 계획 없이 무작위로 액체를 섞다가 우연히 노란색 액체가 만들어지면 더 이상의 가능성은 고려하지 않고 그것으로 그치게 된다. 반면, 청소년은 좀 더 체계적인 방법으로 시작하는데 우선 한

번에 두 액체를 차례대로 섞어 보고, 그 다음에는 세 개의 액체를, 다음에는 네 개를, 그 다음에는 다섯 개 모두를 혼합시키는데, 이때 반복하거나 빠트리지 않고 모두 다 조합시킨다. 또 한 가지 해결책이 발견되더라도 적절한 요인을 분리해 내고 그렇지 않은 요인은 제거하면서 가장 적합한 조합을 찾아내려 한다. 13세경이 되면 80~90%의 청소년이 이와 같은 조합적 분석 능력을 지닌 것으로 나타난다.

셋째, 경험 귀납적 문제해결에서 가설 연역적 문제해결 : 아동기에서 벗어나면서 가설을 생성하는 것이 가능하지만 초기에는 귀납적인 추론 과정에 제한되어 있다. 예를 들어, 사과가 나무에서 떨어지는 문제에 대해서 아동은 잎이 빨간색으로 바뀌고 얼마 후면 익은 사과가 떨어지는 것을 관찰하게 된다. 그런 후에야 “사과나무의 잎이 빨갛게 되면 사과가 나무에서 떨어진다”는 가설을 생성하는데, 이 가설은 관찰 후의 귀납적 추론에 의해 일반화된 것이다. 그러나 청소년들은 경험적인 세계에만 제한되어 있는 것이 아니라 구체적인 측면과 간접적으로 관련된 추상적인 사건에 대해서도 가설을 생성해 낼 수 있으며 그것을 검증하는데 연역적인 추론 능력이 요구된다.

이처럼 청소년 시기의 형식적 조작사고에 대한 Piaget의 주장은 인지 발달이라는 측면에서 많은 관심을 불러일으켰지만, 성차, 개인차, 사회경제적 수준, 지능 등과 같은 변인에 대해 관심을 갖지 않은 점은 비판의 대상이 되기도 한다. 또 형식적 조작기 이후의 인지 발달에 대해 Arlin은 문제 발견기(problem-finding stage)를 추가함으로써 인지 발달 연구를 가속화하고 있다.

2. Lawrence Kohlberg의 '도덕 발달'

Lawrence Kohlberg
© Totallyhistory.com

도덕 교육과 도덕성 발달 연구에 심혈을 기울인 하버드 대학의 Kohlberg(1927~1987)는 도덕성 발달의 가장 큰 핵심 변인을 인지 구조(cognitive structure)로 보고, 인지 구조의 성격을 밝히려고 애썼다.

Kohlberg에 의하면 사람들은 이 세상에서 부딪치게 되는 도덕적 문제를 바라보고 개념화하며 판단하는데 '인지적 틀(mental set)'을 지닌다는 것이다. 예를 들면, 길을 가다가 갑자기 쓰러져 신음하는 사람을 목격했다면 사람들마다 반응은 아주 다양하게 나타난다. 어떤 사람은 즉시 다가가 도움을 주려 하거나, 어떤 이는 그냥 못 본 척 지나쳐 버린다. 또 어떤 이는 자신이 도움을 주지 못한데 대해 미안한 마음을 가지기도 하지만, 어떤 이는 아무런 감정도 느끼지 않는다.

이처럼 어떤 사건, 사람, 사물, 사례에 대해 사람들은 각자 고유한 인지적 틀을 가지고 행동한다고 보고, Kohlberg는 이를 '도덕 판단(moral judgement)'이라 불렀다. 그리고 가설적인 도덕 갈등상황(moral dilemma)-예를 들면, 하인츠의 딜레마-를 고안하여 도덕 판단을 구분하였다. 실제로 Kohlberg는 10세부터 16세 소년을 대상으로 면접한 결과, 3수준(level)과 6단계(stage)의 도덕성 발달 단계를 확인하였다고 주장하였다. Kohlberg가 말하는 3단계 6 수준을 간략히 표로 나타내면 (표 1-5)과 같다.

〈표 2-5〉 Kohlberg의 도덕성 발달 단계

수준	도덕성 6단계(지향)
1. 전 인습 수준 (preconventional)	1단계 : 처벌과 복종
	2단계 : 도구적 상대주의
2. 인습 수준 (conventional)	3단계 : 착한 소년, 소녀
	4단계 : 법과 질서
3. 후 인습 수준 (postconventional)	5단계 : 사회 계약과 합법성
	6단계 : 보편 원리

출처 : 장휘숙(1999)

Kohlberg의 도덕성 발달단계는 아동보다는 청소년이나 성인들의 도덕적 추론 능력을 평가하는데 유용하다. 왜냐하면 Kohlberg가 고안한 도덕적 갈등 상황이 너무 복잡해서 아동들은 이해하기가 어렵기 때문이다. Kohlberg가 초기에 연구했던 10세, 13세, 16세 소년을 대상으로 20년간 종단 연구를 실시한 Colby 등(1983)은 다음과 같은 연구 결과를 제시하였다.

10세경에 우세하게 나타났던 전인습적 추론은 10대 동안 급격히 감소되며 단계 3과 단계 4의 인습적 추론이 청소년기 동안 우세해진다. 13, 14세경의 도덕적 추론은 단계 2나 단계 3에 머무르지만 16~18세경에 이르면 50% 이상이 단계 3의 추론을 하고 20%는 단계 4의 추론을 한다. 그러나 Kohlberg의 초기 연구에서 적은 비율의 청소년들이 후인습 수준의 도덕적 추론을 할 수 있다는 주장과는 대조적으로 단계 6의 추론은 성인기까지 전혀 나타나지 않았고, 단계 5의 추론이 가능한 성인의 비율도 10% 정도에 지나지 않았다. 따라서 청소년기 동안의 도덕적 추론 능력은 전인습적 추론에서 인습적 추론으로의 전환이 이루어지고 단계 3과 단계 4의 추론이 우세하다고 결론 내릴 수 있다.

그리고 Kohlberg의 연구는 딜레마 상황에 대한 피험자의 반응을 분석한 객관적 척도의 부족, 남성만을 연구 대상으로 한 점, 도덕 발달의 연속성에 대한 개인차, 상이한 도덕적 갈등에 대해 일관되지 않은 반응 등의 문제점을 지니고 있음으로 인해 비판을 받았다. 후속된 Carol Gilligan의 연구에서는 실제적 도덕성 딜레마 상황-예를 들면 낙태를 고민하는 여성-을 겪는 여성을 대상으로 Kohlberg와는 다른 도덕성 발달 단계를 다음과 같이 제시하였다(장휘숙, 1999 참조).

- **제1단계** : 개인적 생존 지향(orientation to individual survival)

자기중심적이고 실용적 관점에서 도덕적 문제를 해결하려고 한다. 즉 '내가 원하니까', '내가 필요로 하니까' 아기를 낳거나 낙태시키겠다고 응답한다.

- **제1과도기** : 이기주의에서 책임감으로(from selfishness to responsibility)

- **제2단계** : 자기 희생으로서의 선 지향(goodness as self-sacrifice)

타인에 대한 책임을 인식하고 타인을 돌보고 보호하려고 한다. 자신을 돌보는 것은 타인에게 해가 될 수 있고 비판의 대상이 되거나 버림받을 가능성이 있다고 생각되기 때문에 위험한 것으로 판단한다.

- **제2과도기** : 선에서 진실로(from goodness to truth)

- **제3단계** : 비폭력의 도덕성 지향(morality of nonviolence)

자신과 타인 양자에게 최선이 될 수 있는 방법을 모색한다. 타인은 물론 자신에 대한 책임의 중요성을 인식하고 자신과 타인 모두에게 상처를 주지 않는 방안을 모색한다.

3. James W. Fowler의 신앙 발달

James W. Fowler
© Emory University

개인이 지닌 종교적 가치관은 정체감을 형성하는 데 중요한 요인이다. 청소년기는 아동기보다 더 추상적이고 개인적 관점에서 종교와 종교심을 바라본다. Piaget의 인지발달, Kohlberg의 도덕발달, Erikson의 자기정체감을 토대로 신앙 발달을 연구한 Fowler(1940~2015)에게 있어서 신앙(faith)이란 특정한 신념 체계나 종교적 전통이 아니라 세상을 이해하는 하나의 방법(a way of seeing the world)이다(Fowler, 1981:98). Fowler는 다양한 종교적 배경을 지닌 400여명을 대상으로 면담한 결과, 다음과 같이 신앙의 발달단계를 제시하였다.

먼저 인간의 출생과 더불어 시작되는 신앙의 이전 단계는 유아적이며 미분화된 단계(infancy and un-differentiated faith)로 본다. 이 단계에서는 신뢰와 용기, 희망과 사랑이 미분화된 채 융합되며, 유아의 환경에서 포기와 모순, 박탈 등의 감각적 위협과 경쟁하게 된다. 이 단계에서 아동이 경험하는 상호관계의 질과 신뢰성의 강도는 이후에 나타나는 신앙 발달의 기초가 된다.

• **제1단계** : 직관적- 투사적(intuitive-projective) 신앙

이 단계는 다른 무엇보다도 상상(imagination)에 의해 특징지워지는 시기이다. 새롭게 획득한 언어를 가지고 유아는 생활의 다양한 새로운 경험을 분류한다. 이 단계의 아동은 상상에 의해 사물이나 사건을 이해하기 때문에 세상을 신비한 것으로 지각한다. 이 시기에 가장 의미 있는 타자는 부모이며, 이들의 행동, 모범, 가시적 신앙 풍토를 모방하면서 신앙이 형성된다.

• **제2단계** : 신화적-문자적(mythic-literal) 신앙

구체적 조작시기의 아동은 교사, 종교 지도자, 또는 또래의 이야기, 신화, 상징, 교리를 받아들이며 문자적으로 이해한다. 그들은 규칙을 절대시하며, 규칙을 어기면 신의 처벌을 받고 규칙을 지키면 신으로부터 보상을 받는다고 생각한다. 이 단계의 신앙은 대단히 구체적이다.

• **제3단계** : 종합적-관습적(synthetic-conventional) 신앙

형식적 조작시기의 청소년은 사회적, 법적, 종교적 관습에 뿌리를 둔 신앙을 형성한다. 이 단계의 청소년들은 특정 집단의 신앙을 무비판적으로 수용하고 그것과 일치하지 않는 정보는 무조건 무시한다. 이제 개인의 신앙은 그들의 생활에 일관성과 의미를 부여하는 역할을 수행한다.

• **제4단계** : 개별적-반성적(individuative-reflective) 신앙

이 단계의 청소년이나 성인은 관습에서 벗어난 종교적 신념을 형성한다. 이제 각 개인은 그들 자신의 경험과 가치관을 바탕으로 종교의

교리나 주의를 평가하고 비판할 수 있다.

- **제5단계** : 역설적-통합적(paradoxical-consolidatory) 신앙

이 단계는 다른 표현으로 결합적(conjunctive) 신앙의 시기이다. 이 단계의 성인은 사람은 누구나 인간 사회의 보편적인 구성원이라는 것을 인식하며 영혼의 문제나 내세에 대한 접근 방법들이 모두 타당할 수 있다고 인정한다. 동시에 자신이 신봉하는 종교가 다른 종교에 의해 비판받을 수 있다는 것도 안다.

- **제6단계** : 보편적(universalizing) 신앙

이 단계에 도달하는 개인의 수는 대단히 적다. 그들은 그들이 생활하는 하나의 실체로서 신의 왕국을 경험한다. 이 단계의 신앙을 갖는 사람은 신뢰할 수 있고 모든 것을 수용할 수 있는 사람으로 인식된다.

Fowler가 신앙 발달을 연구한 것은 종교적 인간(Homo religiosus)이 성숙한 신앙으로 성장하기를 희망하는 것에서 출발하였다. 그런데 일부 청소년의 경우 단계 3의 종합적-관습적 신앙을 무비판적으로 받아들여 극단적인 사이비 종교의 맹신자가 되기도 한다. 예를 들면, 종말론 맹신자가 되어 학업을 포기하고 거리 전도에 나서거나, 자칭 구세주를 교주로 받들고 신도들과 집단 기도생활을 하는 사례가 여기에 해당한다. 따라서 청소년기의 종교적 정체감 발달을 위해 자신이 신봉하는 종교에 대해 비판적으로 평가하고, 신앙에 대한 개인적, 사회적 책임을 강화하여야 할 것이다.

〈실습〉

성공조건 자기평가 체크리스트

노안영(2002)

번호	질문	전혀 그렇지 않다	거의 그렇지 않다	그저 그렇다	대체로 그렇다	아주 그렇다
1	나는 이루고자 하는 구체적인 꿈이나 소망이 있다.	1	2	3	4	5
2	나는 인간관계가 원만하다.	1	2	3	4	5
3	나는 집단 속에서 사람들을 웃기거나 재미있게 할 수 있는 능력이 있다.	1	2	3	4	5
4	나는 나의 외모에 만족한다.	1	2	3	4	5
5	나는 문제해결을 할 수 있는 능력이 있다.	1	2	3	4	5
6	나는 상황 파악에 민감하다.	1	2	3	4	5
7	나는 아무리 어려운 상황에서도 좌절하지 않는다.	1	2	3	4	5
8	주위 사람들이 나에 대해 마무리를 잘한다는 평가를 한다.	1	2	3	4	5
9	나는 인생에서 달성하고자 하는 구체적인 목표가 있다.	1	2	3	4	5
10	나는 사람들을 좋아하고 낯선 사람들과 친해질 수 있다.	1	2	3	4	5
11	나는 이성 관계에서 상대방을 리드할 능력이 있다.	1	2	3	4	5
12	나는 외모가 성공을 위해 중요하다고 본다.	1	2	3	4	5
13	나는 어려운 상황을 헤쳐 나갈 수 있는 능력이 있다.	1	2	3	4	5
14	주위 사람들이 나에 대해 둔하다고 한다.	1	2	3	4	5
15	나는 인내심이 매우 강한 사람이다.	1	2	3	4	5
16	나는 맺고 끝내는 것을 확실히 한다.	1	2	3	4	5
점수 합계						

* 14번은 역채점(reverse scoring)

<table>
<tr><th>번호</th><td>1</td><td>9</td><td>2</td><td>10</td><td>3</td><td>11</td><td>4</td><td>12</td><td>5</td><td>13</td><td>6</td><td>14</td><td>7</td><td>15</td><td>8</td><td>16</td></tr>
<tr><th>점수</th><td></td><td></td><td></td><td></td><td></td><td></td><td></td><td></td><td></td><td></td><td></td><td></td><td></td><td></td><td></td><td></td></tr>
<tr><th>합계</th><td colspan="2"></td><td colspan="2"></td><td colspan="2"></td><td colspan="2"></td><td colspan="2"></td><td colspan="2"></td><td colspan="2"></td><td colspan="2"></td></tr>
<tr><th>성공
조건</th><td colspan="2"></td><td colspan="2"></td><td colspan="2"></td><td colspan="2"></td><td colspan="2"></td><td colspan="2"></td><td colspan="2"></td><td colspan="2"></td></tr>
</table>

제 7 장

청소년에 대한 생태심리학적 조망

1. Kurt Lewin과 '생활공간'

Kurt Lewin
© European Association of Social Psychology

Lewin(1890~1947)은 베를린에 있는 형태주의 학회센터에서 Köhler, Wertheimer와 함께 형태주의 심리학 연구에 협력하기도 하였지만 형태주의 입장의 틀을 뛰어넘어 독자적인 이론 개발자로 종종 간주된다. Lewin은 개인을 세계에 있어서 유일한 실재로 보고 개별적인 인간을 공간적으로 표시하였다. 이 공간적 관계를 표현하기 위해 기하학적 수학, 즉 상호결합이나 상로 교류를 크기, 양, 형과 같은 것을 포함하지 않은 위상학(topology)을 활용하였다. 이러한 입장에서 개인은 다른 세계와 구별하기 위한 영역을 가지고 다른 것과 분화되며, 부분은 전체와 항상 교류한다. 또한 개인의 세계에 대한 영역으로 심리학적인 세계 또는 심리학적인 환경이 있으며, 이 심리적 현실 밖에는 비심리적인 세계인 물리적 세계가 있다. 따라서 개인(P), 심리적 환경(E), 비심리적 세계는 상호작용의 역할을 하며, 개인과 심리적 환경을 '생활공간(life space)'이라고 보았다. 생활공간이란 심리학적 현실로 이것은 개인의 행동을 규정하고 결정하는 가능성 있는 사실의 전체를 포함한다. 그러므로 행동은 생활공간의 함수(B=f(LsP))이며, 생활공간 밖에 있고 경계선 근처에 존재하는 비심리학적 사실은 실제 문제로서 생활공간에 영향을 준다.

물리학에서 원용한 장이론(field theory)은 인간의 심리적 활동이 심리적 장이나 생활공간 같은 곳에서 일어난다고 생각하도록 Lewin을 자극시켰다. 생활공간은 인간에게 영향을 줄 가능성이 있는 과거, 현재, 미래의 모든 사건을 포함한다. 심리학적 입장에서, 생활의 이러한 영향력은 어떠한 상황에서도 행동을 결정할 수 있다. 따라서 생활공간은 심리학적 환경과 상호작용하는 인간들의 욕구들로 이루어져 있다. 이러한 Lewin의 인간과 환경의 상호작용 연구는 사회심리학에 있어서 개인과 집단행동을 다룬 집단역동(Group Dynamic) 연구에 크게 영향을 미쳤다. 마치 개인과 그 개인의 환경이 심리적 장을 형성하듯 집단과 집단환경도 사회적 장을 형성한다. 사회적 행동은 하위 집단, 구성원, 장애물 그리고 커뮤니케이션 경로처럼 존재하는 사회적 상황에서 생기고 그것의 결과로 일어난다. 따라서 집단행동은 주어진 시간에 전체 장 상황의 기능인 셈이다(임창재, 2002).

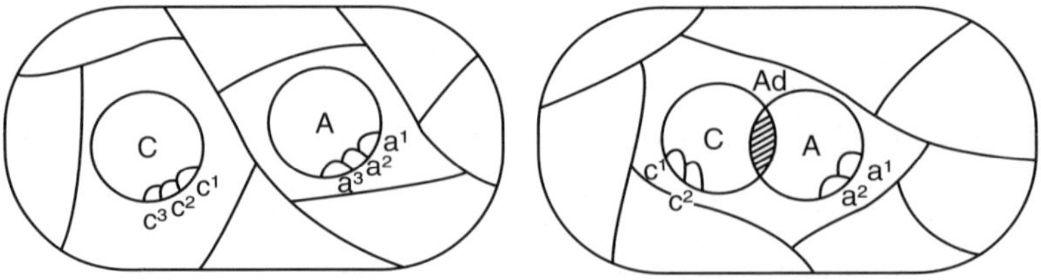

1. 아동기와 성인기 동안 성인(A)과 아동(C)은 비교적 분리된 집단으로 존재한다.

2. 주변인으로서의 청년기, 아동과 성인의 겹치는 영역이 청소년기(Ad)에 속한다.

〈그림 2-2〉 청소년의 주변인적 상황
출처: Lewin(1939)

Lewin에 따르면 청소년기는 아동기에서 성인기로 집단 소속이 변하는 시기이다. 청소년은 부분적으로 아동 집단에 속하기도 하고, 때로는 성인 집단에 속하기도 한다. 그래서 청소년을 '주변인(marginal people)'으로 칭할 수 있는데(그림 2-2 참조), 이런 청소년들은 다음과 같은 특징을 지닌다(장휘숙, 1999).

- 청소년들은 수줍음과 민감성을 나타내나 상황의 모호함과 시기적인 불평등 때문에 때로 공격적일 수 있다.
- 주변인으로서 청소년들은 아동 집단에서 성인 집단으로 이동하고 있어 어느 집단에도 소속하지 못하며 두 집단의 태도, 가치, 이념, 생활양식들 사이에서 계속적인 갈등을 경험한다. 그들은 또래 집단을 제외하고는 어디에도 소속할 수 없다.
- 가치, 태도 및 이념에서의 갈등은 증가된 정서적 긴장을 초래한다.
- 행동을 변화시키려는 청소년의 경향성은 때로 급진적이고 반항적

인 태도와 행동을 하게 한다.

- 청소년들의 행동은 생활공간의 확장과 분화 정도에 따라 아동기 집단과 성인 집단과의 관계에 의해, 그리고 신체 변화에 기인된 생활공간에서의 변화에 의해서만 관찰될 수 있다.

2. Roger Barker의 '행동장면'

R. Barker는 인간의 모든 행위는 개인과 환경의 상호작용의 산물이라는 견해를 가지고, 원하는 방향으로 행동을 조성하기 위해서는 '개인-환경'의 상호작용에 대한 정확한 이해와 측정이 전제되어야 한다고 생각하면서 '행동장면(behavior setting)'이라는 개념을 도입하였다(Newman & Newman, 1979).

Barker가 설명하고 있는 행동 장면의 특성을 요약하면 다음과 같다. 행동 장면은 하나 혹은 그 이상의 고정된 행동형태로 구성되며, 행동과 환경 간에 일어나는 상호작용의 형태로 해석된다. 또한 이 행동형태는 공간과 시간의 경계에 의해 둘러싸여 있으며, 환경은 행동과 구조적 동일성을 가지고 있다. Barker에 따르면 행동장면은 하나의 경계화된 형태를 말하는 것으로, 예를 들어 어떤 정해진 시간과 공간 내에서 규칙적으로 행해지고 구획된 위치를 가지는 농구 경기, 종교 집회, 교실 수업 등과 같은 것을 말한다. 교실 수업처럼 고정된 행동의 형태들은 강의, 듣기, 관찰하기, 앉기, 필기하기, 손들기, 질문과 답을 교환하기 등이 될 수 있다. 이러한 고정 행동형태들은 불연속적이지만 행동적 실재이며, 참여자들이 바뀔 때까지 존재하는 독특한 특성이다. 아울러 이것은 참여한 개인들에게 내재되어 있는 특별한 특성이 아닌 초개인적인(extra-individual behavior) 현상이다. 이러한 행동은 집합적인 교육 행동장면(educational behavior setting)에서만 발생하기 때문에, 사회 생태학적 관점의 심리학자들이 이 장면에 대해서 안다는 것은, 곧 그 안에서 일어날 행동을 예측할 수 있게 해 준다고 추론한다. 이러한 행동을 유발하는 물리적 환경(physical milieu)에는 방, 교탁, 의자 그리고 아마도 칠판과 마이크와 같은 장면이 포함될 것이다. 또 개인이 교실을 떠났을 때에도 고정적인 행동형태들은 여전히 남아 있으므로, 이들은 환경에 대해 독립적이다. 따라서 환경과 고정 행동형태들은 구조적으로 유사(synomorphic)하고, 이 둘이 모여 하나의 행동장면을 창조하는 것이다. 이러한 행동장면은 단일 면으로 이루어진 형태에서 사람들을 에워싸는 구조물에 이르기까지 아주 다양하다(Barker, 1968).

이처럼 환경은 행위 체계(activity systems)를 형성하도록 상호 연결된 행동장면(behavior setting)들의 위계로 이루어져 있다. 사람의 행위 체계는 소득 수준, 교육 수준, 능력, 문화적 사회적 규범의 범위 내에서 그들의 동기, 태도 및 세계관을 반영한다. 이러한 Barker의 생태 심리학적 접근방법은 현장 관찰법을 필요로 하고, 이 현장 관찰법은 현실적인 행동을 사용하므로 이론에 이점을 안겨 준다. 그러나 이 방법은 실험실에서처럼 많은 상세한 인과관계를 연구할 수 없다는 단점도 있다. 또 이 이론은 그 범위가 너무 광범위해서 구체적인 예언을 하기 어렵다. 또 이 접근은 집단행동을 연구하기 위해 고안되었기 때문에 집단 자료를 다루는데 있어서는 훌륭한 역할을 하지만 개인행동에 있어서는 다른 이론

들만큼 잘 처리하지 못하는 한계를 지니고 있다(Bell, 2001).

3. Urie Bronfenbrenner와 '생태 모형'

Urie Bronfenbrenner
© Cornell University

Bronfenbrenner(1917~2005)은 인간 발달과 생태학적 조망 연구에 있어서 새로운 이론적 관점을 제시하였다. 새로운 관점이란 발달하고 있는 개인에 대한 개념, 환경에 대한 개념, 그리고 개인과 환경 사이에서 발생하고 있는 상호작용에 대한 개념에서 정통적인 접근 방식과 차이 나며 새롭다는 의미이다. 실제로, Bronfenbrenner가 제안하는 인간 발달이란 "인간이 자신의 환경을 지각하고 다루는 방식에 있어서의 지속적인 변화"로 정의된다. 또 생태학적 환경(ecological environment)이란 일반적인 개념과 달리 마트료시카(Matryoshka)라고 불리는 러시아의 전통 목각인형처럼 한 구조가 그 다음 구조 속에 끼워지게 되는 일련의 겹 구조(nested structure)들로 상상할 수 있다. 이들 겹 구조는 가장 작은 미시체계부터 가장 큰 거시체계에 이르기까지 네 개의 체계로 이루어진다(Bronfenbrenner, 1992, 그림 2-3 참조). 이들 네 가지 체계는 다음과 같다.

- **미시체계**(Microsystem)

주로 면 대 면 접촉을 통해 서로 영향을 주고받는 맥락이나 장면(예를 들면, 가족, 직장, 또래집단, 학교 등)이다. 미시체계는 가장 밀접하게 영향을 미친다.

- 중간체계(Mesosystem)

미시 체계 사이에 존재하는 관계와 연계성 또는 상황이 서로 연결되는 방식을 의미한다. 예를 들면, 가정과 학교, 직장과 가정, 또래 집단과 부모의 연결고리를 말한다.

- 외체계(Exosystem)

개인이 직접 참여하지는 않지만 개인에게 영향을 초래하는 중요한 의사결정과 행동이 포함된 좀 더 큰 규모의 체계를 말한다. Bronfenbrenner는 외부체계가 지역 차원에서 운용되는 주요 사회제도(가령, 지방 정부, 건강보험, 매스미디어 등)를 포괄한다고 밝힌 바 있다. 이 생태학적 수준에서는 원심의 영향(distal influence)을 끼친다.

- 거시체계(Macrosystem)

일반적인 가치, 정치, 사회 정책, 이데올로기처럼 사회 안에서 규정되고 조직하는 가장 넓은 체계이다. Bronfenbrenner는 이전의 세 체계는 개인의 생활에 영향을 미치는 구체적 맥락임에 반해 이 거시 체계는 성문법이나 정책처럼 눈에 띄거나 일상의 관습과 실천에 영향을 미치는 이데올로기처럼 비공식적으로 은연중에 결정된다고 지적하였다. 예를 들면, 성공적인 인생, 책임을 다하는 부모, 훌륭한 미국인 등은 거시체계에 바탕을 둔 사고이다. 이들 영향력은 비록 추상적이고 전체적이기는 하지만 모든 생태학적 체계에 스며든다. Bronfenbrenner의 체계 이론은 인간 행동이 발생하는 모든 장면들이 서로 연결되어 있음을 의미한다.

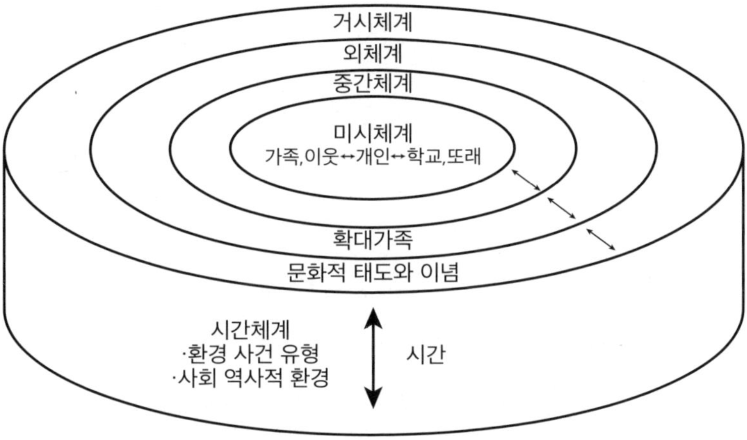

〈그림 2-3〉 Bronfenbrenner의 생태 모형

제 8 장

청소년에 대한 인본주의 심리학적 조망

정신분석 심리학에서는 인간의 본능과 갈등을 중요시하며, 인간의 행동은 무의식에 의해 통제된다고 보았으며, 행동주의 심리학에서는 인간의 행동이 자극과 반응의 연합으로 조형(shaping)된다고 주장하기에 기계론적 인간관의 함정에 빠질 위험이 있다. 이러한 심리학적 세력에 대한 반동으로 등장한 인본주의 심리학은 인간 존엄성에 바탕을 두고 사람은 누구나 선천적이고 무한한 잠재력을 지니며 자율적이고 능동적으로 삶을 증진하고 자신의 능력을 최대로 개발하고자 하는 욕구와 성향을 갖고 있으며 이러한 욕구와 성향을 자기실현으로 보았다. 자기실현이란 개념에 대해 많은 학자들이 다양하게 정의하고 있다.

자기실현이란 용어를 최초로 사용한 Goldstein(1939)은 유기체를 하나의 통일되고 체제화된 전체로 보는 '유기체 이론'(organismic theory)에서 유기체를 다수의 독립적인 욕구보다는 하나의 중요한 욕구에 의해 행동이 동기화된다고 전제하고 이 동기를 자기실현이라 하였다. 그는 자기실현이란 개인이 선천적인 속성과 잠재능력을 실현하기 위한 계속적인 노력으로써 인간생활에 방향과 통일성을 제공해 준다는 것이다.

Jung은 자기실현의 개념을 비교적 초기에 사용한 심리학자로서 자기실현을 '개성화(individuation)'와 같은 의미로 보았으며, 이는 온전한 상태를 달성하는 쪽으로 지향하는 성격 발달의 과정으로서, 이러한 과정이 바로 '자신답게 되는 과정(coming to selfhood)'이며, 특별한 장애가 없는 한 이 경향은 대단히 강한 힘(force)을 가지는 것으로 보았다. 그 외에 Frankle은 자기실현인을 자기초월의 사람으로 보았고, Allport는 성숙한 인격(mature personality)으로, Peris는 여기 그리고 지금의 사람으로 자기실현인을 표현하면서 자기의 충동과 욕망에 개방적이며 삶에 책임지는 사람이라고 하였다. 또 Snygg와 Combs는 자기실현인을 '적합한 자기'(anadeguate self)라고 정의하고 이들은 우선 긍정적인 자기개념을 갖는다고 보았다. 본 절에서는 이 가운데 인본주의적 관점의 대표적인 심리학자인 A. Maslow, C. Rogers 그리고 C. Buhler를 소개한다.

1. Abraham Maslow와 '자기실현'

Abraham Maslow

자기실현의 개념과 이론을 가장 종합적이고 체계적으로 발전시킨 사람은 A. Maslow이다. Maslow는 자기실현을 인간의 재능과 가능성의 무한한 이용과 개발로 보고 이는 성장하고자 하는 인간의 자기의식적 욕구의 노력에 대한 부산물로 보았다. 그는 욕구를 결핍 욕구와 성장 욕구로 구분하고, 인간의 욕구를 생물학적이고 육체적인 욕구·안전의 욕구·소속감과 사랑의 욕구·자존의 욕구·자기실현의 욕구의 다섯 단계로 구분하였다.

앞의 네 가지는 인간 삶의 가장 기본적인 욕구이므로 그 욕구를 채우지 못할 경우에는 삶 자체를 유지할 수 없다. 그러나 앞의 네 가지 욕구가 충족되었다 하더라도 자기실현의 욕구가 현실화되지 못하면 삶은 건강하지 못하다(Maslow, 1970).

그는 결핍욕구가 충족된 후에 나타나는 성장욕구의 일종인 자기실현의 욕구는 자기충족(self-fulfillment)에 대한 욕구로서 정신적으로 건강한 사람이 자기실현의 욕구가 강하다고 하였다. 곧 자기실현은 자기개발과 자기성취를 위한 충동으로서 자신의 재능과 능력을 극대화시켜 그가 되고자 하는 상태를 말한다고 하겠다(김재경, 1995:131-132).

Maslow는 자기실현의 욕구를 현실화한 다양한 사람들을 직접 관찰하고 대화를 통해서 그들의 삶을 분석하였다. 그 결과 자기실현자들은 일상적인 경험과는 너무도 대조되는 가장 열정적이고 근원적인 경험을 지니고 있으며 그것을 통해서 자신들의 존재가치들(B-values)을 실현시키고 있음을 알았다. 그러나 대부분의 자기실현자들은 잊을 수 없는 강렬한 주관적인 경험을 갖고 있지만, 과학적이고 객관주의적인 현대 문화는 정신적인 착란 현상이라고 하여 그 경험을 의도적으로 무시하고 있기 때문에 공개적으로 쉽게 표현하지는 않는다는 것도 알게 되었다.

Maslow는 이런 강한 경험을 '정상경험'(peak-experience)이라고 하였다. 이 정상 경험은 특수한 현상이 아니라 매우 보편적이고 자연스러운 현상이라 하여 초자연적이고 신비주의적인 경험이라 하지 않고 자연적인 경험 또는 보다 넓은 의미에서의 종교경험으로 생각하였다.

Maslow는 자신이 말하는 자기실현을 하는 사람은 정신병리학적으로나 심리적으로 건강한 사람임을 강조했다. 그는 자신이 천부적으로 타고난 재능과 가능성과 잠재력을 최대한으로 개방하고 활용하는 가장 이상적인 건강한 인간성을 자기실현의 인간이라 명명하고(Maslow, 1969:1-9 참조), 두 종류의 자기실현인을 말하였다. 하나는 분명히 건강하지만 초월경험이 없는 사람들이며, 또 하나는 초월경험이 중요하고 중심적인 역할을 하는 사람들이다. 전자의 예로는 Eleanor Roosevelt, Truman, Eisenhower를, 후자의 예로는 Aldous Huxley, Schweitzer, Buber와 Einstein을 들었다(Maslow 1969).

Maslow는 자기실현인을 보통 사람과 비교할 때 다음 15가지 건전한 특성을 지닌 사람으로 설명했다.

- 실현에 관해 충분히 인식하며 현재 지향적이다.
- 자기와 타인과 자연을 있는 그대로 받아들인다.
- 자발적이고 단순하며 천성 그대로이다.
- 자기중심적이 아니라 문제중심적이다.
- 초연한 태도와 사생활에 대한 욕구를 가진다.
- 자율적이며 문화와 환경으로부터 독립적이다.
- 끊임없이 감탄할 줄 아는 신선감을 갖는다.
- 신비하고 영적인 절정체험을 하며 산다.
- 인류에 대한 형제애를 갖는다.
- 친밀한 대인관계를 수립한다.

- 민주주의적 성격을 갖는다.
- 목적과 선과 악을 구별할 줄 안다.
- 철학적 유머를 갖는다.
- 창조적이다.
- 문화적 압력에 의해 살지 않고 자신 특유의 방식에 따라 행동한다.

Maslow는 이런 특성들을 달성한 사람은 실제적으로 선택받은 극소수만이(1% 이하) 해당된다고 보았다. 그는 왜 모든 사람이 자기실현을 못하는가에 대해 첫째, 많은 사람들이 그들의 잠재력에 대해 모르고 있고 자기증진이 가져다주는 보상도 이해 못하고 오히려 자신의 능력을 의심하고 두려워하는 경향 때문에 자기실현할 수 있는 기회를 소멸하며 둘째, 사회적 여러 환경이 자기실현을 억눌러버리며 셋째, 안전욕구가 가져다주는 강한 부정적 영향 때문이라고 하였다.

한편 Shostrom은 추상적이고 애매하여 비과학적이라는 비판을 듣는 자기실현의 개념에 대하여 과학으로서의 상담심리학적 접근을 시도하였다. 그는 자기실현을 '자신의 잠재력을 활용하는 방향으로 계속적으로 성장해 나가는 과정'으로, 잠재력을 '창의적으로 표현하고, 효과적인 대인관계를 유지하고, 충족된 삶을 살 수 있는 개인의 궁극적인 능력'으로 덧붙여 설명하면서 종합적이고도 보다 구체적인 정의를 다음과 같이 다섯 가지로 설명하였다(Shostrom, 1976).

첫째, 통계학적 개념으로서, Maslow가 상위 1%의 사람들만을 자기실현인이라고 부르는데 반해 Shostrom은 정상분포 곡선상에서 상위

5%내에 속하는 사람을 자기실현인이라고 보았다.

둘째, 과정적 개념으로서, 자기실현은 본래 자기 자신이 되어가는 과정으로서, 이는 결코 종착점이 아니라 일상의 가식적인 자신으로부터 성장·발전하고 잠재력을 계발하는 과정이다. 따라서 자기실현은 성공적인 상담·수업·인간관계에서 일어난다.

셋째, 자기실현은 순간적인 상태적 개념으로서, 이는 Maslow가 말한 '정상 경험'과 같은 의미이다.

넷째, 윤리적 개념으로서, "선과 악의 기준은 진정한 자기를 성취하느냐의 여부에 따른다", 그리고 "자기의 잠재력을 경험하고 표현하는 것을 인생의 주된 목적으로 삼는다"는 것 등이다.

다섯째, 모형적 개념으로서, 교육적 상담모형을 지향한다. 의학적 모형은 환자가 정상인이 되도록 하는 반면, 자기실현은 정상인이 '더 정상'이 되도록 한다.

이상 살펴본 바와 같이 자기실현을 한마디로 정의하기는 어렵겠지만 이를 종합하면 자기실현이란 '심리적으로 건강한 사람이 자신의 잠재된 가능성을 충분히 발휘하여 계속적으로 성장해 나가는 과정'이라 하겠다(이 장의 끝에 있는 간이자기실현척도(SISA)를 체크해보기 바란다.)

2. Carl Rogers와 '충분히 기능하는 사람'

Rogers(1902-1987)는 자기실현이란 유기체가 하나의 기본적인 경향성과 욕구를 갖고 자신을 실현하고 유지·향상시키는 것으로 규정하였

Carl Rogers
© wikipedia.org

다. 그 경향성은 성숙과 분화, 독립성과 자율성 및 책임감으로 발전되거나, 자신에게 의식적인 자기개념과 일치하게 행동하도록 하는 힘이라 하였다.

그는 자기실현인을 '충분히 기능하는 사람'(a fully functioning person)으로 보고 그 특징을 다음과 같이 기술하고 있다.

첫째, 충분히 기능하는 사람은 자기의 경험에 개방적인 태도(openness to experience)를 취한다. 둘째, 충분히 기능하는 사람은 실존적인 삶(existential living)을 산다. 그들은 매 순간을 새롭고 신선한 설렘을 갖고 산다. 셋째, 충분히 기능하는 사람은 자기 유기체에 대한 신뢰감(trust in one's organism)을 지닌다. 넷째, 충분히 기능하는 사람은 선택과 행동에 있어서 더 많은 자유를 누린다. 다섯째, 충분히 기능하는 사람은 창조적 특성을 나타낸다.

그의 자기실현 과정은 상태나 완료형이 아닌 미래지향적 계속형이다. 이는 어렵고 고통스러운 여정으로 끊임없는 긴장과 자극, 존재에의 용기가 수반된다. 행복은 자기실현의 부산물로 얻어지기에 자기실현자가 항상 행복한 것은 아니며 자기실현을 추구하는 과정에서 오히려 긴장을 느낀다.

Rogers는 청소년기 자기는 아동기의 경험과 주변의 의미있는 타인과의 경험에 의해 많은 영향을 받는다고 하였다. 즉 주변의 부모, 교사, 친구로부터 부정적인 피드백이나 평가를 받은 경험이 많은 청소년은 부정적이고 왜곡된 자기관을 형성한다는 것이다. 따라서 Rogers는 청소년에게 긍정적으로 대하고(positive regard) 격려해 줌으로써 청소년 스스로 자신이 가치 있다는 긍정적인 자기관을 갖도록 하는 것이 중요하다고 주장한다. 특히 어머니가 자녀에게 긍정적인 대우를 하지 않으면 자녀의 자기실현과 발달은 심각한 손상을 받게 된다고 하였다. 이와 같이 자신에 대해 긍정적인 자기관을 가져야만 인간의 궁극적인 목적인 자기실현이 가능하기 때문이다(임영식, 2004:72).

3. Charlotte Malachowski Buhler의 '전생애 발달모형'

독일 태생의 여성 심리학자인 Buhler(1893~1974)는 인간의 실제적 목표는 자기실현이며, 그것을 위한 창조적 행위는 삶의 정상 경험으로 지각된다고 하였다. Buhler는 목표를 실현하기 위해 주도적으로 행하는 개인의 능동적인 역할을 강조하였다.

Buhler는 여러 나라의 각기 다른 계층에 속하면서 서로 다른 직업을 가진 400명의 전기과 면접 자료를 분석하고, 그녀의 전생애적 발달 모형을 구축하였다. 그녀는 인생이란 목표 지향적이며, 목표의 형성은 개인의 행동을 의도적으로 만든다고 가정하고 개인의 삶을 둘러싸고 있는 외적 사건, 여기에 대한 개인의 내적 반응 및 각 개인의 성취와 그것의 산물을 개인의 삶에 영향을 주는 세 가지 중요 요인이라고 주장하였다.

Buhler의 이론에서 목표는 개인 생활의 통합적 원리로 작용한다. 대부분의 젊은이들은 목표를 형성하거나 일관성 없는 목표를 갖는 것이 보통이며, 목표의 달성은 50-55세 경에 이루거나 실패하기도 한다. 때로는 인생 후기까지 목표를 설정하지 못하는 사람도 있다. Buhler는 전생애를 5단계로 구분하였는데, 청소년 시기는 2단계(16세부터 27세까지)로 보고, 이 시기의 발달 양상은 생물학적 성장이 계속되며, 성적 성숙이 이루어지고, 활동범위가 확대되며, 자기 주도적 결정이 가능해지며 타인과 개인적 관계를 형성하는 시기로 보았다. Buhler의 청소년 연구가 갖는 의의는 이전의 정신분석에서 보았던 부정적, 결정론적 입장보다 긍정적, 낙관적인 견해를 강조하였으며, 전생애 발달관점에서 인간을 전인적(wholistic) 측면에서 접근하였다는 점이다.

〈실습〉

간이 자기실현 척도
(Self Index of Self Actualization)

Jones, A., & Crandall, R.(1986)

다음 문항을 읽고, 각 문항의 내용이 자신의 생각과

'전혀 그렇지 않다'고 생각하면 [1]

'거의 그렇지 않다'고 생각하면 [2]

'가끔 그렇다'고 생각하면 [3]

'항상 그렇다'고 생각하면 [4] 를

왼쪽 빈칸에 써 넣으세요.

☐ 1. 내 안에서 일어나는 감정들에 대해 부끄러움을 느끼지 않는다.

☐ 2. 남들이 나에게 기대하는 대로 행동해야 한다고 생각한다.

☐ 3. 인간은 본래부터 선하고 신뢰할 수 있는 존재라고 믿고 있다.

☐ 4. 내가 사랑하는 사람들에게 화내는 것이 두렵지 않다.

☐ 5. 내가 하는 일이 다른 사람에게 항상 인정을 받아야 한다.

☐ 6. 나의 약점을 인정하지 않으려고 한다.

☐ 7. 남들이 나를 인정해 주지 않아도 그들을 좋아할 수 있다.

☐ 8. 실패할까봐 두려워한다.

☐ 9. 복잡한 문제를 해결하거나 단순화하려는 노력을 피하는 편이다.

☐ 10. 인기 있는 사람이 되는 것보다 자기 자신이 되는 것을 더 중요

한 일로 여긴다.

☐ 11. 내 인생에 있어서 마땅히 헌신해야할 사명을 아직 가지고 있지 않다.

☐ 12. 불쾌한 결과가 생겼을 때조차 나의 감정을 솔직하게 표현할 수 있다.

☐ 13. 다른 사람을 도와야할 책임감을 잘 느끼지 못하는 편이다.

☐ 14. 내가 부적격한 존재가 되지나 않을까 하는 두려움 때문에 고민한다.

☐ 15. 사랑을 먼저 주기 때문에 사랑받는 편이다.

〈채점 방법〉

각 문항의 점수를 더한다. 그러나 2, 5, 6, 8, 9, 11, 13, 14번 문항은 거꾸로 채점한다. 즉 거꾸로 채점하는 문항은 1에 체크했으면 4점, 2에 체크했으면 3점, 3에 체크했으며 2점, 4에 체크했으면 1점으로 채점한다. 점수가 높을수록 자기실현의 수준이 높다고 할 수 있다.

UNDERSTANDING OF PSYCHOLOGY

제3부

"여러분의 꿈은
여러분 자신의 가슴을 들여다볼 수 있을 때
더 분명해질 것이다.
밖을 보는 자는 꿈을 꾸지만
안을 들여다보는 자는 깨어난다."

— C. G. Jung —

UNDERSTANDING

심리학의 그물코(praxis) : MBTI와 진로 및 직업설계

OF PSYCHOLOGY

제9장

대학생과 적응심리

적응은 학자들마다 약간의 차이는 있으나 개인이 주변 환경과 능동적인 상호작용을 하면서 환경의 요구에 맞도록 자신을 변화시키거나 환경을 자신에게 맞도록 변화시키는 과정으로 정의하고 있다. 이러한 적응의 개념을 생각해보면 인간이 살아가는 과정은 끊임없는 적응의 연속이다. 따라서 대학생활적응은 대학환경과 학생 개인이 지니고 있는 다양한 특성간의 상호작용에 의해서 학업, 대인관계, 심리, 사회적 측면에 영향을 받는 다차원적인 현상이라고 볼 수 있다. 즉 대학적응이란 학생이 대학이라는 환경과 조화로운 관계를 맺고 있는 만족스러운 상태로서 학업 및 대인관계 등을 포함한 대학교생활 전반에 대한 적응을 의미한다.

따라서 본 장에서는 대학생의 대학적응에 크게 영향을 미치는 학업적응과 진로적응에 대해 살펴보고자 한다.

1. 대학생의 학업적응

대학 신입생들의 학업에 관한 연구로서는 Demeulemeester와 Rochat (1995)의 연구가 대표적이다. Demeulemeester와 Rochat는 전통적으로 학생들의 학업성취에 관련된 다양한 요인들을 종합적으로 분석한 결과 나타난 주요 요인들을 검증하기 위하여 1987년 브뤼셀 대학에 등록한 1,980명의 대학 신입생을 대상으로 학업 성공과 실패에 영향을 미치는 요인을 밝히고자 하는 연구를 수행한 바 있다. 연구결과, 대학 신입생들의 학업성취는 과거에 받은 교육, 등록 당시의 연령, 졸업한 고등학교의 특성에 영향을 받는 것으로 나타났으며, 대학에 재학 중인 형제나 자매의 긍정적인 영향과 여학생의 성공 가능성이 더 높은 것으로 나타나 성의 중요성을 확인하여주고 있다. 이러한 연구결과는 대학 신입생들의 문화적 자본과 지적 자본에 속한 변수가 그들의 학업성취에 미치는 긍정적인 영향력을 다시 한 번 확인시켜주는 것이다.

국내는 외국과 달리 학습전략과 학업적 자기효능감이 주된 연구 주제이다. 따라서 본 절에서는 학업적 자기효능감과 학습전략을 중심으로 선행연구를 종설한다.

학업적 자기효능감(academic self-efficacy)

학업적 자기효능감이란 자기효능감에서 파생된 개념이며, 개인의 판단과 신념이 어떤 결과를 얻기 위해 행동을 조직하고 실행할 수 있는 능력이다. 자기효능감은 과제 상황에서 요구되는 자신의 전략적인 수행 능력에 대한 믿음으로, 구체적인 상황에서 활동을 수행할 수 있는 자신의 판단이다. 자기효능감은 개인의 행동목표, 성과기대에 영향을 미치고 행동적인 결과를 예상하므로, 활동을 선택하고 노력하는 지속성에 영향을 미친다. 따리서 자기효능감은 자신의 행위에 대한 결과기대가 행동을 변화시키거나 지속시킬 수 있다.

학업적 자기효능감은 학업적 상황에서 학업을 수행하는 능력으로, 지식과 수행을 매개하는 원동력이며(임지향, 안윤지, 신지현, 2015), 학업적 상황에서 자신의 판단으로 필요한 지식과 행동을 조직하고 실천하며, 새로운 지식과 기술을 학습하고 수행할 수 있는 학습자의 능력이다(김아영, 박인영, 2001). 또한, 학업 과정에 직접 또는 간접적으로 영향을 주어 도전적인 과제를 선택하기도 하며 성공적으로 수행하려고 노력한다(문승태, 박미하, 2013).

학업적 자기효능감이 높은 학습자는 정서적 자극에 대한 내성이 강하며, 논리적인 문제 해결 방안을 선택하고 정보를 재구조하여 자신이 선택한 해결방안을 실행한다. 성공 경험이 많은 개인은 실패 경험이 많은 개인에 비해 긍정적인 자기효능감을 가진다. 따라서 결과를 성공적으로 해석할 때 자기효능감이 높아질 수 있고, 결과를 실패라고 해석할 때 자기효능감이 낮아지므로 결과에 대한 개인의 해석이 중요하다(이수진, 2012).

학업적 자기효능감은 숙달목표를 높이고, 수행회피를 감소시켜 진로준비행동을 높인다. 사회인지이론에서 자기효능감은 주어진 과제나 행동에 대한 성공가능성에 대한 신념으로 행동과 지속성에 영향을 미친다. 학습자는 행동이 결과를 수반한다는 것을 알지만 그 행동을 수행할 수 있는 능력에 회의가 생기면 행동이 유발되지 않을 수 있다. 자기효능감은 결과기대와 효과기대가 있으며 주어진 행동이 어떤 확실한 결과를 생성할 것이라고 예측하는 것을 결과기대라 하며, 효능기대는 결과를 생성하기 전에 행동을 성공적으로 수행할 수 있는가를 예측하는 것이다.

학업적 자기효능감은 학습자가 학습 과제를 수행할 때 자신의 능력에 대한 개인적인 평가이다(Wood & Locke, 1987). 자신의 학업 분야에서 학업적 능력을 지각하면 학업에 임하는 자신의 모습을 파악할 수 있다. 학업적 자기효능감은 정서, 학습수행과 관련성이 있으며, 학업적 자기효능감이 높으며 정서조절 능력도 높게 나타났다(권선경, 이지연, 장진이, 2015).

이상에서 살펴본 바와 같이 학업적 자기효능감은 학업 상황에서의 바람직한 판단을 할 수 있는 자신의 수행 능력임을 알 수 있다.

학업적 자기효능감에는 과제난이도 선호, 자기조절 효능감, 자신감, 귀인의 하위요인이 있다(김아영, 박인영, 2001; Bandura, 1986). 과제난이도는 학습자에게 주어진 과제 중에서 자신이 통제하고 다룰 수 있다고 생각하는 도전적 과제를 선택하는 것이다. 자기효능감이 낮으면 자신의 능력에 대해 의심하거나 불안하며 과제 자체를 포기하거나 회피하게 되지만 자기효능감이 높으면 보다 높은 과제를 선택하지 않더라도 과제 자체를 포기하거나 회피하지 않는다. 과제를 수행할 때 정서적 감정에 의하여 행동이 변한다고 할 수 있다.

자기조절효능감은 어떤 과제를 달성하기 위해 인지과정과 동기과정을 잘 사용할 수 있는가에 대한 효능기대라고 할 수 있다(Bandura, 1986).

학업적 상황에서 자기조절효능감은 자신의 행동을 관찰하고 판단하여 자신의 목표를 이루기 위해 자기조절적 기제를 수행하는 것이다.

자신감은 성공적으로 수행을 이끌어 낼 수 있는 개인의 능력에 대한 믿음으로서 인지된 능력에 대한 확신의 강도이며, 자신의 가치와 능력에 대한 신념의 정도이다. 학업적 상황에서 자신감은 자신의 학습 능력에 대한 믿음 또는 신념이다.

학업적 자기효능감의 구성으로 학습자신감, 학습지속력, 학습과제선호, 학습노력 정도가 있으며(김경주, 김기홍, 박경선, 2012), 고경필, 심미영(2014), 이영훈(2011), 유지현(2012), 이석영(2009), 임지향, 안윤지, 신지현(2015)은 과제난이도 선호, 자기조절효능감, 자신감을 학업적 자기효능감의 구성요소로 제시하고 있다.

학업적 자기효능감 관련 연구를 살펴보면, 자기효능감은 문제 상황에서 개인이 대처하는 행동으로(이명자, 송영명, 2005; 허경철, 1991; 허숙희, 2004), 자기효능감이 높으면 도전적이고 구체적인 목표를 선택하고(Bandura, 1988; Latham & Locke 1991), 자기효능감이 낮으면 자신의 능력을 넘어서는 상황을 피하려 하며 자신이 조절할 수 있는 상황만을 선택하고 행동한다(Bandura, 1997). 학업적 자기효능감은 학업적 정서조절과 학업성취도와는 정적 상관을 보이고, 학업 스트레스와는 부적 상관을 보인다(권선경, 이지연, 장진이, 2015). 학업적 자기효능감이 높을수록 긍정적인 정서가 높다(이창현, 이은주, 2014). 학업적 자기효능감은 학업 스트레스와 학업소진을 초래할 가능성을 줄이는 역할을 한다(조혜진, 이지연, 장진이, 2013).

학습 과정에서 자기효능감의 하위요인인 자기조절효능감이 학업성취에 가장 크게 영향을 주었다(김희수, 2007). 학업적 자기효능감은 현재

학년의 학업성취에 유의미한 영향을 주지만 다음 학년의 학업성취에도 영향을 준다(전현정, 정혜원, 2015). 즉 현 학년에 학업적 자기효능감을 향상시키면 현 학년에는 성적의 변화가 없지만 다음 학년에는 성적의 변화가 있을 수 있다는 것이다. 학업적 자기효능감은 학업정서를 매개로 학업 성취를 높일 수 있다(이창현, 이은주, 2014). 학업 수행에서 어려움에 직면하면 더 많은 노력과 인내심을 발휘하여 학업 참여도를 높인다(박인영, 1998; Zimmerman, Bandura, & Martinez-pons, 1992). 따라서 학습태도와 교과 선호도에도 영향을 주며 학업성취도를 높이기 위해 노력한다(김소희, 2007; Bandura & Schunk, 1981; Schunk, 1983). 최유빈 외(2015) 연구에서도 성적이 높은 집단이 성적이 낮은 집단보다는 유의하게 학업적 자기효능감이 높았다. 학업적 자기효능감이 높은 학습자는 학업 상황에서 주어진 과제에 들이는 노력과 지속성이 높다(Pajares, 2008).

학업적 자기효능감을 향상시키기 위해서는 다른 변인과의 관계가 필요하다. 교수와 친구의 지지, 진로결정수준은 학업적 자기효능감에 유의미한 영향을 미치며, 교수와 친구의 지지가 높으면 학업적 자기효능감이 올라갔다(김경주, 김기홍, 박경선, 2012). 자기효능감은 학습자의 초인지와 높은 상관관계가 있다고 나타났으며(정영란, 김시온, 2012), 유지현(2012)의 연구에서 효과적인 학습전략을 사용하는 학습자가 학업적 자기효능감 수준이 높다고 밝혔다.

학습자의 학습의욕은 학업적 자기효능감이 높을수록 상승되며, 자기주도성에도 긍정적인 영향을 미친다. 자기조절학습과 학업성취의 관계에서 자기효능감이 학업성취의 수준을 결정하는 중요한 변인이었다(오숙영, 2012). 자기효능감이 높은 학습자일수록 학습전략을 적극적으로 사용하였다(최병연, 1998). 따라서 여러 연구에서 보여주듯이 자기효능감이 높은 학습자가 성공적으로 학업을 수행하기 위해 학습전략을 사용하며 학업성취에도 영향을 준다고 할 수 있다.

학업적 자기효능감은 협동학습에서의 성찰활동이나 교육프로그램 중 자기주도적 학습프로그램을 통해 향상될 수 있다(김은영, 김정현, 최예솔, 2011; 허은영, 2010). 학습공동체 참여 후 학습자의 자존감 향상으로 학업적 자기효능감이 향상되었다(박성희, 2015). 성공적인 학습경험과 학습에 긍정적인 감정을 갖게 만드는 협동학습을 통해서도 학업적 자기효능감이 향상된다(김은영, 2009; 변영계, 김광휘, 1999). 몰입을 활용한 집단미술치료는 학업적 자기효능감과 하위요인인 자기조절 효능감, 과제난이도 선호도 향상시키는 결과를 보였다(임지향, 안윤지, 신지현, 2015).

학업적 자기효능감은 일반적 자기효능감과 상관관계가 있으며(김아영, 박인영, 2001), 고등학생의 일반적 자기효능감은 진로준비행동과 상관관계가 있다(박지은, 2006). 자기효능감은 학업적 성취와 진로 관련 행동을 추측할 수 있는 변인이다. 학업적 자기효능감이 높을수록 취업스트레스는 낮아지고, 진로성숙도는 높아진다(고경필, 심미영, 2014). 학업적 자기효능감과 진로정체감은 정적인 상관관계가 있으며, 진로정체감은 학업적 자기효능감에 유의미한 영향을 주었다(이혜란, 2013). 학업적 자기효능감의 하위요인인 자신감과 자기조절효능감은 진로정체감과 상관관계가 있다(최유빈 외, 2015).

자기효능감이 높을수록 수행회피목표를 감소시켜 진로준비행동 수준을 올리고 진로결정을 확고하게 해준다(김경욱, 2009). 학습자가 자신의 학업 수행능력이 성공적이라고 판단한 때 진로에 긍정적인 영향을 미친다(고복순, 김영혜, 2011). 이러한 결과는 진로에 대한 자신의 정체성이 확고하고 자신의 능력에 대한 확신이 있을수록 학업 흥미도가 높을 수 있다는 것을 보여준다(최유빈 외, 2015).

성별에서 중학교의 남학생은 여학생보다 평균이 높은 것으로 나타났으며(고복순, 김영혜, 2011), 대학교의 남학생도 여학생보다 높았으며 통계적으로 유의미한 차이가 있었고(문승태, 박미하, 2013; 정윤경, 오명숙, 김지현, 2008), 학업적 자기효능감의 하위변인인 과제난이도는 여학생들이 남학생들보다 높게 나타났으며 유의미한 차이가 있었다(강재연, 2009). 한편 성별 간에 차이가 없는 연구결과도 있다(정영란, 김시온, 2012).

학년이 올라갈수록 자기효능감 수준이 올라가는 연구결과(정영란, 김시온, 2012)와, 학년이 올라갈수록 감소한다는 연구결과도 있다(김아영, 2010; 소연희, 2008; 이수진, 2012). 하지만 이수진(2012)의 연구에서 고등학생보다 중학생이 학업적 자기효능감이 높은 것으로 나타난 것은 중학생이 고등학생보다 자신에 대한 평가를 실제보다 긍정적으로 평가했을 가능성으로 보고 있다. 선행연구를 통해 학업적 자기효능감은 진로정체감과 학습전략에 영향을 받고 있으며, 성공적인 학업 수행은 진로준비행동에 영향을 미치는 것으로 나타났다.

학습전략

대학생들에게 진로 문제와 함께 고민이 되는 것이 학업이다(김경식, 이현철, 2007; 김연중, 손은령, 2012; 조성연, 이선순, 2006). 학습과정에서 학습자가 능동적인 참여자가 되기 위해 필요한 전략이며, 학업 수행에 영향을 미친다(김은진, 2013; 유지현, 2012; Meyer & Parsons, 1989). 학습전략(learning strategies)은 학습자가 학습능력을 향상시키기 위해 필요한 정보를 선택해서, 암호화하고, 저장하며 필요할 때 사용할 수 있는 전략이다(Weinstein, Mayer & Wittrock, 1986). 정보를 획득하고 저장하여 유용화를 촉진시킬 수 있는 과정이나 단계로 직접적으로 정보를 저장하고 목표를 설정하고 계획하며 관리 및 점검하는 전략이다(Dansereau, 1985).

학습전략은 학습내용에 대한 이해가 부족할 때 방해 요소가 있을 때 대처할 수 있는 지식으로(Alexander, Schallert, & Hare, 1991), 유능한 학습자는 효과적인 학습을 위해 다양한 전략을 선택한다(Zimmerman, 1995). 따라서 학습자가 학습을 효율적으로 하기 위해 사고하며 행동하는 전략이다(김영채, 1990).

이상과 같이 학습전략에 관한 개념은 다양하며, 학습자가 학습 과정에서 능동적으로 참여하며 효과적으로 학습하기 위한 필요한 모든 전략이라고 할 수 있다. 학습전략과 같이 학습자가 능동적으로 학습하는 방법에는 자기주도학습(self-directed learning)과 자기조절학습(self-regulated learning)이 있다. 또한, 자기조절학습과 자기주도학습은 교육현장에 사용되는 독립적 학습(independent learning), 계획적 학습(self-planned learning) 등의 용어와 구분하기 어렵다(정미경, 2008).

자기주도학습은 학습 욕구를 스스로 진단해서 학습 목표를 설정하고 필요한 학습전략을 세워 실행한 후 학습결과를 평가해서 스스로 책임을 지는 것이다(Knowles, 1975). 사전에 계획하는 학습이기보다는 학습 상황에서 문제가 발생했을 때 적합한 조치를 취하는 학습이다(Spear & Mocker, 1984). 학습자가 자신의 학습에 자발적으로 참여하고 학습에 대해 자율적으로 대처할 수 있는 자기관리 능력이며(Candy, 1991), 학습여건에 관계없이 학습자 스스로의 통제하에 학습활동에 참여하고 수행하는 학습방법이다(Long, 1992). 학습자 스스로 계획하고 실행하고 평가하여 학습에 대한 책임을 지는 학습 형태이다(차갑부, 1997). 이와 같이 자기주도학습은 교수·학습 상황에서 학습자가 스스로 학습 행위의 주체가 되어 학습과정을 이끌어가며, 학습을 적극적으로 수행할 때 자기주도학습력이 향상된다.

자기조절이란 자신의 현재 감정, 인지, 동기를 깨달아서 바람직하지 못한 현재 상태를 자신이 바라는 목표 상태로 옮기려는 능동적인 노력이며(김영상, 2001; 이영훈, 2011), 자기조절학습이란 학습자가 자신의 학습을 조직하고 조절하며 동료들과도 협력적으로 학습하는 것이다(Zimmerman & Schunk, 1989). 효과적인 학습은 외적 환경에서 발생하는 것이 아니라 학습자 스스로 자신의 학습과정을 조절하는 것이며(한희원, 문경숙, 2014), 학습내용을 심화하고 조직하여 그 과정을 점검하고 개선하려는 노력이다(Corno, 1986).

자기조절학습은 학습과정에서 학습자의 책임감을 강조하며 적극적으로 학습에 참여하고(Zimmerman, 1986), 학습자의 자율성과 노력에 관심을 가지는 것이다(박주연, 2013). 학습자가 목표를 향한 실행과정을 모니터링하고 조절하여 통제하면서 적극적으로 학습에 임하는 것이며(박승호, 2003), 학습과정에서 자신이 현재 가지고 있고 사용할 수 있는 모든 자원을 활용하여 자신의 목표를 성취하는 것이다(정애경, 2008).

자기조절학습은 자기주도학습과 용어는 다르지만 학습전략과 같이 학습과정에서 자기주도성이 필요하며, 상위 인지와 동기 및 행동적 전략을 사용한다는 것은 비슷하다. 따라서 학습자의 자율적인 활동을 통해 학습이 이루어지기까지는 많은 인지적 고찰과정이 필요하다(Vygotsky, 1986).

학습전략의 구성요인인 인지 전략(cognitive strategy)은 학습과정에서 사용하는 정보처리활동으로(한순미, 2004), 적극적으로 인지활동을 수행하는 것이다(Pintrich & De Groot, 1990). 학습자가 학습을 하면서 인지과정에 대한 개념을 형성하여(육진경, 2014), 자기통제의 자율성이 높아져 학습관리를 자율적으로 하는 것이다(류지현, 임지현, 2008). 인지전략의 하위요인인 시연은 부호화 과정에 영향을 미치며 새로운 정보를 작동기억으로 전환하는 것이며, 정교화는 학습 자료를 요약하고 개념을 정교화하여 학습된 정보를 장기 기억 안에 저장할 수 있게 한다(Pintrich & De Groot, 1990). 조직화는 가지고 있는 정보를 구조화하고 새로운 정보를 저장하며(Weinstein, Mayer, & Wittrock., 1986), 정보를 이해하는데 보다 용이한 형태로 전환시키는 전략이다(Duncan & McKeachie, 2005). 이러한 전략은 학습자들이 학습과제에 적합한 정보를 찾아내거나 과제간의 관계를 파악하는데 도움이 된다(Pintrich & Zusho, 2007). 비판적 사고는 학습한 내용을 자신의 생각으로 바꾸어 보거나, 다른 이론과 주장을 찾아보는 등 비판적으로 생각해 보는 활동이다(Duncan & McKeachie, 2005).

인지전략과 더불어 학습전략에는 자원관리전략이 있다(양명희, 2000; Duncan & McKeachie, 2005). 자원관리전략(resource management)은 학습자가 자신의 학습을 위해 가장 적합한 학습 환경으로 변화시키는데 도움을 주는 것으로 시간관리, 노력조절, 도움구하기, 동료학습 등이 있다(Duncan & McKeachie, 2005). 학습시간 관리는 학습자가 자신의 학습시간을 능동적으로 조절하고 사용하는 능력이며, 노력규제는 학습과제를 수행할 때 자신의 행동에 대해 통제하며 구성하는 것이며, 도움구하기는 도전적인 과제를 해결하는 과정에서 어려운 부분에 도달하거나 새로운 것을 학습하기 위해 질문을 하거나 도움을 요청하는 것이며, 동료학습은 학습자가 다른 학습자와 학습 목표를 달성하기 위해 서로 상호작용하는 것이다(양명희, 2000).

학습이 효율적으로 이루어지기 위해서는 초인지전략이 필요하다(송인섭, 2006; Palincsar, 1986). 초인지전략은 상위인지전략, 메타인지전략 등과 동일하게 사용된다(육진경, 2014). 초인지전략(metacognitive strategy)은 인지전략을 통제하고 조절하며(윤연기, 2015), 학습이 끝난 후 자기를 평가하는 학습의 전반을 관리하는 전략이다(O'Malley & Chamot, 1990). 집행과정, 형식적 조직, 의식, 사회적인지, 자기조절, 반성적 자기인식, 사고 학습 등을 초인지와 유사한 활동이라고 한다(Flavell, 1987).

초인지전략은 계획, 점검, 평가로 구성되며(Jacobs & Paris, 1987; Veenman et al., 2006; Winner, 1996), 계획은 적절한 전략을 선택하여 절차를 결정하는 활동이고(King & Just, 1991; Schraw 1998), 점검은 과제 이해에 대한 지속적인 의식이며, 평가는 인지과정을 검증하고 수정하며, 학습의 결과와 효과를 평가하여 필요한 경우 재수정 할 수 있다(Schraw, 1998). 초인지전략은 목표를 설정하고 정보 처리와 전략 사용에 대해 세부적으로 계획하는 것이며, 효율성에 대해 확인 과정으로 학습과정에서 문제가 발생하면 속도와 방법을 학습 수준을 향상시키는 방향으로 전환할 수 있게 조절한다(Pintrich et al., 1991).

인지전략은 학습내용을 배우고 기억하고 이해하는데 있지만 초인지전략은 자신의 인지를 계획하고 점검하고 수정하는데 있다(김은진, 2013).

따라서 인지전략과 초인지전략의 역할은 다르지만, 효율적인 인지전략과 초인지전략은 학습내용의 이해를 촉진시키고, 학습목적을 달성하기 위해 자신의 학습과정을 통제하고 관리할 수 있게 해주며 결과적으로 학업성취 수준을 향상시킨다고 볼 수 있다(유지현, 2012).

이상과 같이 학습전략에 관한 개념은 다양하지만 학습전략이란 학습과정에 영향을 미치는 행동양식과 사고체계로서 학습자가 학습을 보다 효율적으로 수행하기 위해 필요한 전략으로 정의 가능하며, 다양한 학습 전략의 유형 중 인지전략과 초인지전략을 학습전략의 하위요인으로 본다.

학습전략은 인지전략, 초인지전략, 자원관리전략으로 구성되며 인지전략은 학습내용을 읽고 이해하며 자료를 부호화하는 전략으로 시연, 정교화, 조직이 있으며, 초인지전략은 학습자 스스로 자신의 인지과정을 계획하고 관리하며 조정하는 전략이며, 자원관리전략에는 시간관리, 공부환경관리, 노력관리, 타인의 조력 등이 있다(Mckeachie, 1986). 정보를 획득하고 저장된 정보를 인출하고 활용하는 주 전략과 효율적인 학습상태를 지속하게 해주는 보조전략으로 구분된다(Dansereau, 1978). 시연전략, 정교화전략, 조직화 전략, 이해점검전략, 정의적 및 동기화 전략으로 구성되며, 학습과제가 얼마나 복잡하고 어려운가에 따라 기본적인 전략과 복합적인 전략으로 구분된다(Weinstein, Mayer, & Wittrock., 1986). 이화진 외(1999)는 복잡성에 따라 단순 전략과 복잡 전략으로, 인지 수준에 따라 인지 전략과 초인지 전략으로, 적용 영역에 따라 보편적 전략과 특수 전략으로, 사용 목적에 따라 기억 전략과 이해 전략으로 분류한다.

학습전략은 시연, 정교화 등 학습과제의 실행과 관련되는 인지전략과 자기모니터링, 자기평가 등 학습 모니터링과 조절과 같은 초인지전략으로 구분된다(Alexander, Schallert, & Hare, 1991). 김형태(1996)는 학습전략을 시간관리와 정신집중력을 포함하는 학습태도 개발전략과 학습을 계획하며 주의를 집중하는 학습수행력 증진전략으로 구성했다. Pintrich 외(1991)의 학습전략은 인지 및 초인지전략과 자원관리전략으로 구성되며, 하위요인으로 시연, 정교화, 조직화, 비판적 사고, 시간 및 학습 환경 관리, 자기규제를 위한 노력, 동료학습, 도움구하기 등이 있다. 문선모(1994)는 주의집중전략, 시연 전략, 정교화 전략, 조직화전략, 정의적 전략, 초인지전략으로 학습전략이 구성된다.

자기주도학습은 자기평가, 목표설정과 계획, 정보탐색, 기록유지와 점검, 환경의 구조화, 자기강화, 시연과 기억, 사회적 도움구하기, 기록 복습 등으로 구성된다(Zimmerman & Martinez-Pons, 1990). 학습의 중요 요인을 인지 요인, 자원관리 요인, 동기 요인으로 구분하며, 인지 요인은 주어진 과제에 대한 정교화와 조직화, 자원관리 요인은 시간, 환경, 노력의 분배 관리 및 필요한 도움의 요청 등이 있으며, 동기요인은 내재적 동기, 과제의 중요성, 성공에 대한 기대가 있다(Pintrich, 1989). 이석재 외(2003)는 자기주도 학습능력을 학습계획, 학습실행, 학습평가 등으로 구성하였다.

자기조절학습은 학업 과정에서 학습 목표를 새로운 것을 배워 익히는 것으로 삼고 자신의 능력을 믿으며 학습하는 동기적 요소, 학습에 대한 통찰력을 갖는 인지적 요소, 학습 환경을 관리하며 과제에 대한 정보를 찾는 행동적 요소로 구성된다(정남숙, 2014). 인지조절, 동기조절,

행동조절로 구성되면, 인지전략의 사용, 초인지전략의 사용, 숙달목적 지향성, 자아효능감, 성취가치, 행동통제, 도움구하기, 학업시간관리가 있다(양명희, 2000).

학습전략은 학습자가 학습과정에서 학업성취를 향상시키기 위해 사용하는 전략으로(권응환, 2004; 김영채, 1990; 이경국, 2008), 학업성취도가 높은 학습자가 학업성취도가 낮은 학습자보다 학습전략을 두 배 이상 사용하는 것으로 나타나 (Zimmerman & Martinez-Pons, 1986), 학업성취 수준이 높은 학습자와 낮은 학습자의 차이를 설명할 수 있었다(신종호, 2002).

고등학생을 대상으로 학기 초와 학기 말 학업성취의 예측변인으로 동기, 초인지전략, 인지전략, 과목 특수전략, 노력관리를 사용한 결과 학기 초에 과목특수전략, 노력관리가, 학기말에는 초인지전략이 학업성취에 영향을 주었다(Pokay & Blumenfeld, 1990). 학습자가 적극적으로 인지적 전략을 사용하게 되면 학업성취 수준이 높아진다고 제안했다(Pintrich & De Groot, 1990).

학업성취도가 높은 대학생이 학업성취도가 낮은 대학생에 비해 동기전략, 인지전략, 자원관리 전략에서 모두 유의미한 차이를 보였다(전명남, 2003). 학습행동의 여러 하위요인 중 인지와 초인지는 학업 성취와 유의미한 차이를 보였다(손은령, 김연중, 2010). 양명희(2000)의 연구에서 성취감을 자주 경험한 학습자는 학습에 있어서도 자기조절 능력이 뛰어나며, 다른 학습자에 비해 높은 자기효능감을 유지하고, 인지전략의 하위요인인 정교화와 조직화 전략을 자주 사용하였다. 학업 성취를 높이기 위해서는 학습하는 방법이 체계적이고 조직적이어야 하며 (Franlick, 1990), 효과적으로 인지 전략을 사용해야 한다(Pintrich & DeGroot,

1990; Schunk, 1991; Weinstein, Mayer, & Wittrock., 1986). 학업 과정에서 학습자 과제 수행 절차나 방법을 주도적으로 선택하거나 조절할 수 있으면 학업 성취 수준을 높일 수 있다(정미경, 2003; Zimmerman & Schunk, 1989; Zimmerman & Martinez-Pons, 1990). 따라서 학업성취도를 통해서 학습자들의 학습전략 사용 여부를 알 수 있으며, 성공적인 학업수행은 학습전략과 밀접한 관련이 있다고 할 수 있다.

자기주도학습은 문제해결능력(심미정, 오효숙, 2012), 학습몰입(강승희, 2012; 김경순, 2013)과 상관이 있으며, 학습만족도에도 긍정적인 영향을 미치는 것으로 나타났다(이영은, 2010). 자기조절학습도 학업성취에 영향을 미치는 것으로 나타났다(한희원, 문경숙, 2014). 자기주도학습능력은 학업 자기효능감(김연수,이종한, 한영숙, 2008)과 자기효능감(주동범, 전은순, 2011)에 긍정적인 영향을 미쳤다. 학습기술과 학업적 자기효능감도 정적인 상관이 있다(한영숙 외, 2007).

인지전략과 초인지 전략은 학과 만족도에 직접적인 영향을 주므로(정명화, 박성미, 신경숙, 2004), 대학생의 학과 만족은 학과 적응에 요인이 되면 진로와 연결될 수 있다. 따라서 자신의 진로를 적합하게 인식한 학습자는 자기 주도학습태도가 높았으며(박경빈, 권혁민, 2011), 학습의 자기주도성과 진로는 상관이 있다는 것을 보여주는 결과이다(문승태, 박미하, 양복만, 2012).

학습전략과 진로준비행동은 유의미한 상관으로 인해 자기주도성이 높은 학습자일수록 진로준비와 탐색에 대한 행동력이 있는 것으로 나타났다(박주연, 2013; 장은영, 2012). 자기주도학습준비도는 공학 자기효능감에 긍정적인 효과를 주었으며, 진로태도성숙에 간접적인 영향을 미쳤다(유영란, 강명희, 2014).

진로성숙도가 높을수록 자기주도적으로 진로를 탐색하고 계획하기 위해 많은 시간과 노력을 들인다(김수리, 이재창, 2007). 자기주도학습능력을 갖춘 학습자들의 효과적인 학습 결과물은 진로결정에 영향을 주며(장은영, 2012; 최임숙, 서래원, 2008; 한상훈, 2007), 자기주도학습 준비도가 높을수록 진로결정 수준이 높다고 할 수 있다(최성용, 2007). 자기주도학습은 진로준비행동을 향상시킨다(박주연, 2013). 대학생들의 학습행동은 실천적인 진로준비행동에 영향을 미친다고 할 수 있다(조성연, 이선순, 2006). 따라서 학습자가 자신의 목표를 이루고자 학습전략의 활용이 증가할수록 학업수행의 결과에도 긍정적인 영향이 미칠 것이라고 예상할 수 있다.

성별에서 남학생은 여학생보다 학습전략 활용이 유의미하게 높게 나타났으며(문승태, 박미하, 양복만, 2012; 박주연, 2013), 반대로 여성이 남성에 비해 자기주도성이 높은 경우도 있으며(박진영, 2004; Reynols & Richmond, 1985), 성별에 차이가 없는 결과도 있다(노미애, 2009; 정영란, 김시온, 2012).

학년은 2학년, 3학년, 4학년이 1학년보다 평균이 높았으며 차이는 유의미하다고 밝혔다(문승태, 박미하, 양복만, 2012; 박주연, 2013; 정영란, 김시온, 2012;Zimmerman & Schunk, 2008). 양명희와 김은진(2010) 연구결과 고등학생이 중학생보다 학습전략 사용이 더 높았지만, 인지전략은 중학생이 고등학생보다 평균값이 높게 나타났다(이수진, 2012). 따라서 자기주도성은 성별과 학년에 따라 달라질 수 있음을 알 수 있다(박주연, 2008; 이경국, 2008, 양명희, 2000,Pintrich & De Groot, 1990).

이상의 선행연구를 통해 학습전략과 진로는 관련이 있으며 다양한 학습전략을 통해 학업을 성공적으로 수행할 수 있는 것으로 나타났다.

〈실습〉

대학 학업적응 체크리스트

석창훈(2018)

번호	질문	전혀 그렇지 않다	거의 그렇지 않다	그저 그렇다	대체로 그렇다	아주 그렇다
1	공부나 과제를 시작하는 것이 힘들다.	1	2	3	4	5
2	공부하려고 할 때 주의집중이 어렵다.	1	2	3	4	5
3	공부를 하는데 필요한 기본 실력을 갖추고 있다.	1	2	3	4	5
4	과제를 스스로 잘 하지 못한다.	1	2	3	4	5
5	내가 모르는 것을 이해하려고 노력하는 편이다.	1	2	3	4	5
6	공부를 어떻게 해야 할지 잘 모르겠다.	1	2	3	4	5
7	강의 시간에 배운 내용 중 중요한 것이 무엇인지 파악할 수 있다.	1	2	3	4	5
8	강의 시간에 중요한 내용을 잘 기록한다.	1	2	3	4	5
9	전공의 기초가 되는 공부가 무엇인지 알고 있다.	1	2	3	4	5
10	나는 복잡하고 어려운 문제에 도전하는 것이 재미있다.	1	2	3	4	5
11	공부(학습)를 계획하면 잘 미루지 않는다.	1	2	3	4	5
12	공부(학습)에 충분한 시간을 투자하고 있다.	1	2	3	4	5
13	공부(학습)를 시작하기 전에 계획을 세워 공부한다.	1	2	3	4	5
14	강의 내용이 이해되지 않으면 교수님이나 친구들에게 물어본다.	1	2	3	4	5
15	공부해야겠다는 결심을 했다면, 아무리 힘들어도 노력할 것이다.	1	2	3	4	5
점수 합계						

※ 역채점 문항 : 1, 2, 4, 6

※ 점수 해석

적응 구분	학업적응 점수 합계 분포
학업적응 우수	55~75
학업적응 보통	41~54
학업적응 미흡	14~40

학업적응 수준별 학습전략

① 학업적응 유지집단(적응 우수) : 좋은 학습습관

성공적인 학업을 꿈꾼다면 좋은 학습 습관이 가장 핵심이다.

- 무엇을 공부하고 얼마나 오래 얼마나 많이 공부할지를 결정한다. 시작하고 끝낼 날을 정하라.
- 어려운 과제를 먼저 하라. 어려운 과제부터 시작하면 취약한 부분을 보강하라. 그렇지만 어려운 과제를 하기 싫어서 공부하는 것 자체가 미루어진다면 과제에서 쉽고 흥미로운 부분부터 시작하라.
- 공부할 수 있는 특별한 장소를 정하라. 고정적으로 오로지 공부만 할 장소를 따로 마련하라. 밝기나 온도, 공부하기 좋은 장소나 문구를 고려하라.
- 단기간 내에 스스로 완수해 낼 수 있는 작은 목표들을 설정하라. 학습 과제물을 여러 개의 하부 항목으로 나누어라. 작은 목표의 달성이 모여 큰 목표에 도달하게 만든다.
- 공부하는 내용을 가지고 관계나 개념을 조직하고 윤곽을 그려내보라. 과제물을 하는데 더 오랫동안 "혼란스러운" 시간을 보내라. 공부한 내용을 암송하고 다시 보며, 스스로 점검해 보라. 짧은 "여유로운" 시간을 가져보라. 시간을 내서 떠올려 보고 다시 보도록 시도해 보라.
- 공부하다가 지쳤거나 지루하게 되면 과제나 활동, 주제, 혹은 공부 환경을 바꾸어보라. 더 이상 생산적으로 공부할 수 없을 때는 공부

하기를 멈추어라.

- 잠들기 전에 공부했던 내용을 암송하고 머리 속으로 다시 자세하게 떠올려 보라.
- 친구와 함께 공부하라. 서로 퀴즈를 내고 노트를 비교해 보며 예상되는 시험 문제를 비교해 보라.
- 공부를 시작하는 시간 직전까지 모든 일들을 종결시켜야 한다는 생각은 버려라. 모든 것을 종결한 다음에 공부를 시작하겠다는 자세보다 오히려 공부를 한 다음에 정리하겠다고 마음먹어라. 종결되지 않은 활동은 더 오랫동안 기억에 남아있을 수 있다.

② 학업적응 향상집단(적응 보통) : 학습환경 관리전략

지속적으로 공부할 수 있는 시간과 물리적인 장소를 마련하고 부모, 선배, 친구의 모델링과 주변의 도움을 구하라.

- 규칙적으로 공부할 수 있는 장소를 정해 두어라.
  - 집이나 도서관에서 계속적으로 공부할 수 있는 장소
  - 공부를 방해하는 TV, 라디오 등의 소음으로부터 벗어나는 곳
- 공부할 수 있는 규칙적인 시간을 정해 두어라.
  - 일정 시간이 되면 신체나 마음이 공부할 준비가 되도록 만든다.
  - 벼락공부보다는 평소에 가능한 한 규칙적인 시간을 정해서 공부하라. 책상에 오래 앉아 있을 수 있도록 노력해 보라.
  - 토론이나 협동적인 학습상황이 아닌 경우에 공부할 때에 고독을 즐겨보라.

- 휴대폰이나 유혹하는 자극으로부터 멀어지도록 하라.

- 책상 위와 주위는 단조롭게 구성하라.
  - 책상 위에 꽂힌 소설책, 만화책, 일기장은 도움이 되지 않는다.
  - 책상 주변은 가능하면 벽면이나 아무것도 두지 않는 편이 좋다.
- 공부하기에 알맞은 온도와 조명을 마련하라.
  - 너무 덥거나 추운 곳보다는 적절한 온도가 유지되는 곳
  - 책을 읽거나 노트를 보는 적절한 조명이 비추는 곳
- 부모, 선배, 친구는 생활의 모델 역할을 하며 여러 경험 사이의 관계와 세계를 제공해준다.
  - 부모나 선배의 모델링은 학생들에게 불명확한 목표로 나아가지 않도록 하며 직접적이고 즉각적인 가치관을 정립하도록 돕는다.
  - 공부와 관련된 사회적인 상징이나 모델을 선택하여 학습에서의 집중력을 강화하라.

③ 학업적응 분발집단(적응 미흡) : 수업 중에 해야 할 16가지 / 수업 외 해야 할 3가지

아래는 수업 시간 및 수업 활동과 관련하여 학습자가 해야 할 16가지 일들을 제시하고 있다. 잘 살펴보고 습관화하여 보다 좋은 학습 결과를 얻도록 하자.

ⓐ 강의자 보기

강의자를 바라보기만 한다고 좋은 학습 결과가 보장되지는 않는다.

그렇지만 다른 일에 마음을 쓰면서라도 교수님을 본다면 수업에 관심을 가지고 집중하는 것처럼 보일 수 있다.

ⓑ 칠판이나 화면 보기

만약 칠판이나 프로젝트 화면을 그저 쳐다보는 경우, 보는 내용을 빠른 속도로 잊어버리게 된다. 따라서 높은 학습 결과를 얻고 싶다면 보고 있는 내용을 가지고 어떤 식의 활동이나 작업을 수행 '해야만' 한다.

ⓒ 듣기

열심히 집중해서 수업 내용을 듣는다면 높은 학습 결과를 가져올 수 있지만 이때는 '매우 능동적'이어야 한다. 열심히 집중하여 수업 내용을 들으려 한다면 핵심적인 사항을 '포착'하는 활동과 병행하는 것이 좋다. 핵심 내용을 포착하려면 스스로 생각하고 판단할 수 있는 사고력을 길러야 한다.

ⓓ 노트 받아 적기 – 베껴쓰기

수업 내용을 '그대로' 받아 적는 행동으로 얻을 수 있는 행동 결과는 매우 낮으며, 아무리 열심히 한다 해도 이는 매우 수준이 낮은 활동으로 분류된다.

ⓔ 노트 작성하기 – 취사선택하여 적기

수업 내용을 스스로 '취사선택'하여 적으면 내용을 그대로 받아 적는 것보다는 훨씬 높은 수준의 학습 결과를 가져온다. 노트 작성 전략과 관련된 기술을 따로 익혀 두도록 하자.

ⓕ 질문하고 답하기

질문은 매우 능동적인 학습 활동이며 질문하는 사람은 높은 학습 결과를 얻을 수 있다. 그러나 대부분의 강의는 학생들이 질문하고 답하는 빈도도 비교적 낮다. 그렇다 하더라도 능동적으로 질문하는 학습자는 높은 학습 결과를 얻을 수 있다.

ⓖ 질문 사항 적어 보기

물론 수업 시간 중에 언제든지 질문을 할 수 있지만, 일단 수업 중에 갖게 되는 의문점이나 질문들을 메모해 두도록 한다. 그런 다음 수업이 끝나고 나서 질문들을 다시 한 번 살펴보자. 만약 수업 시간에 그런 질문을 적어 놓지 않았다면 한두 시간 이내에 내가 가졌던 질문이 무엇인지 잊어버리게 될 뿐만 아니라 나중에 그 질문에 대해 다시 생각해 볼 기회도 완전히 잃어버리게 된다.

ⓗ 다른 학생들과 토론하기

강의 시간에 다루어지는 주제들에 관하여 능동적으로 생각하고 동료 친구들과 함께 토론하는 과정은 높은 학습 결과를 가져온다. 수업에서 배운 내용을 다른 친구들에게 설명해 본다면 자신의 생각을 정리할 수 있게 될 뿐만 아니라 강좌가 끝나고 오랜 시간동안 기억하게 된다는 사실을 발견하게 될 것이다. 하지만 토론이 학습에 매우 도움이 된다는 사실을 알고 있어도 학생들의 토론을 좋아하지 않는 교수가 있을 수 있고, 강의 도중에 토론을 유도하는 것이 어려운 경우도 있기 때문에 강의 후에 따로 시간을 내어 학생들과 함께 토론하는 기회를 가져보는 것이 좋다.

ⓘ 문제 풀이와 활동

수학이나 과학 관련 강좌에서는 종종 풀어야 할 문제나 활동을 학생들에게 제시하는 경우가 많다. 이는 학생이 학습 과정에 참여한다는 점에서 학습 결과에 긍정적인 영향을 준다. 이때 교수님께서 내주시는 문제는 특별히 신경을 써서 공부를 하도록 하자. 왜냐하면 그런 문제들은 시험 문제의 대상이 될 확률이 매우 높기 때문이다. 이때 교수가 제공하는 피드백은 스스로가 수행한 활동에 대해 점검해볼 수 있는 좋은 기회가 된다.

ⓙ 생각하기

우리는 수업 중에 자주 수업 내용과 관련 없는 딴생각을 하고 있는 자신을 발견하곤 한다. 이는 생각이 얼마나 통제가 불가능한 것인지를 말해 주는 것이다. 아무리 좋고 의미있는 생각이라 하더라도 생각 그 자체는 휘발성이 매우 강하여 곧 증발해버리고 마는 경향이 있다. 따라서 높은 학습결과를 기대한다면 반드시 자기 생각에서 핵심 사항을 적어 두는 것이 좋다. 강의 시간 동안 떠올랐던 생각들을 적어 놓음으로써 그 생각을 붙잡아 두는 것이 중요하다. 어떤 주제에 관하여 나만의 생각을 포착해두는 것은 그 주제에 대하여 언급하였던 교수님의 말을 적어 두는 것만큼이나 중요하기 때문이다.

ⓚ 본 과목에만 집중하기

만약 내가 수업을 열중한 경우에는 강의가 끝난 후에도 그 주제에 관하여 보다 한 차원 높은 수준의 연구를 할 수 있는 가능성이 높아진다. 따라서 수업 중에 다루는 그 내용에만 집중하면 높은 학습 결과를 기대할 수 있으며, 이것이 바로 수업에서 얻을 수 있는 가장 큰 장점이다.

ⓛ 자신을 다른 학생들과 비교하기

자기 자신의 학습과 동료 학생들의 학습을 비교해 보는 일도 필요하다. 수업 중에 교수님의 질문에 다른 학생들은 대답하는데 자신은 대답할 수 없는 문제가 있었다면 반드시 기록해두도록 하자. 다른 학생들과 비교해 볼 때 자신의 학업성취도가 어떠한지를 정확히 아는 것은 매우 중요하다. 만약 나의 학업 성취가 다른 학생들과 비교할 때 앞서 있는 경우라 하더라도 그것은 만족하지 말고 그런 상황을 계속 유지하도록 노력해야 할 것이다.

ⓜ 개관하기 : 큰 그림으로 보기

혼자서 수업 내용의 개괄(overview)을 찾는 것은 매우 어려운 일이지만 그런 과정을 통하여 높은 학습 결과를 얻을 수 있다. 혼자서 수업 내용의 큰 그림을 볼 수 없다면 수업 내용을 구성하고 있는 요소들을 잘게 나누어 살펴보고, 이 세부 요소들에 대하여 집중하도록 하자. 그리고 수업 중 토론과 질문에서 다른 사람들이 갖고 있는 관점을 파악해 보

자. 그러면 수업 내용의 전체적인 개괄과 세세한 부분까지 명확하게 파악하는 데 도움이 될 것이다.

ⓝ 중요한 세부 항목 표시하기

교수는 수업 내용의 개괄을 보여주고 이 중에서 가장 난해하거나 복잡한 부분을 강의를 통해 집중 조명해 수업을 진행하는 경우가 일반적이다. 그러므로 대부분의 교수들은 학생들이 이런 세부 요소들에 대하여 잘 이해하고 있는지를 판단하기 위하여 이를 토대로 시험 문제를 구성한다. 따라서 중요한 세부 항목에 대해 철저하게 준비해 두는 것이 필요하다.

ⓞ 실제로 복습할 참고 자료 결정하기

교수님은 일반적으로 수업 시간에 학생들이 참고해야 할 자료에 대한 힌트와 그 자료들에 어떻게 접근할 것인지에 관한 정보를 제공해준다. 따라서 참고 자료에 관한 상세한 아이디어와 유인물, 교과 편람 등으로부터 실제 복습할 때 활용할 수 있는 중요한 정보를 얻을 수 있다.

ⓟ 이전 수업 시간의 내용들 복습하기

수업 시간에 지난 수업에서 다룬 내용을 복습하는 시간을 갖는 경우도 종종 있지만 그렇지 않은 경우도 많다. 교수님들은 일단 학생들이 수업에 출석할 때는 이미 지난 시간에 배운 내용들을 완전히 이해한 상태로 수업에 들어온다고 생각하는 경향이 있다. 따라서 강의시간에 들어가기 전에 지난 시간에 배운 내용들을 복습해 두는 것은 학점을 높이는 데 매우 중요한 전략이다. 만일 이전 시간에 필기한 내용이 있다면 수업 내용과 관련하여 전후 관계와 맥락을 파악하려는 최소한의 노력이라도 기울이도록 하자.

위에서 제시한 내용은 수업에 참여하는 학습자로서 기본적으로 갖추어야 하는 요건들이다. 그러나 너무 기본적인 것이기에 쉽게 잊고 지나치는 경우가 많다. 좋은 학점을 받기 위해서는 이렇다 할 왕도가 있는 것이 아니라 수업에 임하는 사소한 습관부터 확인해 보아야 한다. 위의 16가지 방법을 실천하다 보면 수업에 흥미를 느끼고 본인의 전공분야에서도 더욱 열정적으로 공부할 수 있을 것이다.

아래는 수업 시간 외 학습자가 해야 할 3가지 일들을 추가하여 제시하고 있다.

첫째, 공강 시간 100% 활용하기

- 짬짬이 공부를 하자.
- 강의가 없는 시간을 공부를 하면서 보낼 수 있다. 대학에서의 공부는 고등학교 때와는 달리 오히려 더 많은 책을 봐야 한다. 공부장소로 학생들이 많이 이용하는 곳으로는 도서관, 빈 강의실, 식당, 동아리 방 등이 있다.
- 강의 시간 사이의 비는 시간은 예습과 복습을 하기에 적절한 시간이다. 이전에 배운 것을 복습하면서 기억이 쉽고 다음 시간 배울 내용을 보면 동기유발이 된다.

- 정보화 시대의 필수인 영어와 컴퓨터는 따로 시간을 내지 않고 공강시간을 잘 활용하면 큰 부담없이 실력을 쌓을 수 있다. 물론 꾸준히 하는 것이 중요하다.

둘째, 도서관을 200% 활용하자.

- 전공과목 공부와 리포트 작성에 필요한 참고도서를 찾아보는 것은 자투리 시간을 활용하는 지혜이다.
- 교양도서나 요즘 화제가 되는 책을 직접 사지 않고 볼 수 있다. 여러 가지 종류의 잡지와 신문, 일간지들을 도서관의 참고도서실과 정기간행물실에서 볼 수 있다.
- 공강시간이 아니어도 시간을 내어 도서관에 자주 가는 게 좋다. 다양한 정보들이 살아있기 때문이다.

셋째, 대화나 산책을 하면서 휴식을 취하자.

- 한두 시간의 짧은 시간을 이용하여 친구, 선후배와 함께 대화를 나누는 것도 친밀감을 높이는 데 도움이 된다.
- 선배를 적극적으로 찾아다니면서 만나기 위해서는 학과 사무실이나 전공방을 방문하는 게 좋은데, 이런 만남을 통해서 학과에 참여하는 기회도 넓히고 정보도 얻을 수 있다.
- 가까운 사람들과 캠퍼스를 산책하는 시간은 자신을 되돌아보고 타인을 깊이 이해할 수 있는 시간이 되며 건강에도 도움이 된다.

3. 대학생의 진로적응

본 연구에서는 대학생의 대학생활에 크게 영향을 미치는 진로적응 가운데 진로정체감과 진로목표를 중심으로 선행연구를 종설한다.

진로정체감

Holland와 Daiger, Power(1980)는 직업은 개인의 정체감의 표현이며 정체감의 내용에 영향을 받아 탐색하고 결정하는 것이라고 하였다. 또한 Super도 직업발달과정은 자아개념을 발달시키고 실천해 나가는 과정이라고 하였다(김봉환, 정철영, 김병석, 2006). 이에 진로정체감의 개념은 Erikson(1968)과 Marcia(1980) 등의 자아정체감 대한 정의를 직업적 영역에 적용한 것이다(정보애, 2013). 그러므로 진로정체감을 논하기 앞서 먼저 자아정체감을 살펴볼 수 있다.

자아정체감(ego-identity)은 Erikson(1968)이 처음 사용한 용어로 그 사전적 의미를 살펴보면 '자신을 시간의 흐름에 따라서 본질적으로 불변하는 실체로 인식하는 개인의 느낌'이라고 명명되어 있고 자기 자신에 관해서 통합된 관념을 가지고 있는가에 대한 개념이라고 볼 수 있다. 이는 환경의 변화, 감정의 변화에도 불구하고 자신에 대한 존재감과 일관성을 가지고 있는 것인데 새로운 변화에 자신을 수용하고 재통합하면서 자신이 타인과 구별되어 고유하게 존재하는 자기감을 갖게 되는 것이다(김성희, 2002). 진로정체감을 성취하기 위해서는 일관된 계획을 수립할 수 있을 정도로의 구체화된 자기개념의 발달이 요구된다(김신정, 2013). 왜냐하면 정체감의 발달은 진로선택과 연결이 되어 있고 진로발달에 중요한 요인이기 때문이다(박수길, 이영희, 2002).

이러한 견해를 토대로 진로정체감의 개념에 대한 학자들의 견해를 살펴보면, Super(1963)는 진로와 관련된 정체감인 진로정체감 형성을 진로발달과정에 가장 중요한 요인이라고 강조하였고, Holland(1985)는 개인이 갖고 있는 자신의 목표, 흥미, 능력에 대한 명확하고 안정된 상(Picture)이라고 정의내렸다. Tiedeman, O'Hara(1963)는 진로발달을 진로정체감을 형성해 가는 과정으로 보고 진로정체감이란 개인이 자기 자신의 특성에 대해 정확히 자아를 실현할 수 있는 일이 무엇인가에 대한 생각 또는 인식이라고 정의하였다. 또한 김봉환(1997)은 진로정체감을 진로결정수준과 진로준비행동 수준을 나타내 주는 선별자로 나타내었으며, 이상인(2001)은 자신의 직업에 대한 흥미, 능력, 적성 등의 명확하고 안정적인 이해를 토대로 직업세계를 이해하며 일의 세계와 자신의 세계를 연결지을 수 있는 효과적인 진로 계획을 수립하는 중요한 토대라고 설명하였다.

이러한 자신만의 고유하고 안정적인 속성인 자아정체감을 직업적 영역에 적용한 개념이 진로정체감이며 이는 자아탐색을 통한 자기이해와 직업세계의 이해 및 정보수집 등 두 축으로 구성되어 있다(이형국, 2007). 그 개념들을 구체적으로 살펴보면 첫째, 자신에 대한 이해를 들 수 있다. 이는 자신에 관한 여러 가지 상태, 대인관계의 질과 양, 가치관 및 이와 관련된 자기 행동에 관하여 현실적으로 이해하는 것을 말한다. 둘째, 직업세계 이해 및 정보 수집을 들 수 있다. 이는 직업을 분류하고 직업의 정보 탐색에 필요한 자료와 방법을 알며 스스로 직업 세계에 대한 이해를 하는 것을 말한다. 또한 진로선택에서 자신의 직업 가치관을 확인하여 진로선택을 할 수 있으며 나아가 일과 직업에 대한 올바른 의미의 이해와 바람직한 태도를 형성하는 것을 뜻한다(강혜영, 2002).

이러한 명확하고 안정된 진로정체감을 가지고 있는 사람은 문제없는 의사결정과 관련이 있고 피할 수 없는 모호함에 직면하였을 때 결정을 내리는 자신의 능력에 대한 확신과 관련이 깊다(Holland, Gottfredson& Power, 1980). 또한 목표하는 직업의 수가 적고 진로의사결정에 자신감을 갖는 것을 나타내며(김태선, 2003) 자신이 결정한 진로목표를 달성하기 위하여 구체적이고 충실하게 행위적인 노력을 실시한다(양진희, 2007;김미주, 2011). 또한 자신의 진로를 결정하기 전에 본인의 능력 및 적성, 일의 가치에 대한 이해를 증진시키며 진로에 대한 올바른 선택과 결정을 하기 위한 개인의 태도가 성숙된다고 볼 수 있다(김정미, 2007).

대학생의 진로정체감에 관한 연구는 대학생의 진로발달을 돕기 위한 연구들로 주로 진행되었으나 점차 대학생활의 다양한 영역에서의 적응 및 안녕감과의 관계를 탐색하는 연구들이 수행되었다. 황매향, 박혜영(2005)은 진로정체감이 높을수록 학업과 관련된 학교생활을 잘하고 타인과의 상호작용이 활발하며 심리적, 신체적으로 건강하고 안정감을 보여주는 것으로 나타났다. 이명숙(2013)은 청소년의 진로정체감 수준이 높을수록 학교만족의 하위요인인 기능적 만족과 정서적 만족 수준이 높아진다고 설명하였고 남아란, 하정(2012)도 진로를 결정하지 못할수록 전반적인 대학생활에 적응력의 수준이 낮으며 심리적인 혼란을 가중시킨다고 보고하였다. 전훈, 조형대, 조현진, 이혜선(2010)의 자아개념, 학업성취도, 진로계획 관계연구에서 자신의 전문적인 목표를 위해 직업의 방향을 계획하고 관리하는 뚜렷한 진로계획이 있는 학생들은 학업성취도를 높이는 데 강력한 영향을 준다고 밝혔다. 장경문(2005)은 진로결정수준, 학업적 자기효능감, 대학생활 적응에 관한 연구에서 진로결정수준은 대학생활적응을 예측해주는 변인이며 대학생활적응의 하위요인 중 특히 학업적응을 가장 높은 수준으로 설명하였다. 김대룡(2012)은 진로태도와 사회성 기술 간의 관계에서 각각의 하위요인인 진로태도의 확신과 사회적 협력 및 자기주장성이 유의한 정적 상관관계를 나타낸다고 밝혔다. 즉 자신과 진로에 대해 고유하고 안정적인 정체감이 있는 학생은 타인과의 협력과 적절한 도움을 주고받을 수 있으며, 또한 적극적이고 활발한 의사소통을 할 수 있는 자기주장성이 있기 때문에 사회적 상황에서 적응력과 관련성이 높다고 볼 수 있다. 오보영(2013)은 진로정체감의 지위에 따른 우울수준에 관한 연구를 실시하였는데 진로정체감의 성취 수준이 높을수록 우울 수준이 낮아지며 혼미와 유예지위가 높을수록 우울수준이 높아짐을 설명하였다. 이지영, 장재윤, 신희천(2008)도 대졸 미취업자들의 정신건강과 진로정체감에 대한 연구를 실시하였는데 진로미결정 수준이 높을수록 우울과 불안 등의 부적응 수치가 높아졌고 진로미결정 수준이 낮을수록 우울과 불안 등의 부적응 수치가 낮아졌음을 밝혔다. 이영민, 임정연(2011)의 연구에 의하면 대학의 진로상담지원이 대학환경적응을 높일 수 있는 가장 큰 변인이라고 설명하였다. 즉 학과와 학교에 대한 불만족으로 인해 학업생활에 몰입하지 못하는 학생에게 학교 내에서 체계적인 진로상담 등을 실시한다면 학업에 대한 몰입이 생기고 대학에 대한 애착도가 증가할 것이라고 설명하였다. 권혁진(2010)과 정명화, 박성미, 신경숙(2004)도학과만족과 진로정체감 간의 유의한 정적 상관관계가 있음을 밝혀주었다. 즉 자신이 현재 소속된 학과와 학교에 대해 자신이 설정한 기준과 부합하고 사회의 다양한 집단들과 비교할 때도 만족도가 높으면 학교에 대한 애착이 높아지고 학업에 대해 더욱 몰입할 수 있다고 설명할 수 있다. 이를 토대로 정리하면 자신의 진로에 대한 구체적이고 명확한 확립은 대학생활에서 요구하는 다양한 과업들을 수행할 수 있도록 하며 대학생활을 하는 과정에서 경험하는 어려움들을 극복할 수 있도록 돕는 요인이라고 볼 수 있다.

진로목표(Career Goal)

진로목표는 진로와 목표의 합성어로 진로목표의 의미를 알기 위해서는 먼저 진로와 목표에 대한 의미를 정의하는 과정이 필요하다. 김충기(1992)는 진로를 개인이 미래에 나아갈 방향이라고 하였으며, 김병숙(2005)은 진로란 직업과 관련하여 한 개인이 일생동안 경험하는 체험을 의미하고, 생애나 경력 등으로 설명되기도 하고 개인의 장래에 대한 전망 등으로 인식되기도 한다고 하였다. 여기서 말하는 진로란 개인이 실제로 경험해 보았던 직업으로 일에 관련된 행동, 태도, 동기를 포괄하여 설명하는 전생애적 개념, 즉 한 개인의 어린 시절부터 시작하여 퇴직하게 될 때까지 멈추지 않고 계속되는 발달적인 개념이며, 목적을 달성하기 위하여 개인의 삶에서 일어나는 다양한 측면의 문제를 모두 다루는 것을 의미한다(김현지, 2014).

목표지향성은 문제해결이나 학습 또는 일상생활에서 행하고 있는 행위와 관련된 개인의 가치관과도 밀접하게 연관이 있고, 그에 따라 행동이 결정지어지게 된다(정유선, 2003). 또한 한 개인의 목표지향은 자신이 속해 있는 사회문화적인 배경 속에서 형성된다. 인간은 이러한 다양한 사회문화적 상황에 노출되며, 개인의 목표지향은 자신의 경험에 의해 영향을 받는다.

지금까지의 목표지향은 주로 학생들의 개인적인 학업 변인과 관련하여 설명되었다. 그러나 최근 연구들에서 학생은 자신이 속한 환경의 영향을 받는 존재임이 밝혀지기 시작했다(안주영, 2009). Goodenow(1992)는 환경 변인 중에서도 특히 학생들이 새로운 학교에 대해 어떻게 지각하는지가 그들의 동기에 영향을 줄 수 있다고 했다. 하지만 청소년기의 목표는 미래와 많은 관련이 있기 때문에 학업목표와 같은 한정된 목표 개념에서 벗어나 청소년들의 현재 생활 뿐 아니라 미래의 계획과 관련된 진로목표에 대해 생각할 필요가 있다. 청소년들은 진로와 직업과 관련해 많은 고민과 갈등을 겪기 때문에 진로목표가 청소년들의 생활 적응에 큰 영향을 줄 것이라는 예상을 할 수 있다(부은주, 2012). 따라서 진로목표활동에서 목표를 분명하게 가지는 것은 성공적으로 진로목표활동을 하는 데에 긍정적인 영향을 미친다고 할 수 있다.

진로목표는 한 개인이 앞으로 나아갈 방향에서 얻고자 하는 것 또는 이루고자 하는 결과, 즉 한 개인이 자아실현을 위해 계획하고 있는 직업적 또는 교육적 목표이다(부은주, 2011). 따라서 청소년들이 스스로의 자아실현과 직업안정을 위해 계획하는 직업적 또는 교육적 목표와 연결되는 것으로 일반적으로 생각하는 학습목표의 개념보다 더 넓은 개념으로 보았다. 진로목표가 정해지면 목표를 달성하기 위한 과업과 전략을 세우는데, 이는 진로목표 지향성에 따라 달라질 수 있다고 보았다. 진로란 학업과 연관되어 있으며 학업은 개인의 자기효능감과 성취동기 등이 요구되는 영역이고 자기효능감이 높은 학생들은 자신이 이루고자 하는 목표를 위해 꾸준히 노력한다(강혜영, 홍종희, 2007). 따라서 진로목표가 아동기와 성인기의 중간에 위치한 청소년기 생활에 큰 영향을 줄 것이라고 예상할 수 있으며, 학생들이 바람직하게 목표를 지향하도록 하려면 학생들의 목표지향에 영향을 미치는 요소가 무엇인지 우선적으로 살펴보아야 한다.

관련 연구를 종설하면, 박성미(2001)는 London(1997)의 진로동기화 검사 중 진로정체감 척도를 사용하여 진로목표 안정성이 진로정체감과 관련이 있으며 진로정체감은 목표 안정성, 진로 지향성 등의 핵심 개념으로 구성되어 있다고 하면서 자신의 연구에서 진로목표 안정성을 진로결정 확신성, 진로계획 안정성, 진로목표 지향성으로 나누어 연구하였다. 정운정(2010)은 진로목표 지향성과 진로신념은 진로 명확화와 높은 상관관계가 있다고 하였다.

성별에 따라 진로목표 지향성의 정도가 다르게 나타난 연구도 있었다. 남·여 학생 모두 진로계획 안정성은 가지고 있지만, 목표지향성과 진로 자기결정성 면에서는 남학생이 더 높게 나타나 여학생의 진로목표 지향성을 높이기 위한 노력이 필요하다고 하였다(조민경, 2012). 자기효능감과 목표지향과의 관계를 연구한 안주영(2009)은 높은 자기효능감은 학생들이 도전적인 과제를 선택하게 하고, 과제를 적극적으로 탐색하게 한다고 말하며, 이러한 특성을 지닌 자기효능감은 학생들의 목표지향과 밀접한 관련이 있다고 하였다.

〈실습〉

대학 진로적응 체크리스트

석창훈(2018)

번호	질문	전혀 그렇지 않다	거의 그렇지 않다	그저 그렇다	대체로 그렇다	아주 그렇다
1	진로선택과 관련한 모든 것이 모호하고 불확실해 결정을 당분간 보류하고 싶다.	1	2	3	4	5
2	원하던 진로가 이제는 불가능해져서 가능한 다른 진로를 모색하려고 한다.	1	2	3	4	5
3	내가 정말로 원하는 직업을 가질 수 없을지도 모른다.	1	2	3	4	5
4	진로선택에 대해 생각하는 것은 나를 불안하게 만든다.	1	2	3	4	5
5	현재 내가 아는 어떤 직업에도 호감을 느끼지 못한다.	1	2	3	4	5
6	현재 전공과 졸업 후 예상 진출 분야가 달라 걱정이다.	1	2	3	4	5
7	나의 전공 분야는 졸업 후에 취업과 관련한 전망이 좋지 못한 것 같다.	1	2	3	4	5
8	원하는 진로를 위해 필요한 공부는 아직 하고 있지 않다.	1	2	3	4	5
9	진로선택에 대해 많이 생각해 보았고, 충분한 정보도 수집하였다.	1	2	3	4	5
10	나의 가치관에 부합하는 진로를 선택할 것이다.	1	2	3	4	5
11	내가 어떤 직업을 선택해야 할지 알고 있고, 스스로 결정할 수 있다.	1	2	3	4	5
12	내가 선택하는 진로의 종사자가 되는 것은 내가 꿈꾸던 사람이 되는 것이다.	1	2	3	4	5

13	나는 관심 분야 진로를 위해 필요한 교재, 기자재 등을 구입하고 준비하고 있다.	1	2	3	4	5
14	나는 최근 관심 있는 직업이나 진로 관련 자료를 찾거나 검색해서 읽어보았다.	1	2	3	4	5
15	최근 교수님과 나의 적성 및 향후 진로(취업)에 대해 이야기를 나눈 적이 있다.	1	2	3	4	5
16	친구, 부모님과 나의 적성 및 향후 진로(취업)에 대해 이야기를 나눈 적이 있다.	1	2	3	4	5
17	나의 전공은 나의 적성과 잘 맞는다.	1	2	3	4	5
18	현재 내 전공에 대해 충분히 알아보고 대학에 진학하였다.	1	2	3	4	5
19	졸업 후의 진로에 지금의 전공이 도움이 될 것이다.	1	2	3	4	5
점수 합계						

※ 역채점 문항 : 1, 2, 3, 4, 5, 6, 7, 8

※ 점수 해석

적응 구분	진로적응 점수 합계 분포
진로적응 우수	71~95
진로적응 보통	51~70
진로적응 미흡	19~50

진로적응 수준별 진로전략

① 진로적응 유지집단(적응우수) : 실전취업준비 단계

결정한 진로 영역의 전공직무역량을 강화한다. 취업정보와 자료수집을 통하여 자신이 수립한 진로계획에 대한 실천과 관리가 필요하다.

- 나의 진로 계획을 구체적으로 수립하라

삶과 진로에 있어서의 중장기적 진로목표를 수립해보는 것이 필요하다. 자신이 추구하고 싶은 가치, 직업을 통해서 궁극적으로 이루고자 하는 것, 해당 직업을 선택했을 때 예상되는 나의 생활 등을 떠올려보는 것이 도움이 된다. 취업/직업 세계 동향(사회·경제적 변화, 고용추세)을 반영하여 나의 진로 계획을 구체적으로 수립한다.

- 중장기적 진로 목표 도달에 필요한 전략을 짜라

자신이 정한 삶의 목표가 수립되었다면 중장기적 진로 목표 도달에 필요한 교육수준(학력, 자격증, 기술, 능력)을 갖추기 위한 전략을 수립한다. 잡카페에 지속적으로 방문하여 최신 정보를 습득하는 것이 필요하다. 취업을 하기 전 학점을 점검하여 관리하는 것이 중요하다. 관심분야로 진출하는데 필요한 자격, 기초능력을 점검하여 부족한 부분은 역량을 강화하고, 그동안 성취한 결과물들은 정리하고 유지하는 것이 필요하다.

• 직무역량을 강화시켜라

목표하는 진로에 필요한 능력을 갖추기 위한 실천계획을 세운다. 원하는 곳에 취업을 하거나 해당 직업을 얻기 위해 요구되는 학력, 자격증, 기술, 능력 등은 무엇이 있는지 자세한 정보를 찾아보는 것도 좋다. 취업 캠프, 학과별 취업교육이 있다면 참여하여 자신이 결정한 진로에 대한 역량을 탄탄하게 한다.

• 구직 활동에 대해 효과적으로 대응하고 준비하라

교내 취업정보센터, 지역 내 고용안정센터, 취업포털 등 취업정보기관 목록을 만들어 주기적으로 해당홈페이지를 방문하는 것도 필요하다. 자신이 원하는 분야의 채용이 매년 1,2회로 한정되어 있는 경우가 있을 수 있다. 취업 시기를 놓치지 않도록 꾸준히 정보를 업데이트하고 시간 관리를 하는 것이 필요하다. 관심 기업의 구인정보(채용조건, 교육수준, 요구사항, 보수, 전망)등을 수집하고, 평가하는 방법도 익히는 것이 중요하다.

• 구직을 위한 자기홍보 기술을 연마하라

이력서 및 자기소개서 작성법, 면접 기술 등 자신에 대한 장점 및 단점을 작성해보는 연습이 필요하다. 자신이 지원하는 기업에서 필요한 인재상에 맞게 자신의 장점과 특기를 잘 다듬는 것이 중요하다. 또한 면접을 위한 자기소개 구술 연습도 도움이 된다. 친한 동기들과 그룹을 만들어 모의 면접 준비를 해나가는 것도 도움이 된다. 그룹 활동을 통해 자신이 어필한 부분에 대해 피드백을 받고 개선해야하거나 특화시켜야 하는 부분을 토론해가면서 자신의 면접 스킬을 강화시킬 수 있다.

② 진로적응 향상집단(적응보통) : 기초역량을 강화하여 진로의사결정 하는 단계

다양한 경험을 통한 진로의 기초역량을 증진시키고 관심분야의 진로탐색을 구체화하여 진로 의사결정을 하는 것이 필요하다.

- 구체적인 직업세계에 대한 진로정보를 탐색하라

자신의 진로를 탐색하기 위해서는 직업세계에 대한 정보를 습득하고 진로탐색 방법에 대해 익히는 것이 도움이 된다. 워크넷, 잡코리아, 대학 내 취업포털 등을 활용하여 채용정보, 직업정보, 교육· 훈련정보, 고용정보 등을 파악하는 것이 중요하다. 채용동향이나, 노동시장 정보 등을 검색해보고 해석해보는 것이 필요하다.

- 전공분야와 관련된 직업세계 정보를 수집하라

자신의 전공분야와 관련된 직업세계를 이해하는 것이 필요하다. 최근의 채용동향, 직업에 대한 이해가 어느 정도 갖추어졌다면 전공 관련 직업에 대해 정보를 수집하고 해석해보는 것이 수월할 것이다. 자신이 관심을 가진 직업 분야의 경력개발 방법과 필요역량, 그 분야에 자신의 가능성 등을 평가하는 연습을 시작해 보라.

- 인적 네트워킹을 적극 발굴하라

진로개발에 도움을 받을 수 있는 전문 컨설턴트, 상담사, 또는 해당 직업에 종사하는 선배 등 인적네트워크를 쌓기 위한 활동이 필요하다.

관심 있는 직업분야의 동아리 활동을 통해 선배들과 만남을 갖거나 진로캠프 등에 참여하여 전문가와 네트워크를 만드는 것이 필요하다.

- 관심 있는 직업에 대한 직·간접 경험을 늘려라

인적 네트워크 활용뿐만 아니라 관심 분야의 직·간접 경험도 반드시 필요하다. 경험을 통해서 내가 할 수 있는 일, 하고 싶지 않은 이유, 잘하는 분야 등을 꼼꼼히 확인할 수 있다. 해당분야의 인턴십, 아르바이트, 자원봉사, 동아리 등 기회를 만들어 참여해 보고 경험을 스스로 평가해보는 것도 필요하다.

- 자신의 진로에 대한 의사결정을 하라

다양한 경험과 전문가와 상담, 직업 정보들을 수집하여 평가했다면 자신의 진로탐색에 대한 의사결정을 하는 것이 필요하다. 합리적인 진로의사결정 방법은 여러 가지 진로대안 목록을 만들고 그 목록 각각의 장단점을 분석하고 평가하는 것이 도움이 된다. 평가단계에서 각각에 해당하는 진로를 선택했을 때의 결과를 예상해보는 것이 도움이 된다.

③ 진로적응 분발집단(적응미흡) : 자기이해 및 진로역량 키우기 단계

자신의 흥미분야, 장단점 등을 파악하면서 자기에 대한 이해를 높이는 것이 필요하다. 직업/진로의 전반적인 이해와 진로 학습을 위한 준비 작업이 필요하다.

• 학교 및 학업 적응을 우선순위에 두라

학교 시스템과 프로그램 등을 알아보고 이해하는 것도 학업 적응에 도움이 된다. 자신의 학과에서 필요로 하는 기초능력이 무엇인지, 어떤 자격증을 취득할 수 있는지, 각 과목을 수강할 때 장단점 등을 파악해 보는 것이 중요하다. 선·후배들과의 만남을 통해 정보를 적극적으로 교류하면서 필요한 도움을 받는 것도 중요하다. 지도교수 상담시간을 활용하여 자신의 성공적인 대학생활의 목표 설계도 지도받을 수 있다.

• 진로관련 교양수업을 적극적으로 수강하라

자신의 진로를 탐색하기 위해서는 진로/취업에 관한 관심과 이해가 먼저다. 진로 관련 교양수업을 들으면서, 자신의 전공과 적성에 적합한 진로와 작업을 선택해 본다. 더불어 대학생활 커리어로드맵을 작성하는 방법을 익힐 수 있다.

• 자기 자신과 친해져라

지금까지 자신이 무엇을 원하는지, 어떤 직업을 원하는지 고민해보지 못했다면 먼저 자신과 친해지는 시간이 도움이 된다. 먼저 자신의 흥미(관심사, 좋아하는 것, 싫어하는 것)를 파악하고 자신의 긍정적인 특성을 파악해보는 것이 중요하다. 스스로 생각해내기 어렵다면 가족, 친한 친구, 지인들을 통해 자신에 대한 객관적 의견을 수집해보도록 한다.

• 진로에 있어서 자신이 중요하게 생각하는 가치관을 파악하라

자신이 갖게 될 직업의 안정성, 보수, 명예, 지식추구, 여가보장 등 평

소에 생각했던 가치를 적어보는 것이 필요하다. 진로에 대한 가치목록을 생각해보고 각 항목에 대한 중요도를 순위 매기는 등 자신의 생각을 정리해서 쓰고 눈으로 확인해보는 작업이 필요하다.

- 자신의 강점 파악하여 일/직업과 연결시켜라

자신의 능력, 기술, 재능에 대해 파악해보는 것이 필요하다. 객관적으로 평가하는데 어려움이 있다면 잡 컨설팅이나 심리상담, 심리검사 등을 통해서 자신의 흥미와 강점, 추구하는 가치를 탐색하는데 도움을 받는 것이 필요하다. 자신의 진로 가치관에 부합되는 직업에는 어떤 것들이 있는지 컨설팅을 통해서 직업 목록도 알아보자.

- 자신의 직업적 심리 특성을 종합적으로 이해하기

자신의 흥미, 강점을 파악하고 진로가치관에 부합되는 직업세계 정보를 어느 정도 파악했다면 이러한 종합적 심리특성을 반영하여 자기에 대한 이해를 점검하는 것이 중요하다. 이러한 종합적 정보를 바탕으로 어떤 진로를 선택할지 1, 2, 3의 여러 대안을 적어본다. 자신의 환경적 여건과 여러 특징을 고려하여 몇 가지 진로분야를 간추리고 각각의 장점과 단점, 예상되는 결과도 생각해 본다.

- 긍정적인 대인관계 기술 습득하기

진로개발 역량을 키우기 위해서는 자신에 대한 이해와 직업에 대한 이해는 물론 타인과의 긍정적인 상호작용을 하는 능력이 필요하다. 긍정적인 대인관계기술에는 사람들과의 유익한 상호작용 방법, 갈등해결

방법 등을 습득하기를 바란다. 또한 효과적인 의사소통 기술에 대해서도 관심 갖기 바란다. 자신의 생각을 적절히 표현할 줄 알고 타인의 의사를 이해하는 연습도 필요하다. 인간적 다양성에 대해 이해하고 존중하는 태도도 중요하다.

제10장

MBTI의 이해

전통적으로 진로 및 직업상담 전문가들은 사람과 직업을 잘 '연결'(match) 시켜줄 수 있는 방법을 찾으려고 한다. 따라서 자신의 특성에 맞는 진로나 직업을 선택하기 위해 주로 개인의 가치와 흥미와 능력(주로 적성)에 초점을 맞추어 왔다. 그러나 문제는 이 세 가지 요인만으로 자신에게 맞는 좋은 직업을 선택하는데 충분하지 않다는 사실이다. 물론 이 세 가지 요인을 무시할 수는 없다. 직무 만족에 개인이 가진 가치도 중요하고 흥미도 중요하고 능력이나 적성도 중요하다. 그러나 개인이 타고난 성격유형에 따른 선호경향성(preference)을 무시하고는 적절한 직업 선택이 어렵다(Tieger & Barron-Tieger, 1995).

카드로 물건을 산 뒤 사인을 할 때 자신이 평소 쓰지 않던 손으로 사인을 해보라. 그 다음 자신이 평소 쓰고 있는 손으로 사인을 해보라.

쓰지 않던 손으로 사인하세요. 세 번.
__________ __________ __________

평소 쓰던 손으로 사인하세요. 세 번.
__________ __________ __________

평소 쓰지 않던 손으로 사인할 때와 쓰던 손으로 사인할 때의 차이는 어떤가? 쓰지 않던 손으로 쓸 때에는 주의를 집중해야 하고 애를 써야 하고 써 놓고도 보기에 어색하고 거북하다. 그러나 평소 쓰던 손으로 쓸 때에는 자연스럽게 별 생각이 없이 써도 보기가 좋고 산뜻하다.

직업도 자신이 타고난 성격유형에 맞아야 일을 편안하고 즐겁게 하면서도 성과를 낸다. 그러나 자신의 성격에 맞지 않은 일을 할 때에는 고생은 고생대로 하면서 결과가 보잘 것 없다. '진로만족'(career satisfaction)의 비결은 무엇보다 자신이 가장 즐길 수 있는 일을 하는데 있다. 자신의 성격유형에 맞는 일을 하는 운 좋은 사람은 그리 많지 않다. "우리 대부분은 우리가 할 수 있는 일과 우리 또는 주위 사람들이 해야 된다고 생각하는 일 사이에서 심리적인 레슬링을 벌이고 있다."(Tieger & Barron-Tieger, 1995). 자신의 성격유형을 무시하고 올바른 직장을 구하기란 지도 없이 거대한 대양에서 작은 섬을 찾는 것과 다름없다. 이 장에서는 최근에 와서 진로상담이나 직업선택에 큰 영향을 미치고 있는

MBTI를 토대로 하여 진로와 직업선택의 방안을 살펴보고자 한다.

MBTI를 통해 진로만족을 촉진시키기 위해서는 무엇보다 다음과 같은 점을 고려할 필요가 있다. 첫째, 자신의 성격유형에 맞는 진로나 직업을 선택해야 한다. MBTI에서 말하는 성격유형도 다음과 같이 여러 가지 측면에서 살펴볼 수 있다.

◎ E-I, S-N, T-F, J-P라는 네 가지 차원에서 어느 것을 더 선호하는가?

◎ 위의 네 쌍 중에서 선호하는 경향을 하나씩 찾으면 ESTJ라든가 INFP 등의 16가지의 성격유형이 나타난다. 자신은 어느 유형에 속하는가?

◎ 위의 네 가지 차원 중에서 SP, SJ, NT, NF라는 네 가지 기질(temperament)을 발견할 수 있다. 자신은 어떤 기질을 가지고 있는가?

둘째, 진로만족을 얻기 위해서는 자신의 성격유형의 발견뿐 아니라, 자신의 성격유형에서 강점(strength)과 약점(weakness)을 발견할 수 있어야 한다. 각 성격유형이나 기질 및 기능에 따라 강점과 약점을 동시에 가지고 있다. 앞으로 살펴보게 되겠지만, MBTI에서는 주기능과 보조기능이 강점으로 작용하고, 삼차기능과 열등기능이 약점으로 작용한다.

셋째, 진로만족을 얻기 위해서는 자신의 강점을 발달시켜 나가는 동시에 약점을 보완하여 적절한 균형을 이루어야 한다. 우리나라의 많은 대학과 기관에서 MBTI 검사를 실시하고 있지만, 자신의 성격유형을 발견하는 것만으로 큰 의미가 없다. 각 성격유형이나 기질에 따라 강점을 가지고 있지만, 이것은 어디까지나 하나의 '가능성'에 지나지 않는다. 인간은 누구나 자아실현의 경향을 가지고 태어나지만 이러한 가능성을 실현하지 않으면 아무 소용이 없듯이, 자신이 타고난 강점을 최대한 발휘할 수 있도록 개발해 나가지 않으면 안 된다. 그리고 무시하고 지나가기 쉬운 삼차기능과 열등기능을 개발하여 어느 정도의 균형을 유지할 수 있어야 우리의 삶과 일의 세계에서 성공을 거둘 수 있을 것이다(제석봉, 1996).

1. MBTI의 이해

사람들 간의 오해와 갈등과 미움은 사람들마다 세상을 보는 눈이 다르기 때문에 발생한다. C. Jung은 사람마다 사물이나 사건이나 사상에 대해 지각하는 방법이 다르고, 또 지각한 내용을 바탕으로 하여 내리는 판단과 결론, 그리고 의사결정이 다르다는 사실을 발견하였다. Jung은 사람들이 세상에 대해 정보를 어떻게 수집하고, 이렇게 수집된 정보를 어떻게 판단하며, 또 어디서 에너지 또는 활력을 얻는가에 관심을 기울였다. 융은 오랜 임상 관찰을 통해 인간은 감각(Sensing) 또는 직관(Intuitive)을 통해 지각하고(정보 수집), 사고(Thinking) 또는 감정(Feeling)을 통해 판단(의사 결정)을 내린다는 가설을 설정했다. 융은 서로 반대되는 이러한 정신적 기능 외에 태도 또는 에너지의 향방을 가리키는 두 가지 태도(외향형: Extraversion과 내향형: Introversion)를 기술하였다. 인간은 태어나면서부터 정보를 수집할 때에는 감각 또는 직관 중 한 기능을 선호하고,

판단이나 의사결정을 할 때에는 사고 또는 감정 중 한 기능을 선호한다고 한다. 그리고 태어나면서부터 이러한 기능을 외부세계 또는 자기 내부세계 중 어느 한 방향으로 사용하기를 선호한다.

K. C. Briggs와 그의 딸 I. B. Myers, 손자 P. B. Myers가 1900년에서 1975년에 걸쳐 70여 년의 세월을 투자하여 Jung의 이론에다 외부세계에 대한 또 한 쌍의 대처방안(판단: Judgement과 인식: Perception)을 보완하여 이를 심리측정학적으로 확인하는 MBTI(Myers-Briggs Type Indicator)를 개발하여, 1975년 미국 CPP(Consulting Psychological Press)를 통해 출판하였다. 현재 이 검사는 세계 40개국에서 20가지 이상의 언어로 번역되어 사용되고 있다. 한국에서는 1987년부터 김정택 교수(서강대)와 심혜숙 교수(부산대) 주도로 미국 CPP의 인준을 받은 후 3년간의 표준화 작업 끝에 한국판 MBTI가 출판되었으며, 1992년 한국심리유형학회 발족 이후 관련분야 연구를 꾸준히 수행하여 왔다.

MBTI는 현재 개발되어 있는 성격검사 도구 중 인간의 성격을 이해할 수 있는 강력한 도구요, 인간의 행동과 결정에 깊은 통찰을 제공하는 도구이며, 대중심리학(pop psychology)으로 인정받고 있다. 이 도구는 IQ 검사와 같이 지적 능력을 평가하는 평가검사가 아니라 심리적 선호를 통해 개인의 성격유형을 알아보는 비진단 검사이다. MBTI를 통해 자신이 어떤 개성을 지닌 존재인가를 알게 되면 자신과 타인을 이해하는 데 유용하게 활용할 수 있다.

1) MBTI의 네 가지 선호경향

인간은 태어나면서부터 자기가 선호하는 태도나 기능을 사용할 때 가장 편안하고(comfortable), 유능하고(competent), 신뢰를(confidential) 느낀다. MBTI는 Jung의 이론을 바탕으로 네 가지 선호 경향을 제시하였다.

외향 (E) Extraversion	관심의 향방, 에너지의 원천	내향 (I) Introversion
감각(S) Sensing	지각 또는 정보수집	직관 (N) iNtuition
사고(T) Thinking	판단 또는 의사결정	감정(F) Feeling
판단(J) Judging	생활 양식	지각(P) Perceiving

〈그림 3-1〉 MBTI의 네 가지 선호경향

첫째, 외향-내향(E : Extraversion - I : Introversion) 지표이다. 이는 주의 초점과 에너지의 방향을 나타내는 일반적인 태도를 말한다. 외향을 선호하는 사람들은 외부세계나 환경에 초점을 두고 외부세계로부터 에너지를 얻는다. 즉 그들은 폭넓은 대인관계와 활동력을 지향하기에 말하기를 좋아하고 사교적이다. 내항을 선호하는 사람은 개념이나 사상과 같은 자기 자신의 내부세계에 더 초점을 두는 경향이 있으며 내면세계에서 일어나는 것에 의해 에너지를 얻는다. 이들은 깊이와 집중력을 지향하기에 직접 세상을 경험하기 전에 먼저 생각 속에서 이해하려는 경향이 있다. 따라서 명상에 잠기기를 좋아하고 고독과 사생활을 즐긴다.

둘째, 감각-직관(S : Sensing - N : iNtuition) 지표이다. 이는 정보 수집 기능을 나타낸다. 감각 기능을 선호하는 사람들은 자신의 내적-외적 세계에 무엇이 존재하며, 어떻게 발생하는가에 대한 정보를 자신의 오감(시각, 청각, 촉각, 후각, 미각)을 통해 받아들이려 하며 현재에 초점을 두고 정보를 수집한다. 이들은 현실적이고 실용적이며 관찰능력이 뛰어나며 상세한 것까지 기억을 잘 하는 편이다. 직관 기능을 선호하는 사람들은 직관에 근거하여 의미, 가능성, 관계에 초점을 두어 정보를 수집한다. 즉 전체를 파악하는 통찰을 통해 본질적인 패턴과 관계를 인식한다. 이들은 새로운 가능성과 일처리 방식을 추구하고 상상력과 영감에 더 큰 가치와 비중을 두기에 미래지향적이고 창조적이다.

셋째, 사고-감정(T : Thinking - F : Feeling) 지표이다. 이는 의사결정 기능을 나타내는 것으로 수집 과정을 통해 얻은 정보를 판단, 선택, 결정하는 것이다. 사고형은 객관적인 판단 기준에 근거하여 정보를 분석, 비교하여 의사결정에 다다르기에 일관성과 타당성을 중시하여 원리 원칙에 입각하여 결정한다. 그러므로 개인적으로 느끼는 가치보다 무엇이 진실한가, 옳고 그른가 하는 객관적인 기준을 중시한다. 감정형은 개인적, 주관적, 사회적 판단과 가치를 중요시 여기며 이를 고려하여 의사를 결정한다. 이들은 인간관계에 있어서 조화를 중요시하므로 의사결정을 할 때 상대방의 입장을 고려하고, 인간적인 측면을 중시하고 일이나 사람에 대한 열정이 많은 편이다.

넷째, 판단-인식(J : Judgement - P : Perception) 지표이다. 이는 외부세계에 대한 대처(태도, 생활양식)를 나타낸다. 판단형은 결정하고 일을 종결짓고, 어떤 일을 수행함에 계획을 세우고 질서 있는 것을 좋아한다. 즉 구조화되고 조직화되는 것을 선호하며 계획에 따라 일을 추진하고 미리 준비하는 편이며 일정 기간 내 일을 마무리 짓는 편이다. 인식형은 새로운 사건이나 변화에 개방적이며 모든 경험에 열려져 있고 정한 시간에 일을 마무리 짓지 못할 때도 있으나 호기심이 많고 적응력이 높아 그때 그 때 자발성을 가지고 상황에 대처해 나가는 편이다. 이러한 4가지 선호경향을 조합하면 16가지 성격유형이 형성된다(그림 3-2 참조).

ISTJ 세상의 소금형	ISFJ 임금 뒷편의 권력형	INFJ 예언자형	INTJ 과학자형
ISTP 백과사전형	ISFP 성인군자형	INFP 잔다르크형	INTP 아이디어 뱅크형
ESTP 수완좋은 활동가형	ESFP 사교적인유형	ENFP 스파크형	ENTP 발명가형
ESTJ 사업가형	ESFJ 친선도모형	ENFJ 언변능숙형	ENTJ 지도자형

〈그림 3-2〉 MBTI의 16가지 성격유형
출처 : 한국심리유형학회

2) MBTI 16가지 성격유형의 이해

① ISTJ

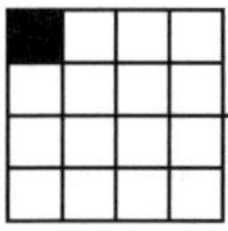

사고를 보조기능으로 한 내향적 감각형

Doing What Should be done(**세상의 소금형**)

ISTJ는 아주 신뢰할만한 사람들로서, 철저하고 현실적이고 구체적이며 사실들을 중시한다. 아무리 많은 양의 사실들이라도 잘 수용하고 기억하고 사용할 줄 알며 정확을 기하려고 한다. 해야 할 일에는 책임을 질 줄 알며, 자기 직무에서 요구되는 것 이상의 노력을 기울인다. 그들은 어떤 일이든 분명한 것을 좋아한다.

개인적인 반응은 바깥으로 잘 드러내지 않지만, 분명하고 확고하다. 위기 상황에 처해도 차분하고 침착하게 보인다. 겉으로 보기에는 차분하게 보이지만, 아주 자기 개인적인 각도에서 사물을 본다. 그러나 그들과 친해지기 전에는 그러한 면을 잘 발견할 수 없다. 그러나 일을 처리하거나 세상을 살아가는데 있어서 그들의 행동은 건전하고 분별력이 있다.

ISTJ들은 철저하고 근면하고 체계적이고 열심하며, 절차나 세부적인 측면에 용의주도한 면을 보인다. 인내심이 강해서 자기가 관여하는 일은 어떤 일이든지 차분하게 진행시킨다. 일에 충동적으로 뛰어들지 않으나, 일단 맡으면 단념하지 않고 끝까지 추진한다.

ISTJ들은 흔히 조직성 정확성이 요구되는 직업에 많이 종사한다. 회계, 토목공학, 법률, 생산, 건축, 보건직, 사무직 등이 그 좋은 예이다. 그들은 감독직이나 관리직을 많이 택하기도 한다. 어떤 일을 맡게 되면 구체적인 판단과 절차를 중시하기 때문에 일관성이 있고 보수적인 경향을 띤다. 그리고 구체적인 사실들을 근거로 하여 자기가 내린 평가와 결정이 옳은지 확인하려고 한다. 현재의 문제를 해결할 때에도 과거의 경험을 중시한다. 시간이 흐름에 따라 자기가 맡은 일의 세부적인 면까지 통달하게 되지만 이러한 지식을 자기의 공으로 생각하지 않는다.

다른 사람들도 자기와 마찬가지로 논리적이고 분석적이라고 생각하면 문제에 봉착할 수도 있다. 다른 사람들을 부당하게 함부로 판단하고 아랫사람을 무시해버릴 위험이 있기 때문이다. 따라서 사물이나 자신의 행동에 대해 의사결정을 내릴 때에는 사고기능을 사용하고, 다른 사람을 이해할 때에는 지각기능을 사용하면 좋을 것이다. 다른 사람과 관계되는 문제를 볼 때 감각을 사용하면 그 결과로 존경을 받게 되고, 그러면 다른 사람들을 더욱 잘 도울 수 있게 될 것이다.

ISTJ가 사고기능을 발달시키지 못하면 또 다른 문제에 봉착하게 된다. 감각적 인상에 대한 내적 반응에만 몰두하여 중요한 일은 아무 것도 이루어내지 못할 위험이 있기 때문이다. 또 상상이나 직관을 회의하여 이를 신중하게 다루지 못할 가능성도 있다.

※ ISTJ 성격 요약

특징	한번 시작한 일은 끝까지 해내는 사람들
인생 슬로건	돌다리도 두드려보고 건넌다.
특성	• 조용하고, 신중하며, 철저함과 확실성으로 좋은 결과를 얻고자 한다. • 구체적이고, 사실적이며, 현실적이고, 책임감이 강하다. • 해야 할 것을 논리적으로 결정하고, 흐트러짐 없이 꾸준히 해나간다. • 체계적으로 자신들의 일, 가정, 삶을 구성해 나갈 때 기쁨을 얻는다. • 전통과 성실을 가치 있게 여긴다.
강점	• 정확하고 빈틈없이 일을 한다. • 정해진 일과와 절차를 따른다. • 집중력이 뛰어나며 사람들과의 접촉 없이도 혼자서 일을 잘 한다. • 조직의 유지가 안정적이며, 책임감이 강하며 끝마무리를 잘한다.
약점	• 변화하는 체계에 적응하는 것이 어려울 수 있다. • 변화를 좋아하지 않는 경향이 있다. 융통성이 부족할 수 있다. • 자신의 욕구와 다른 욕구를 이해하지 못할 수 있다. • 그들 자신과 조직에 대한 그들의 공헌을 낮게 평가할 수 있다.
선호 학습법	• 학습 목표 제시, 보고 듣고 시연하고 연습하는 명백하고 감각적 수업 선호 • 구체적 경험 • 교사가 제시하는 틀 속에서 개인적으로 학습하는 것 선호, 계획된 목표와 일정에 따라 꾸준하고 규칙적 수행 • 세부사항 관찰, 확실한 이해 • 과제의 유용성, 사실적, 논리적 구조화
선호 직업 환경	• 중요한 사건과 세부사항을 이용하고 기억하는 나의 능력에 의존하는 일 • 절차나 기준을 즐겨 사용하며 신중하고, 논리적이며, 효율적인 방법으로 행해지는 일 • 혼자서 독립적으로 일하며 과업을 완성하는데 나의 뛰어난 집중력을 사용하는 일 • 과거에 경험한 일을 자신 있게 할 수 있는 안정적이고 전통적인 환경 • 명확한 목표가 있는 일 • 나의 판단과 경험이 가치 있고 보상받는 환경

타인이 본 ISTJ	• 넌 너무 빈틈없어! • 넌 너무 현실적이야! • 정확해서 무서워! • 모범생 재수 없어! • 혹평 : 너!!! 너무 지루해. 가능성도 안보여. 당신은 꿈도 없나? • 호평 : 절약의 종결자! 당신이 아니었으면 난 벌써 파산했을 거야!
취약점을 위한 제안 사항	• 가끔은 충동적으로 행동하라. • 옛 습관이나 관습보다는 새로운 행동방침을 찾아라. • 광범위하게 흥미를 넓혀 나가도록 노력하다. • 다른 사람을 이해하고 고마워하는 데에 특별한 노력을 기울여라. • 다른 사람과 관계를 갖도록 각별히 애써라. • 감사, 찬미, 칭찬, 사려, 애정을 다른 사람에게 나타내며 관대하라. • 당신과 관점이 다르거나 의존적이 아닌 다른 사람에게 인내심을 실천하라. • 다른 사람의 감정에 좀 더 온정, 이해, 심사숙고를 보여라. • 사람들이 모여 있을 때에 수다쟁이가 되도록 의도적으로 시도하라. • 어떤 것에 대해 온화한 기쁨을 가져라. • 사전에 계획 없이 하루나 오후를 쉬어라.

② ISFJ

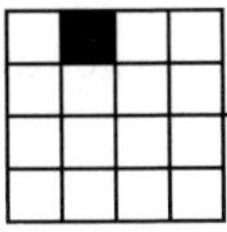

감정을 보조기능으로 한 내향적 감각형

High sense of duty(**임금 뒤편의 권력형**)

ISFJ는 아주 신뢰할만한 사람들로서, 직무에서 요구되는 이상의 책임감을 발휘한다. 그리고 철저하고 현실적이고 구체적이며 사실들을 중시한다. 어떤 일을 해야 할 때에는 잠시 멈추어 생각한다. 그 일이 도움이 되겠다고 판단되면 책임을 질 줄 안다. 어떠한 양의 사실이라도 기억하고 사용할 줄 안다. 그러나 모든 것이 정확하기를 바라며, 어떤 일이든 분명한 것을 좋아한다.

개인적인 반응은 분명하고 확고하지만, 다른 사람들은 잘 예측하기가 힘든 경우가 많다. 자기 개인적인 반응을 얼굴에 잘 드러내지 않으며, 위기 상황에 처해도 차분하고 침착하게 보인다. 그들은 아주 자기 개인적인 각도에서 사물을 보며 조화를 중시한다. 그러나 그들과 친해지기 전에는 그러한 면을 잘 발견할 수 없다. 그러나 ISFJ가 일을 처리하거나 세상을 살아가는데 있어서 그들의 행동은 건전하고 분별력이 있다.

ISFJ들은 철저하고 근면하고 체계적이고 열심하며, 절차나 세부적인 측면에 용의주도한 면을 보인다. 계획을 완성시키는데 필요하다면 아무리 사소한 일이라도 해낸다. 인내심이 강해서 어떤 일이든지 차분하게 진행시킨다. 일에 충동적으로 뛰어들지 않는다. 그러나 일단 맡으면 단념하지 않고 끝까지 추진한다. 직접 경험을 통해 잘못되었다는 확신을 느끼기 전에는 중도에 그만 두지 않는다.

ISFJ들은 의료나 보건 분야와 같이 면밀 주도한 관찰과 사람을 돌보는 직업을 잘 택한다. 또 ISFJ가 매력을 느끼는 분야는 교직, 사무직, 그리고 서비스업이나 따뜻한 인간적 배려가 요구되는 직업이다. ISFJ는 세상에 대처해 나갈 때 감정을 선호하기 때문에 친절하고 동정심이 많고 재치가 있고 다른 사람들에게 관심이 많다. 이러한 특성 때문에 어려움에 처한 사람들에게 대단히 지지적인 면을 보인다.

ISFJ들은 정확성과 조직성을 선호하기 때문에 감독 역할을 잘 맡는다. 어떤 일을 맡게 되면 구체적이고 실용적인 판단을 하기 때문에 일관성 있고 보수적인 경향을 띠게 된다. 그리고 자기가 내린 평가나 의사결정을 확인해볼 수 있는 사실들을 수집해 점검하기 좋아한다. 그리고 경험을 쌓아가면서 과거 상황과 현재의 문제를 비교한다.

ISFJ에게 판단기능이 발달되지 못하면 문제가 일어날 수 있다. 또 감정기능이 발달되지 못해도 세상에 대처해 나가는데 효율성을 잃게 된다. 뒤로 물러서서 감각적 인상에 대한 내적 반응에만 몰두하여 중요한 일을 하나도 해내지 못할 가능성도 있다. 또 발생할 수 있는 문제는 상상이나 직관을 회의하여 이를 신중하게 다루지 못할 가능성이 있다는 점이다.

※ ISFJ 성격 요약

특징	성실하고 온화하며 협조를 잘하는 사람들
인생 슬로건	참는 자에게 복이 있다.
특성	• 조용하고, 다정하며, 세심하고, 성실하고, 책임감이 강하다. • 자신들의 의무에 헌신적이고, 이를 꾸준하게 실현해 나간다. • 철저하고, 노고를 아끼지 않으며, 사려 깊고 정확하다. • 타인 특히, 자신에게 중요한 사람들의 느낌에 관심이 많고, 그들과 관련된 구체적인 것을 잘 알아차리고 기억한다. 직장과 가정에서 정돈되고 조화로운 환경을 만들기 위해 노력한다.
강점	• 일에 대해 책임감 있고 열심히 일하며 윤리의식이 강하다. • 연속적이고 반복적인 절차나 과업을 요구하는 일을 훌륭히 해낸다. • 세부사항에 주의 깊고 철저하며 정확하다. • 다른 사람을 돕는 일을 즐긴다. 동료나 부하직원을 잘 지원한다. • 정해진 방법으로 일하는 것을 좋아한다.
약점	• 자신의 가치를 과소평가할 수 있다. 그들 자신의 욕구를 주장하지 않을 수 있다. • 너무 많은 일을 떠맡기 때문에 종종 과도로 일할 수 있다. • 미래 결과의 의미를 보지 못할 수 있다. • 끊임없는 변화에 적응을 잘 하지 못한다.
선호 학습법	• 감각을 통해 배움, 구체적 직접 경험 선호 • 교사에 의해 규정된 틀 안에서 개인적으로 공부, 교사의 인정 구함 • 계획된 목표에 따라 안정적, 규칙적 수행 • 지금, 여기 세부사항 관찰 • 사람 관련된 과거경험회상 • 개인적 구체적 경험
선호 직업 환경	• 사실과 세부사항을 기억하는 나의 능력을 사용하고 관찰력과 정확성을 요구하는 일 • 다른 사람을 돕는 프로젝트 • 나의 기여가 인정받고 칭찬받을 수 있으며 열심히 일함으로써 나의 연민과 헌신을 표현할 수 있는 일 • 실제적이며 서비스를 지향하는 전통적이고 안정적이며 질서적이며 구조화된 환경 • 장기간 동안 방해를 많이 받지 않고 충분히 집중할 수 있는 사적인 작업 공간

타인이 본 ISFJ	• 와~ 효자 효녀! • 와! 모범생 2호! • 어쩜~ 도덕성 짱! • 넌 너무 눈치만 봐!!! • 혹평 : 주변 눈치 좀 그만보고 제발 앞을 내다봐!!! • 호평 : 네가 항상 힘든 내색 없이 챙겨줘서 얼마나 고마운지 몰라.
취약점을 위한 제안 사항	• 각 상황을 합리적으로 분석해서 올바르게 판단하라. • 변화에 개방적이고 새로운 것을 시도하고 경험하려는 의지를 보여라. • 새 취미를 만들거나 일상적인 활동과 동떨어진 것을 시작하라. 예) 테니스, 조깅, 사회 활동 등. • 적어도 일 년에 한 번쯤은 일상에서 탈피하라. • 충동이 당신의 일반 상식에서 어긋나지 않을 때는 좀 더 자주 충동에 따라라. • 가족 이외의 다른 사람들과 이전과는 달리 좀 더 말을 많이 하라. • 문제해결을 창의적으로 하고 실패나 창피를 감수하라. • 도전적이고 모험적이 되라. 위험을 감수하라. 새로운 것을 시도하라. • 사전에 계획 없이 하루나 오후를 쉬어라.

③ INFJ

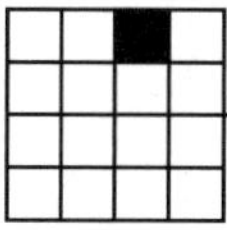

감정을 보조기능으로 한 내향적 직관형

An Inspiration to Others(예언자형)

INFJ형의 사람들은 아이디어 분야에서 뛰어난 혁신가들이다. 누구와 관계를 맺거나 사물의 의미를 파악할 때에도 권위나 사회적 통념에는 구애받지 않고 자기 직관적 통찰에만 의존한다. 문제 상황에 놓이면 오히려 자극을 받고, 불가능해 보이는 일도 시간이 좀 걸리지만 해결해낸다.

그들은 직관을 통해 얻게 되는 영감을 중시하기 때문에 독립적이고 개인주의적인 면을 보인다. 자기 영감을 타당하고 중요하다고 생각하기 때문에 다른 사람들이 이를 받아들이지 못할 때에는 이를 잘 이해하지 못한다. INFJ는 조화와 친화를 중시하기 때문에 속으로는 독립심이 강해도 이를 잘 드러나지 않는 경우가 많다. 따라서 어떤 목적을 설정해도 상대방이 이를 인정하고 협력하도록 설득해 나간다. 건전한 영감을 실천에 옮길 때 자기 정열과 신념으로 다른 사람들에게 영향력을 불러일으킬 수 있기 때문에 훌륭한 지도자가 될 수 있다. 그들의 지도력은 (어떤 강요보다는) 자기 아이디어의 수용을 통해 발휘된다.

INFJ들은 직관과 감정을 다 만족시킬 수 있는 분야에서 가장 큰 만족을 얻을 수 있다. 그들이 가장 관심을 쏟는 것은 사람들이 가지고 있는 가능성이다. 따라서 고등교육, 예술, 또는 목회든 사람을 가르치는 일에 특히 매력을 느낀다. 직관을 선호하기 때문에 주어진 문제에 대해

보다 깊은 의미를 통찰할 수 있고 학생 개개인의 가능성을 개발하는데 큰 보람을 느낀다.

INFJ가 기술 분야에 관심을 가지고 있다면 과학, 연구 또는 개발에 능력을 발휘할 수 있다. 직관은 문제에 새로운 접근방법을 찾게 하고 감정은 정열을 불러일으킨다. 감정을 통해 촉진되는 직관기능이 일상적인 직업 때문에 사라지지 않는다면 어떤 분야에서든 무한한 가치를 띠게 될 것이다.

INFJ들은 자기 영감에만 정력을 쏟기 때문에 문제들이 야기될 수도 있다. 목표달성만 추구하기 때문에 목표달성과 갈등을 빚을 수 있는 다른 문제들은 보지 못한다. 또한 감정을 개발할 필요가 있다. 왜냐하면 감정은 필요한 판단을 가능케 하기 때문이다. 만일 판단이 발달되지 않으면 내적 비전을 평가할 수 없고 또 다른 사람들의 피드백에도 귀를 기울이지 못할 것이다. 그리고 떠오른 영감도 현실에서 구체화시키지 못하게 된다.

※ INFJ 성격 요약

특징	사람과 관련된 것에 통찰력이 뛰어난 사람들
인생 슬로건	나는 나를 찾기 위해 나를 버렸습니다. 나는 누구입니까?
특성	• 아이디어, 관계, 물질 안에서 의미와 연관성을 찾는다. • 사람들의 동기를 이해하기 원하고, 다른 사람들에 대해 통찰력을 지니고 있다. • 자신들의 확고한 가치를 양심적으로 수행한다. • 공동의 선을 추구하기 위한 명확한 비전을 개발한다. • 자신의 비전을 수행하기 위해 사람들을 조직화하고 동기화시킨다.
강점	• 문제에 대한 대안적이며 창조적인 접근을 잘한다. • 복잡한 개념을 이해할 수 있다. • 다른 사람들 간의 조화를 촉진시킨다. • 그들이 믿는 것에 헌신하며 설득적인 지도자이다.
약점	• 융통성이 없고 외골수일 수 있다. • 아이디어의 생존가능성에 대해 비실제적일 수 있다. • 다른 사람을 이해하는데 너무 복잡한 방법으로 의사 전달할 수 있다.
선호 학습법	• 논리적이고 구조화된 환경 중시 • 말하기가 포함된 학습방법 선호 • 사실적 정보나 기술보다 맥락, 원리, 개념의 구조화 등 넓은 의미 포착 • 새로운 아이디어, 문장 이면의 의미, 연관성을 찾아내는 것 선호 • 다양한 호기심, 스스로 문제해결 선호 • 학습목표와 계획에 따라 진행, 성취 선호
선호 직업 환경	• 일정에 따라 효율적으로 진행하고 목표에 도달하기 위해 조직의 운영체계를 이끌고 통제하고 조직하고 완성하는 일 • 장기 전략계획, 창조적인 문제해결, 다양한 문제에 대한 혁신적이며 논리적인 접근방법을 만드는데 참여 • 다른 사람이 분명하고 뚜렷한 지침서를 가지고 일할 수 있는 잘 조직화된 환경 • 나의 지적 호기심을 도전하고 자극하고 때때로 복잡하고 어려운 문제를 다루는 일

타인이 본 INFJ	• 영성의 종결자! • 이상적인 신념가! • 어쩜 그리도 내 마음을…. • 넌 너무 애늙은이! • 혹평 : 무슨 잔소리? 한번뿐인 인생은 신나게 살아야지! • 호평 : 당신의 깊은 성찰은 내 삶을 되돌아보게 하네.
취약점을 위한 제안 사항	• 자신의 감정을 발달시켜라. 온정을 보이고 다른 사람에게 감정을 표현하라. • 다른 사람의 업적과 가치에 지속적으로 감사를 나타내라. 매일 어떤 방식으로든지 다른 사람에게 친절을 베풀어라. • 일과 중에 만나게 되는 모든 이들의 감정을 고려하라. • 개방적이고 융통성을 보이며 순응적으로 되라. • 다른 사람의 실수와 한계 그리고 실패를 참아주어라. • 미리 계획하지 말고 그저 하루를 쉬면서 죄가 되지 않는 이상 충동이 이끄는 대로 행하라. • 다른 사람의 관점을 들어라.

④ INTJ

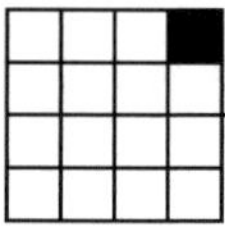

사고를 보조기능으로 한 내향적 직관형

Everything Has Room for Improvement(**과학자형**)

INTJ는 생각이나 행동에 있어서 냉혹한 혁신가들이다. 누구와 관계를 맺거나 사물의 의미를 파악할 때에도 권위나 사회적 통념에는 구애받지 않고 자기 직관적 통찰에만 의존한다. 그들의 내적 신념은 산이라도 옮길 만큼 강하다. 문제상황에 놓이면 오히려 자극을 받으며, 불가능해 보이는 일이라도 시간이 조금 걸릴 뿐이지 그리 오래 걸리지 않는다. INTJ는 모든 성격유형 중에서 가장 독립적이며, 때로는 완고해 보이기까지 한다. 그들은 자기 자신에게서나 타인에게서도 능력을 가장 중시한다.

INTJ들은 자기 영감을 확신하기 때문에 자신의 영감들이 구체적으로 실현되고 또 세상에서도 수용되기를 원한다. 또 이를 위해서는 시간과 정력을 아끼지 않는다. 그들은 결심이 굳고 인내심이 강하며 자신을 몰아붙이듯 다른 사람들도 몰아붙이려는 경향을 가지고 있다. 물론 직관을 선호하지만 필요하다면 자기 비전을 실현하기 위해 세부적인 측면에도 관심을 보인다.

INTJ들은 과학, 엔지니어링, 창안, 정치 또는 철학 등의 분야에서 자기 직관적인 통찰을 발휘하는 경우가 많다. 그들의 대담한 직관력은 어떤 분야에서든 높은 평가를 받을 수 있기 때문에 일상적인 직업에 묶여 이러한 직관력을 사장시켜서는 안 된다.

INTJ들은 한번 목표를 세우면 목표에만 정력을 쏟기 때문에 문제들이 야기될 수도 있다. 목표 달성만 생각하기 때문에 목표와 달성과 갈등을 빚을 수 있는 다른 문제들은 보지 못한다. 따라서 다른 사람들의 관점에도 적극적으로 귀를 기울일 필요가 있다.

INTJ들은 자기 감정의 가치를 무시하기 쉽기 때문에 다른 사람들이 느끼고 있는 가치나 감정도 소홀하게 처리해버리기 쉽다. 이렇게 되면 다른 사람들로부터 세찬 반발에 부딪칠 수도 있다. INTJ들은 자기 자신의 감정이 가진 가치도 고려해야 한다. 그렇게 하지 않으면 압박감이 쌓여 부적절한 방법으로 표출되기 쉽다. 따라서 자기 감정을 건설적으로 사용할 수 있어야 하는데, 그 한 예가 상대방을 존중하려는 자세이다. INTJ에게는 분석 능력이 뛰어나기 때문에 상대방을 존중하기가 쉬운 일이 아니다. 그러나 이러한 면을 개발하면 인간관계에서뿐만 아니라 직장생활에서도 큰 도움이 될 것이다.

INTJ가 보다 효율적인 삶을 살기 위해서는 올바른 판단을 내리기 위한 사고기능을 발달시켜야 할 것이다. 판단기능이 발달되지 않으면 자기 내적인 비전을 제대로 평가하지 못하고 또 다른 사람들의 견해도 듣지 못할 것이다. 그렇다면 자기 영감을 현실적으로 구체화시키지 못하게 될 것이다.

※ INTJ 성격 요약

특징	전체적으로 조합하여 비전을 제시하는 사람들
인생 슬로건	나는 생각한다. 고로 존재한다.
특성	• 독창적이고 창의적인 마인드를 지니고 있다. • 자신의 아이디어를 실현하고, 목적을 성취하고자 하는 욕구를 지니고 있다. • 사건의 패턴을 빨리 파악하여, 광범위한 설명과 앞으로의 전망을 제시한다. • 일을 조직화하고, 포괄적으로 수행한다. • 회의적이고 독립적이며, 자신과 타인들에 대한 능력과 수행에 높은 기준을 지니고 있다.
강점	• 문제에 대한 대안적이며 창조적인 접근을 생각해내는 것을 잘한다. • 복잡한 개념을 이해할 수 있다. • 다른 사람들 간의 조화를 촉진시킨다. • 그들이 믿는 것에 헌신하며 설득적인 지도자이다..
약점	• 융통성이 없고 외곬일 수 있다. • 아이디어의 생존가능성에 대해 비실제적일 수 있다. • 다른 사람을 이해하는데 너무 복잡한 방법으로 의사 전달할 수 있다.
선호 학습법	• 새로운 생각이나 가능성을 추구하여 조용히 몰입하는 학습 선호 • 열광적 독서가 가장 중요한 학습법 • 학습에 대한 높은 기준, 스스로 열심 강요, 목표지향 • 관찰보다 통찰, 사실적 기억보다 언어적 기술에 의지, 숨은 뜻, 일반적 의미 포착 • 인간지향적 가치 기초 문제 해결, 학생존중교사 • 이상주의, 이상 표현하는 글쓰기
선호 직업 환경	• 다른 사람들의 성장과 개발을 돕는 다양한 일 • 사람들의 선함을 위하여 나의 아이디어를 수행 할 수 있는 일 • 나의 생각들이 신중하게 고려되고 나의 노력에 대해 정신적으로 지지받는, 긴장없고 우호적인 환경 • 우호적이며 대인간의 갈등이 없는 환경속에서 다른 사람들과 빈번하게 나눌 기회를 갖지만 독립적으로 하는 일 • 자신의 시간과 작업환경을 조직하고 절차와 결과를 의미있게 통제할 수 있는 일

타인이 본 INTJ	• 통찰의 대가! • 내적 신념 쩔어. • 논리 논리 따다다다! • 넌 너무 재미없어!!! • 혹평 : 융통성 없는 아저씨!!! 친구 없지??? • 호평 : 어떤 상황에도 굳게 신념을 지키는 아저씨가 존경스러워요.
취약점을 위한 제안 사항	• 다른 사람과 일에 대한 광범위한 흥미를 형성시켜라. • 연관 있는 사실과 한계를 소홀히 하지 않도록 노력하라. 목적에 어긋나는 사실을 인식하고 신중히 처리방안을 숙고하라. • 자신의 아이디어의 결점에 주의하라. • 세부상황에 대한 안목을 갖고 사실을 직시하며 그것을 기억하려고 하라. • 상황에 대해 합리적이고 현실적으로 분석해 보라. • 완벽주의자가 되는 것을 피하라. 불완전하고 덜 이상적인 것과 어울려 살아라.

⑤ ISTP

감각을 보조기능으로 한 내향적 사고형

Ready to Try Anything Once(**백과사전형**)

ISTP는 사고를 통해, 감각을 통해 들어오는 감각적 정보의 이면에 깔려 있는 원리나 원칙을 찾으려고 한다. 그 결과 논리적이고 분석적이며, 객관적 입장에서 비판적 태도를 잘 취한다. 그리고 확고한 사실에 바탕을 둔 객관적 추론을 하지 않고는 무엇이든 잘 믿으려 하지 않는다.

사실이나 자료를 조직화시켜 나가기를 좋아하지만, 자기 일과 관계되지 않는 이상 어떤 상황이나 사람들의 일에 잘 뛰어들지 않는다. 열정적이지만 표 나지 않게 호기심을 드러낸다. 대인관계에 있어서도 친한 사이가 아니면 수줍음을 타는 편이다. 때로는 자기가 관심을 두고 있는 것에 몰두하기 때문에 주변 상황이 어떻게 돌아가는지 잊거나 무시할 때도 있다.

ISTP들은 다소 조용하고 과묵하지만, 자기가 가진 지식을 활용할 수 있는 분야라면 말하기를 좋아한다. 일상생활에 있어서도 자기 기본적인 원칙이 침해되지 않는 한 적응을 잘 해나간다. 그러나 원칙에 위배될 때에는 적응하지 못한다. 손재주가 있고, 스포츠와 야외활동을 즐기고, 자기 감각에 풍부한 정보를 주는 일이라면 무엇이든 좋아한다.

ISTP들이 자기 주변 세계에 대한 관찰 능력이 발달되어 있어 어떤 상황에서든 현실 인식능력이 뛰어나고, 특정 상황에서 중요하고 독특한 측면을 간파하는 능력이 특출하다. 그들은 일이 어떻게 왜 진행되는지에 관심이 많다. 따라서 응용과학과 기계 또는 엔지니어링 분야에 능력이 많다. 기계나 기술 분야에 관심이 없는 ISTP형이라면 조직화되지 않은 사실들을 조직화시키는데 능력을 보이게 될 것이다. 따라서 법률, 경제, 마케팅, 판매, 증권, 통계 등의 분야에서 능력을 발휘할 수 있을 것이다.

ISTP들은 사고의 논리적인 접근방법에 지나치게 의존하기 때문에 자신이 중히 여기고 또 상대방이 중히 여기는 측면을 간과하기 쉽다. ISTP들이 사고에만 항상 의존하고 감정의 가치나 중요성을 깨닫지 못하면 압박감이 쌓이고 부적절한 방법으로 표현되기 쉽다. ISTP는 잘못된 점을 분석하는 데는 능하지만, 상대방을 인정하고 상대방에게 고마움을 표시하는 데에는 둔하다. 그러나 상대방을 인정하려고 노력하면 개인적인 관계뿐만 아니라 일에서도 큰 도움을 얻게 될 것이다.

ISTP들은 결정을 미루거나 일을 마무리 짓지 못할 때가 많다. 그들의 가장 두드러진 특징은 노력을 절약한다는 점이다. 이러한 특징은 어느 정도의 노력이 필요한지 정확하게 판단할 수 있다면 장점이 될 수도 있다. 왜냐하면 그때 상황에서 요구되는 일을 법석대지 않고 처리해낼 수 있기 때문이다. 그러나 적절한 판단을 하지 못하거나 정확하게 판단하려고 노력하지 않으면 중요한 일을 해내지 못할 수도 있다.

※ ISTP 성격 요약

특징	논리적이고 뛰어난 상황 적응력을 가지고 있는 사람들
인생 슬로건	깊은 강물은 소리 없이 흐른다.
특성	• 상황에 대해 관조적이고 유연하다. • 문제가 발생할 때까지 조용히 관찰하지만, 일단 발생하면 실행 가능한 해결책을 찾기 위해 빠르게 움직인다. • 문제의 현실적인 원인을 분석하고, 핵심을 구체적으로 파악하기 위해서 많은 양의 정보를 처리한다. • 원인과 결과에 관심이 많고, 사실을 논리적으로 구조화하고자 하며, 효율성에 가치를 둔다.
강점	• 현실적이고 눈에 보이는 일을 잘한다. • 대체로 손과 도구를 사용하여 숙달하는 것을 즐긴다. • 유용한 자원을 분명히 하고 잘 사용한다.
약점	• 말로 하는 의사소통에 대한 관심이나 능력이 부족할 수 있다. • 추상적이고 복잡한 이론을 참고 듣는 것이 종종 어렵다. • 쉽게 지루해 하고 불안해 할 수 있다.
선호 학습법	• 현재 실생활과 관계되는 과제, 정확한 사실과 논리적 체계 선호 • 단계적 사실중심의 암기 학습 선호 • 자신들의 구체적 경험을 반추 • 감각, 실제 연습에 의한 학습 효과적 • 호기심에 따라 개방적 자발적 학습스타일 • 귀납적, 느슨한 체계, 놀이같이 학습
선호 직업 환경	• 나에게 가능한 자원들을 이용하여 가장 효율적인 방법으로 하는 일 • 실습하고, 숙련하고 기계적인 기술이나 도구를 사용하는 일 • 분쟁을 조정하고 문제를 해결하는 일 • 분명한 방향을 갖고 있는 일 • 다른 사람에 의해 강요된 기준이나 과도한 규칙이 없는 환경 • 나의 관심과 취미를 추구할 시간이 충분한 일

타인이 본 ISTP	• 도구의 달인! • 진정한 강철심장! • 관조적인 명탐정! • 넌 너무 무관심해!!! • 혹평 : 넌 가능성이 보여~ 내가 도와줄게~ 도와줄게 • 호평 : 무슨 일이라도 침착하게 대처하는 네가 옆에 있어서 참 든든해
취약점을 위한 제안 사항	• 온정과 동정심을 발휘하라. 친절하고 수완을 발휘하라. 성격의 감정 부분을 발전시키고 타인 앞에서 감정을 열어 보이는 표현법을 익혀라. • 몇몇 사람과 절친한 우정을 형성시키고 매주 우선적으로 그들과 함께 시간을 보내라. • 타인에 대한 책임을 느껴라. • 육감, 영감, 통찰력, 가능성에 마음을 열라. 이들에 이끌려서 찾아라. 드러난 사실에 근거하여 잠재력을 지닌 측면들을 구하라. • 직장이나 어느 곳에서든지 불필요하더라도 그리고 다른 사람을 요청하더라도 규칙과 법에 따라 행동하라. • 가정에서나 직장에서나 공동체 안에서 조화를 이루면서 일하라. • 행사, 행동, 일을 미리 준비할 시간을 가지고 끝까지 실천하라.

⑥ ISFP

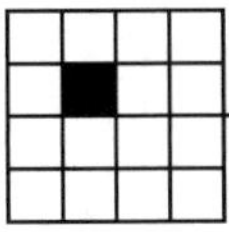

감각을 보조기능으로 한 내향적 감정형

Sees Much but Shares Little(**성인군자형**)

ISFP는 어떤 동정심 많은 사람보다 더욱 친절한 사람이며 이러한 친절은 무조건적이다. 마음을 써도 깊게 쓰지만 자기 감정을 말보다는 행동으로 나타낸다. 자기가 좋아하는 일이나 사람과 관련되어 있을 경우에는 주어진 임무나 의무에 충실을 다한다.

그들은 만사를 자기 내적인 이상과 개인적인 가치에 따라 판단하며, 오로지 자기 주관에 따라 삶을 산다. 철저한 확신을 가지고 자기의 가치를 고수해 나가지만, 자기가 중시하는 사람으로부터는 영향을 받기도 한다. ISFP는 내적인 충실과 이상에 따라 자기 생활을 통제해 나가지만 이를 잘 드러내려 하지 않는다. 마음속의 깊은 감정을 여간해서 드러내지 않으며, 마음은 따뜻하지만 겉으로는 조용하고 과묵하다.

일상생활에 있어서도 관대하고 개방적이고 융통성 있고 순응적이다. 그러나 자기 내적 기준이 위협을 받을 때에는 조금도 양보하지 않는다. 그들은 현재의 순간들을 즐기기 때문에 일을 빨리 처리하기 위해 안달하는 법이 없다. 그들에게는 다른 사람들에게 영향을 미치거나 지배하려는 생각은 전혀 없다. 그들은 자기들의 가치와 또 추구하려는 목표를 이해해 주려는 사람들을 가장 높이 평가한다.

그들이 가장 관심을 기울이는 것은 내적인 것이든 외적인 것이든 감각을 통해 얻게 되는 구체적 현실이다. 그들은 감식력이나 식별력 그리고 미적 감각과 균형 감각이 요구되는 분야를 좋아한다. ISFP 중에는 자연과 동물을 사랑하는 사람들이 많다. 솜씨가 뛰어나, 그들이 말로 표현할 때보다 손으로 만든 것이 더 큰 감동을 주기도 한다.

ISFP는 자기가 옳다고 확신하는 일을 할 때에는 갑절로 더 잘 한다. 왜냐하면 감정이 자기 노력에 활력을 배가시켜 주기 때문이다. 그들은 현재에 필요한 일들을 볼 줄 알고 이를 이루려고 한다. 그들은 자기들이 중요하다고 생각하는 문제 -인간이해, 행복, 건강-에 기여하기를 원한다. 봉급이 아무리 많더라도 그 이상의 목적을 찾으려고 한다. 자기들이 관심을 갖는 일에 있어서는 완벽주의자가 되려고 한다. 따라서 헌신과 고도의 적응력이 요구되는 일에 적합하다.

일부 ISFP들이 겪는 어려움은 내적 이상과 성취 사이의 차이에서 발생하는 자신에 대한 부적합감이다. 다른 사람들이 해낸 일과 차이가 없을 때에도 이러한 감정을 느끼기도 한다. 자기 자신을 과소평가하고 비하하려는 경향이 있기 때문에 잘 한 일도 당연하게 생각한다. ISFP는 모든 성격유형 중에 가장 겸손한 유형이다.

ISFP는 자기 이상을 표현할 수 있는 구체적인 방법을 배워야 한다. 그렇지 않으면 불가능한 꿈만 꾸고 아무 것도 이루어내지 못할 것이다. 자기 이상을 펼 수 있는 행동을 취하지 못하면 마음의 상처를 입어 자기 삶과 자기 자신에 대한 신뢰가 줄어들 것이다. 사실 그들은 베풀 것을 많이 가지고 있다. 다만 자신들을 필요로 하는 곳을 찾기만 하면 될 것이다.

※ ISFP 성격 요약

특징	따뜻한 감성을 가지고 있는 겸손한 사람들
인생 슬로건	많이 아프냐? 나도 아프다.
특성	• 조용하고, 다정하며, 정서에 민감하고, 친절하다. • 현재의 순간을 즐기며, 주변에서 일어나는 일들을 즐긴다. • 자신만의 공간과 시간 안에서 일하는 것을 좋아한다. • 자신의 가치를 중요시 여기며, 의미 있는 사람들에게 충실하며, 헌신적이다. • 논쟁과 갈등을 싫어하며, 자신의 의견이나 가치를 다른 사람들에게 강요하지 않는다.
강점	• 실제적으로 참여하는 것을 선호한다. 특히 전문가로서 돕는 것을 좋아한다. • 변화를 환영하며 새로운 환경에 잘 적응한다. • 그들이 자신의 일이 중요하다고 믿을 때 열심히 일한다. • 조직의 충성스러운 성원이며 감독자의 명령을 잘 받아들인다.
약점	• 담겨진 의미나 동기를 찾지 않고 다른 사람의 행동을 받아들일 수 있다. • 그들은 현재에 존재하지 않는 한 기회를 놓칠 수 있다. • 비판과 부정적인 피드백을 개인적으로 받아들이는 경향이 있다. • 먼저 준비하는 것을 좋아하지 않으며 시간을 조직화하는데 어려움을 갖는다.
선호 학습법	• 영상자료, 시청각 기구, 실험실, 실제 사례 등 감각을 통해 직접경험으로 배움 • 교사의 피드백에 크게 영향 받음 • 계획되고 짜여진 일정보다 개인적 흥미에 몰입, 개방적, 자발적으로 탐구 선호 • 지금, 여기의 세부사항 관찰 • 학습이 실제적으로 유용할 때 최선

선호 직업 환경	• 다른 사람들과 일하는 것이 지지적이며 긍정적인 분위기라면 거기서 나는 충성스럽고 협조적인 팀의 성원이 된다. • 세부사항에 대한 주의를 요구하는 일 • 독립적이지만 사이좋고 예의바른 다른 사람들 가까이에서 일할 수 있는 환경과도한 규율, 체계, 또 융통성 없이 조직된 절차에 의해 제한받지 않는 일 • 대인간의 갈등이 적고 칭찬을 많이 받을 수 있는 협조적인 환경 • 내적 성장과 발달을 경험할 수 있는 기회가 있는 일
타인이 본 ISFP	• 배려의 종결자! • 충동적인 예술가! • 현실적이고 섬세해! • 넌 너무 묻어가!!! • 혹평 : 그대는 힘도 없는 허수아비 군주 아닌가! • 호평 : 자네의 존재 자체만으로도 내 마음의 고향이야.
취약점을 위한 제안 사항	• 어떤 계획을 조직하고 수행하라. 목표와 목적을 미리 세워라. 시간표를 작성하라. 시간계획을 발달시켜라. 그 후에 계획을 완수하도록 노력하라. • 마감일을 지켜야 되는 압박감 속에서 일할 수 있는 임무를 가져라. • 분석과 원인규명에서 합리적이 되어라. • 견해를 달리하는 사람을 설득시키도록 노력하라. 다른 견해를 가져라. 자신의 신념에 개방적이고도 침묵으로 일관하라. • 공부할 주제를 선택하고 충분히 알 때까지 계속하라. • 은행에 예금계좌를 계설하라. • 대중과 개인 앞에서 자신의 공적에 대해 말하라.

⑦ INFP

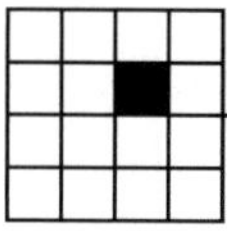

직관을 보조기능으로 한 내향적 감정형

Performing Noble Service to Aid Society(잔다르크형)

INFP는 고요하고 세상의 즐거운 면을 제공하고 과묵하게도 보이고 부끄러움을 타는 듯도 보인다. 따뜻한 마음의 소유자지만 친해지기 전까지는 이를 잘 드러내지 않는다. 자기가 좋아하는 아이디어나 사람과 관련되어 있을 경우에는 주어진 임무나 의무에 충실을 다한다. 그들은 만사를 자기 내적인 이상과 개인적인 가치에 따라 판단하며 오로지 자기 주관에 따라 삶을 산다.

철저한 확신을 가지고 자기의 이상을 고수해 나간다. 내적인 충실과 이상에 따라 자기 생활을 통제해 나가지만 이를 잘 드러내려 하지 않는다. 마음속의 깊은 감정을 여간해서 드러내지 않으며, 마음은 따뜻하지만 겉으로는 조용하고 과묵하다.

일상생활에 있어서도 관대하고 개방적이고 융통성 있고 순응적이다. 그러나 자기 내적 기준이 위협을 받을 때에는 조금도 양보하지 않는다. INFP는 자기 일과 관계되지 않는 이상 다른 사람들에게 영향을 미치거나 지배하려는 생각을 전혀 가지지 않는다. 그들은 자기들의 가치와 또 추구하려는 목표를 이해해 주려는 사람들을 가장 높이 평가한다.

INFP가 주로 관심을 가지는 것은 현재 눈에 보이는 것, 분명한 것, 알려진 것보다 그 이면의 가능성이다. 그들은 자기가 옳다고 확신하는 일을 할 때에는 갑절로 더 잘 한다. 왜냐하면 감정이 자기 노력에 활력을 배가시켜 주기 때문이다. 그들은 자기들이 관계되는 문제 -인간이해, 행복, 건강-에 기여하기를 원한다. 봉급이 아무리 많더라도 그 이상의 목적을 찾으려고 한다. 자기들이 관심을 갖는 일에 있어서는 완벽주의자가 되려고 한다.

INFP들은 새로운 아이디어에 호기심이 많고 통찰력과 장기적인 비전을 가지고 있다. 책과 언어에 관심이 많고, 표현능력이 뛰어나 훌륭한 작가가 될 수 있다. 자기가 좋아하는 주제에 대해서는 재능을 발휘하고 설득력이 있다. 이러한 자질은 쉽게 드러나지 않으나 뿌리가 깊다. 그들은 상담, 교직, 문학, 예술, 과학 또는 심리학에 매력을 많이 느낀다.

일부 INFP들이 겪을 수 있는 어려움은 자기 이상과 성취 간의 차이에서 오는 자기 자신에 대한 부적합감이다. 객관적으로 보아 다른 사람들과 차이가 없을 때에도 이러한 감정을 느낄 수 있다. INFP는 직관을 사용하여 자기 이상을 펼칠 수 있는 방법을 찾아야 한다. 그렇지 않으면 불가능한 꿈만 꾸고 아무 것도 성취하지 못하게 될 것이다. 자기 이상을 펼칠 수 있는 방법을 찾지 못한 INFP들은 상처를 받기 쉽고 따라서 자기 삶과 자기 자신에 대한 신뢰를 잃기 쉽다.

※ INFP 성격 요약

특징	이상적인 세상을 만들어 가는 사람들
인생 슬로건	네가 옆에 있어도 나는 네가 그립다.
특성	• 이상주의자이며, 자신에게 의미 있는 가치나 사람들에게 충성한다. • 자신의 가치와 조화를 이룰 수 있는 외부 세계를 원한다. • 호기심이 많고, 어떠한 일의 가능성을 보는 경향이 있으며, 아이디어를 수행하기 위한 촉매 역할을 한다. • 사람들의 본질을 이해하려 하고, 이들의 가능성을 성취할 수 있도록 돕는다. • 자신들의 가치가 위협받지 않는 한 잘 적응하고, 융통성과 수용력이 높은 편이다.
강점	• 그들을 지지하는 방향으로 일하는 것을 선호한다. • 그들이 존경하는 다른 사람들과 의미있고 지지적인 상호작용을 빈번히 하기도 하며 혼자서도 일을 잘한다. • 의무나 규칙에 충성스럽다. • 믿고 있는 일을 할 때 영감을 얻는다.
약점	• 프로젝트를 계획할 때 비현실적일 수 있다. • 그들의 프로젝트를 조절하기를 원하며 통제를 상실하면 흥미를 잃을 수 있다. • 일이 그들이 믿는 목적을 향하여 방향지어지지 않는다면 실망할 수 있다. • 그들의 아이디어를 변화하는 것이 필요할 때 융통적이지 않을 수 있다.
선호 학습법	• 은유적 언어, 마인드맵핑 선호 • 상상력, 호기심에 의해 나름의 독특한 방법으로 탐구, 자신의 이상표현 글쓰기 • 환경에 민감하고 안전, 지지받을 때 효과적 학습 • 전체 밑그림, 주요 개념 찾기, 문맥의 폭넓은 의미 관심 • 흥미에 따른 자발적 개방적 학습스타일

선호 직업 환경	• 나 자신의 개인적인 가치와 신념이 조화를 이룰 수 있으며 나의 일을 통하여 비전을 표현할 수 있는 일 • 영감을 느낄 때 프로젝트에 임하도록 내버려두며, 규칙과 규율이 적은 융통성있는 환경 • 긴장과 대인간의 충돌로부터 자유로운 협동적인 분위기 속에서 창조적이고 남을 배려할 수 있는 사람들과 함께 일할 수 있는 환경 • 나의 독창성을 표현하고 개인적인 성장이 격려받고 보상받는 일 • 다른 사람들이 그들의 잠재력을 깨닫고 성장하고 개발하도록 돕는 일
타인이 본 INFP	• 너무 관대하세요! • 내면이 섬세 섬세! • 엉뚱한 게 매력! • 넌 너무 민감해!!! • 혹평 : 실행은 안하니??? 뭐가 이렇게 복잡해!? • 호평 : 당신이 아니었으면, 난 인생의 의미도 모르고 앞만 보고 달리다 쓰러졌을거야.
취약점을 위한 제안 사항	• 합리적인 사고로 분석하여 모든 이에게 공통되는 점을 융합하도록 한다. • 습관화되어 있는 것보다 기본적인 운영과정을 사용하라. • 어떤 일을 계획하고 구성하여 개인적으로 완성에 이르기까지 실행하라. • 더 이상 관심이 없어질 때까지 그 일에 지속적으로 따라 하라. • 실질적이고 현실적이며 사실에 근거한 분석가의 눈을 가져라. 외부의 현실과 계속 접촉하라. • 중요하지 않고 불필요해 보일지라도 다른 사람의 개입을 받아들여라. • 감정을 표현하고 심연의 정서라도 표출하라. • 미래의 가능성만이 아니라 과거에도 흥미를 가져라.

⑧ INTP

직관을 보조기능으로 한 내향적 사고형

A Love of Problem-solving(**아이디어뱅크형**)

INTP는 사고를 통해 머리에 떠오르는 어떤 아이디어이든지 그 이면에 깔려 있는 원리나 원칙을 찾으려고 한다. 그들은 이러한 원칙을 발달시키고 결과를 예측하기 위해 사고를 사용한다. 그 결과 논리적이고 분석적이며 객관적 입장에서 비판적인 태도를 잘 취한다. 그들은 아이디어를 창출하는 사람보다 아이디어 그 자체에 초점을 맞추려 한다.

INTP들은 자기 일과 관계되면 몰라도 그렇지 않으면, 상황이나 사람들보다는 자기 아이디어나 지식을 조직화시키는데 더 관심이 많다. 아이디어에 대해서는 강렬한 호기심을 가지고 있다. 대인관계에 있어서 소수의 친한 사람들과만 사귀려고 하며, 토론을 좋아하는 사람들과 주로 어울린다. 그들은 어떤 생각에 몰두하여 주변의 상황이 어떻게 돌아가는지 잊거나 무시하는 경우가 많다.

INTP들은 대체로 조용하고 과묵한 편이지만 자기가 생각을 많이 해왔던 주제라면 스스럼없이 말을 잘 한다. 그들은 자기들이 고수하는 원칙에 위배되지 않는 한 적응을 잘 해 나가지만 원칙에 위배되면 적응을 하지 못한다. 주로 관심을 두는 곳은 현재 눈에 보이는 것, 분명한 것, 또는 알려진 것이 아니라 그 이면의 가능성이다. 그들은 이해하는 능력이 빠르며, 직관 기능으로 인해 통찰력, 독창력, 지적 호기심이 많다.

INTP들은 어디에 관심을 두느냐에 따라 순수과학, 조사 연구, 수학 또는 엔지니어링 분야에서 능력을 나타낸다. 또 경제학, 철학, 심리학 등의 분야에서 학자 교사 이론가로 나아가는 사람도 많다. INTP는 이미 해결된 문제를 실제 응용하는 분야보다는 해결책을 찾고 모색하는 분야에 더 관심이 많다.

INTP가 자기 지각을 발달시키지 않으면 세상에 대한 지식과 경험이 결여되기 쉽다. 그러면 사고는 허공에서 맴돌고 아이디어를 실현시킬 수 없을 것이다. 외부 세계와의 접촉이 결여되면 자기 자신을 이해시키는데 어려움이 따를 수 있다. 정확한 진리를 표현하고 싶어도 복잡하게 얽힌 경우가 많기 때문에 사람들이 따르지 않는다. 자기 주장을 단순화시키는 능력을 발달시키면 사람들의 이해와 수용이 증대될 것이다.

INTP는 지나치게 논리적 사고에만 의존하기 때문에 상대방이 중히 여기는 측면 또 자신이 중히 여기는 측면을 간과하기 쉽다. 중히 여기는 것 그 자체가 비논리적인 일이라 생각하기 때문에 중요한 것도 대수롭지 않은 것으로 판단해 버리기 쉽다. INTP가 논리에만 치우쳐 감정의 가치를 계속 무시한다면 압박감이 쌓여 부적절한 방법으로 표출되기 쉽다.

잘못된 아이디어를 분석하는 데에는 밝지만, 상대방을 인정하고 감사하는 면에는 둔감하다. 그러나 이를 개선하면 개인적 관계뿐만 아니라 일에서도 도움이 될 것이다.

※ INTP 성격 요약

특징	비평적인 관점을 가지고 있는 뛰어난 전략가들
인생 슬로건	배부른 돼지보다 배고픈 소크라테스가 되고 싶다.
특성	• 이론적이고, 추상적이며, 자신의 관심 영역에 논리적이고 이론적인 설명을 하고자 한다. • 타인과의 상호작용보다는 아이디어에 더 많은 관심을 가지고 있다. • 조용하고, 유연성 있고, 적응력이 있다. • 관심분야에 있어서 문제해결에 깊이 집중하는 모습을 보인다. • 회의적이며, 때로는 비판적이고, 항상 분석적이다.
강점	• 위대한 통찰력으로 문제를 분석할 수 있다. • 창조적인 아이디어나 체계의 건축가 • 새로운 기술이나 지식을 배우고 습득할 기회를 가질 상황을 즐긴다. • 장기적인 사고에 집중을 잘하며, 혼자서 일을 잘 할 수 있다.
약점	• 아이디어를 적용하는 것이 현실적이지 못할 수 있고, 너무 복잡하여 다른 사람들이 이해하기 어렵다. • 관심이 사라질 수 있으며 끝까지 전념하지 않을 수 있다. • 반복이나 세부사항에 대해 참을성이 적다. • 타인의 감정, 욕구에 무감각할 수 있다.
선호 학습법	• 다양한 아이디어 지속적으로 구성,재구성 • 전체적 개념 파악, 문장 이면의 뜻 간파 • 객관적 분석적 태도, 추상적 원리 선호 • 조직적으로 체계화된 과제를 자유롭게, 창의적 독립적으로 수행 선호 • 개방적, 자발적 학습 스타일
선호 직업 환경	• 새로운 아이디어를 개발하고 분석하고 비판하는 일 • 목표물보다는 창조적이고 이론적이며 논리적인 과정에 나의 주의와 에너지를 집중하는 일 • 복잡한 문제들을 다루고 도전하는 일 • 나의 사고과정을 집중하고 완벽히 할 조용하고 사적인 시간을 가지고 독립적으로 일하자. • 나의 일에 대한 나 자신의 높은 수준을 설정하고 유지하며 나의 수행이 어떻게 평가되고 보상받을 수 있는지 알 수 있는 일

타인이 본 INTP	• 논리의 종결자! • 4차원! • 지적 호기심 엄청난~! • 넌 너무 독설가!!! • 혹평 : 할아버지!!! 예능에 나오셨으면 협조 좀 해주셔야죠!!! • 호평 : 할아버지 덕분에 이번 런닝맨 대박 터졌어요!!!
취약점을 위한 제안 사항	• 다른 사람에게 온정과 동료애를 발산하도록 노력하라. • 일주일 내내 모든 이들과 사교적이도록 특별한 노력을 기울여라. • 자신의 마음속 감정을 표현하도록 배워라. • 다른 사람이 한 일에 날마다 감사를 표시하라. 선호, 칭찬, 칭송 • 자신이 동의하지 않거나 싫어하는 사람에게 애교스럽고 친절하게 애정어린 행동을 하라. • 다른 사람의 필요를 들어주고, 날마다 다른 사람을 위해 뭔가 좋은 일을 하라. • 충돌이 있는 상황에서 조화를 이루도록 노력하라. • 현실적, 실질적, 사실에 근거하도록 하라. 다른 사람이 하지 못하거나 분명히 나타나는 사실을 간단명료한 말이나 문장으로 표현하라.

⑨ ESTP

사고를 보조기능으로 한 외향적 감각형

Ultimate Realist(**수완 좋은 활동가형**)

ESTP형은 친절하고 적응력이 높은 현실주의자이다. 그들은 직접 보고 듣고 알 수 있는 것을 중시한다. 자기 주변의 사실들은 어떤 것이든 잘 수용하고 잘 사용한다. 어떻게 해야 한다는 자기 기준만 내세우지 않고, 만족스러운 해결방안을 모색할 줄 안다. 모든 사실들을 있는 그대로 파악하면 만족스러운 해결책이 저절로 나온다고 확신한다.

그들은 문제도 적응해 나가면서 풀려고 하며, 다른 사람들도 적응시켜 나갈 수 있다. 사람들은 대체적으로 ESTP형이 제시하는 타협안을 잘 받아들일 만큼 그들을 좋아한다. 편견이 없고 개방적이며, 자신들뿐 아니라 어떤 사람에게든지 관대하게 대한다. 상황을 있는 그대로 받아들이기 때문에 긴장된 상황을 풀고 파벌끼리의 싸움을 해결하여 화합케 하는 힘이 있다.

사물, 풍경, 활동, 음식, 사람들에 대해 호기심이 많으며, 자기 감각에 새로운 것이면 어떤 것이든지 호기심을 나타낸다. 그리고 다음과 같은 탁월한 감각 사용 능력을 발휘한다. 1) 현 순간에서 필요한 사항을 감지하여 여기에 대처하는 능력, 2) 아무리 많은 양의 사실이라도 이를 받아들이고 적용하고 기억하는 능력, 3) 예술적인 감각과 판단, 4) 연장이나 재료를 다루는 능력이 그것이다.

현재의 상황에 초점을 맞추고 현존하는 모든 것을 현실적으로 수용할 줄 알기 때문에 타고난 문제해결자가 될 수 있다. 기존의 절차나 관례에 얽매여 있지 않기 때문에 기존의 규칙이나 체제나 환경에 방해받지 않고 오히려 이를 새로운 차원에서 "사용함으로써" 목표를 달성하는 방법을 찾을 줄 안다.

의사결정을 내릴 때에는 개인적인 감정에 치우친 가치보다 사고를 통한 논리적인 분석에 따라 내린다. 사고기능을 선호하기 때문에 환경에 따라 강인하게 대처해야할 때에는 강인하게 대처해 나가며 원리나 원칙을 파악할 줄 안다. 연구나 독서보다 직접적인 경험에 치중하며 필기시험보다는 실제 상황에서 더 유능함을 보인다. ESTP들은 추상적인 아이디어나 이론도 직접 경험을 통해 검토하지 않고는 잘 믿으려 하지 않는다. 학교 공부에 있어서 다른 유형들보다 더 많은 노력이 요구된다. 그러나 자기 공부에서 의의를 느끼게 되면 잘 할 수 있다.

ESTP들은 현실성, 활동성, 적응성이 요구되는 직업에 잘 어울린다. 엔지니어링, 경찰 업무, 신용조사, 마케팅, 보건기술, 건축, 생산, 레크리에이션, 요식업, 다양한 분야에서의 분쟁해결 및 조정이 좋은 예이다.

ESTP들은 삶을 즐기는 사람들이다. 삶을 재미있게 생각하기 때문에 주위 사람들이 사귀기 좋아한다. 물질적인 소유를 즐기며, 이를 획득하기 위해 정력을 바친다. 좋은 음식과 옷과 음악과 예술을 즐긴다. 육체적인 운동과 스포츠를 좋아하며 또 대체로 운동을 잘하는 편이다.

얼마나 효율적인 삶을 살 수 있는가는 판단기능을 얼마나 잘 획득했는가에 달려 있다. 자기 행동과 삶의 방향 및 목적에 기준으로 삼을 수 있는 가치를 발견하기 위해서는 감정을 발달시켜야 할 필요가 있다. 판단기능이 확고하게 발달되지 않으면 단지 인생을 즐기는 데서 머물고 말 위험이 있다.

※ ESTP 성격 요약

특징	친구, 운동, 음식 등 다양한 활동을 선호하는 사람들
인생 슬로건	피할 수 없다면 즐겨라. 그러나 피할 수 있다면 피하라.
특성	• 상황에 유연하며, 즉각적인 결과에 초점이 맞춰진 현실적인 접근을 선호한다. • 이론과 개념적인 설명은 지루해하며, 문제해결을 위해 활동적으로 움직인다. • 지금 이 순간에서 벌어지는 일에 관심이 많고, 타인들과 활기차게 할 수 있는 매 순간을 즐긴다. • 감각적인 편안함과 스타일을 즐긴다. • 현실적이고 실제적인 경험을 통해서 배워나간다.
강점	• 사실적인 정보를 기억하는 능력이 뛰어나며 예리하다. • 필요한 것이 무엇인지 알 수 있으며 현실적으로 완수한다. • 주로 판매와 협상하는 것을 즐긴다. • 다양한 종류의 사람들과 적응을 잘한다. • 타고난 촉진자로 사업을 시작하는데 능하다.
약점	• 행동에 대한 장기적인 결과를 보지 못할 수 있다. • 타인의 감정에 무감각하며 둔할 수 있다. • 규칙과 규제에 제한받는다고 느끼기 쉽다. • 마감시간과 시간표에 대해 무책임하게 행동할 수 있다.
선호 학습법	• TV, 영화, 시청각기구, 실험, 직접 경험 선호 • 감각적 자극 풍부, 신체활동 몰입, 타인과 어울리는 관계 통해 효과적 학습 • 논리적, 분석적으로 문제 해결 선호 • 사실 관찰, 기억, 암기하는 능력에 의존 • 자발적, 개방적 탐구 학습 선호 • 재치 있고 융통성 있는 문제 해결사 역할

선호 직업 환경	• 여러 사람과 자유롭게 만나고 상호작용하는 일 • 나의 예리한 관찰력과 사실에 열중하며 기억하는 능력을 이용하는 일 • 활동적이며 모험과 재미로 가득한 일 • 규칙이나 제한이 많지 않은 환경 • 실제적이고 논리적인 일
타인이 본 ESTP	• 재치만점 기분파! • 선입견? NO! 개방적! • 눈치백단 논리력! • 넌 너무 사고뭉치!! • 혹평 : 인생은 어디로 가는 것일까…. 이 속물아 생각 좀 하고 살아! • 호평 : 너랑 같이 있으면 이 현실이 즐거워! 무인도에 있어도 잘 살 것 같아.
취약점을 위한 제안 사항	• 온화하고 이해심 있게 사랑과 동정심을 가지고 자신의 감정을 표현하라. • 타인과의 관계에서 가능한 한 많은 온정을 베풀라. • 결정할 때 합리성 외에도 개인적인 가치관에도 근거를 두도록 익혀라. • 드러난 사실의 이면을 보고 가능성과 미래의 잠재력을 고려하라. • 주요 업무를 계획하고 구성하여 실행, 완성시켜라. • 자신이 시작한 일을 타인에게 일임하지 않고 개인적으로 세부사항까지 돌보면서 완성시키도록 주의를 기울여라. • 약속과 인간관계에 신용을 얻어라. • 훌륭한 청취자가 되고 알아야 할 모든 것을 아는 척하지 마라. • 때때로 혼자 있는 것을 즐겨라.

⑩ ESFP

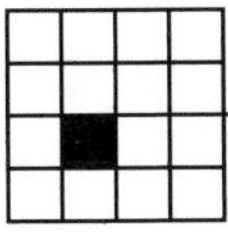

감정을 보조기능으로 한 외향적 감각형

You Only Go Around Once in Life(사교적인 유형)

ESFP는 친절하고 적응력이 높은 현실주의자이다. 그들은 직접 보고 듣고 알 수 있는 것을 중시한다. 자기 주변의 사실들은 어떤 것이든 잘 수용하고 잘 사용한다. 어떻게 해야 한다는 자기 기준만 내세우지 않고, 만족스러운 해결방안을 모색할 줄 안다. 모든 사실들을 있는 그대로 파악하면 만족스러운 해결책이 저절로 나온다고 확신한다.

그들은 문제도 적응해 나감으로써 풀려고 하며, 다른 사람들도 적응시켜 나갈 수 있다. 사람들은 대체적으로 ESFP형이 제시하는 타협안을 잘 받아들일 만큼 그들을 좋아한다. 편견이 없고 개방적이며, 자신들뿐 아니라 어떤 사람에게든지 관대하게 대한다. 상황을 있는 그대로 받아들이기 때문에 긴장된 상황을 풀고 파벌끼리의 싸움을 해결하여 화합시키는 능력이 있다.

현재의 상황에 초점을 맞추고 현존하는 모든 것을 현실적으로 수용할 줄 알기 때문에 타고난 문제해결자가 될 수 있다. 기존의 절차나 관례에 얽매여 있지 않기 때문에 기존의 규칙이나 체제나 환경에 방해받지 않고 오히려 이를 새로운 차원에서 “사용함으로써” 목표를 달성하는 방법을 찾을 줄 안다.

사람, 활동, 음식, 사물, 풍경에 대해 호기심이 많으며, 자기 감각에 새로운 것이면 어떤 것이든지 호기심을 나타낸다. 그리고 다음과 같은 탁월한 감각 사용 능력을 발휘한다. 1) 현 순간에서의 필요한 사항을 감지하여 여기에 대처하는 능력, 2) 사람들이나 갈등을 다루는 능력, 3) 엄청난 양의 사실들을 받아들이고 적용하고 기억하는 능력, 4) 예술적인 감각과 판단이 그것이다.

의사결정을 내릴 때에는 사고에 의한 논리적 분석보다 개인적인 감정에 의한 가치에 따라 내린다. 감정기능을 선호하기 때문에 동정적이고 사람에게 관심이 많고 특히 인간관계에서 발생하는 갈등을 다루는데 능숙하다. 훈육을 받을 때에도 어려움을 느끼지 않고 잘 적응한다. 책보다는 직접적인 경험을 통해서 더 많은 것을 배우고, 필기시험보다는 실제 상황에서 더 유능함을 보인다. ESFP들은 추상적인 아이디어나 이론도 직접 경험을 통해 검토하지 않고는 잘 믿으려 하지 않는다. 학업성적을 향상시키기 위해서는 다른 유형들보다 더 많은 노력이 요구된다. 그러나 자기 공부에서 의의를 느끼게 되면 잘 할 수 있다.

ESFP들은 현실성, 활동성, 적응성이 요구되는 직업에 가장 잘 어울린다. 보건, 판매, 디자인, 수송, 연예, 비서 또는 사무직, 요식업, 작업감독, 기계조작, 다양한 분야에서의 분쟁해결 및 조정이 좋은 예이다.

ESFP들은 삶을 즐기는 사람들이다. 삶을 재미있게 생각하기 때문에 주위 사람들이 사귀기 좋아한다. 물질적인 소유를 즐기며, 이를 획득하기 위해 정력을 바친다. 좋은 음식과 옷과 음악과 예술을 즐긴다. 육체적인 운동과 스포츠를 좋아하며 또 대체로 운동을 잘하는 편이다.

얼마나 효율적인 삶을 살 수 있는가는 판단기능을 얼마나 잘 획득했는가에 달려 있다. 자기 행동과 삶의 방향 및 목적에 기준으로 삼을 수 있는 가치를 발견하기 위해서는 감정을 발달시켜야 할 필요가 있다. 판단기능이 확고하게 발달되지 않으면 단지 인생을 즐기는 데서 머물고 말 위험이 있다.

※ ESFP 성격 요약

특징	분위기를 고조시키는 우호적인 사람들
인생 슬로건	노세 노세 젊어서 노세.
특성	• 사교적이고, 다정하며, 수용적이며, 긍정적이다. • 타인들과의 상호작용과 물질적인 편안함을 추구한다. • 타인들과 함께 일하는 것을 즐기며, 상식적, 현실적인 접근으로 일을 재미있게 하고자 한다. • 융통성이 있고, 자발적이며, 새로운 사람들과 환경에 빨리 적응한다. • 사람들과 함께 경험을 해 봄으로써 가장 잘 학습한다.
강점	• 상식이 매우 풍부하며 실제적, 현실적이다. • 활동적인 직업을 즐긴다. 변화와 다양성에 잘 적응한다. • 일터에서 생생하고 즐거운 분위기를 창조해 낸다. • 훌륭한 의사소통가이다.
약점	• 행동에 대한 의미를 예견하거나 미리 계획하지 않을 수 있다. • 충동적으로 보일 수 있으며 쉽게 유혹받고 주의가 산만해진다. • 잠깐 동안이라도 혼자 일하는데 어려움을 가질 수 있다.
선호 학습법	• 풍부한 감각과 신체 활동에 몰입, 새로운 자극, 경험 추구, 시도 • 관계를 통해 배우기, 말을 통해 사고명료화, 교우관계를 통해 학습에 도움 • 사실, 특성을 관찰, 기억, 암기하는 능력 • 관심 있는 실용적 가치를 가진 과제 선호 • 놀이처럼 학습, 직접 탐색 관찰 과제 수행

선호 직업 환경	• 실제적인 경험을 통해 배우는 일 • 다양하며 재미있고 자발성을 지니며 활동적이고 사교적인 환경에서 여러 사람들과 일하는 것 • 나의 열정과 에너지와 현실적인 관점을 나눌 수 있는 느긋하고 사교적인 사람과 상호작용하는 일 • 우호적이며 편안한 환경 • 나의 열심히 일하는 것과 좋은 의도를 보상하고 나의 기여를 인정받을 수 있는 일
타인이 본 ESFP	• 사교성 종결자! • 시대의 엔터테이너! • 천방지축 경험주의! • 넌 너무 놀기만 해!!! • 혹평 : 당신의 행위 정당화 하려 하지 마세요!!! • 호평 : 난 아무리 힘들어도 천진난만한 너를 보면 웃음이 넘쳐.
취약점을 위한 제안 사항	• 직관과 육감과 사고의 번뜩임을 신임하도록 배워라. • 새로운 아이디어를 믿고 그것을 받아들이는 위험을 감수하도록 믿어라. • 어떤 목표나 목적을 추구하는 데 일편단심을 갖도록 하라. • 어떤 상황과 문제와 결정의 부정적이고 긍정적인 측면과 밝고 어두운 면을 모두 고려하여 균형 잡힌 관점을 세우도록 노력해라. • 어떤 가치 있는 일을 위해 혼자 행동하고 홀로 있기를 즐겨라. • 불가능해 보이는 것에 달려들 수 있는 정신적인 힘을 배양하라. • 어떤 중요한 주제에 대해서 그리고 자기 삶의 방향에 대해 확고함과 일편단심을 보여라. • 판단을 내리기 전에 상황분석을 하는 합리적인 접근방법을 세워라. • 어떤 일을 조직하고 완성하도록 책임을 져라. • 장기적인 안목으로 당신의 행동과 결정에 대해 생각하라.

⑪ ENFP

감정을 보조기능으로 한 외향적 직관형

Giving Life an Extra Squeeze(**스파크형**)

ENFP는 항상 새로운 가능성과 새로운 일 처리 방식을 찾아 나서는 정열적인 혁신가들이다. 상상력이 풍부하고 이니셔티브를 가지고 새로운 일을 시작하며 일을 추진해 나가는 정력적인 에너지를 가지고 있다. 어려움에 봉착해도 도전욕이 강하고 문제를 해결하는 뛰어난 재능을 가지고 있다. ENFP들은 최근에 벌인 일에 너무 관심을 쏟은 나머지 다른 사소한 일에는 할애할 시간이 없다. 정열적으로 새로운 일을 벌임으로써 더욱 힘을 얻으며, 그들의 세계는 가능한 계획들로 가득 차 있다. 이러한 정열 때문에 다른 사람들도 관심을 가지게 만든다.

가능한 계획들이 너무 많기 때문에 어느 것이 가장 실현성이 있는지 찾기가 어려울 때가 많다. 따라서 감정기능을 사용하여 각 계획이 가지고 있는 가치를 비교하여 선택하면 도움이 될 것이다. 이러한 감정기능은 직관을 통해 얻은 통찰을 더욱 다져줄 수 있을 것이다.

ENFP가 감정을 선호한다는 사실은 사람들에 대한 관심에서도 찾아볼 수 있다. 사람들을 다루는데 능란하고, 상대방이 가지고 있는 가능성과 자질을 발견하는데 뛰어난 통찰력을 발휘한다. 그들은 타인의 태도에 대한 이해심이 많으며, 상대방을 판단하기보다 이해하려고 한다. 상담에 매력을 많이 느끼고, 영감을 받거나 주는 교육자가 될 수 있으며, 무엇이든 혁신할 수 있는 자유가 주어진 직업을 좋아한다. 타고난 재주를 가지고 있어서 예술, 저널리즘, 과학, 광고, 판매, 성직, 작가 등 자기가 관심을 가지고 있는 분야라면 어떤 분야에서든 성공할 수 있다.

ENFP들에게 따를 수 있는 어려움은 영감이 요구되지 않는 일상적인 일을 싫어한다는 점이며, 또 때때로 세부적인 면에도 관심을 기울일 필요가 있음에도 불구하고 자신의 관심 분야의 사항이 아니면 그렇게 하지 못한다는 점이다. 더욱 큰 문제는 자기가 일을 벌여 놓고도 큰 문제가 어느 정도 해결되거나 초기의 어려움이 극복되면 쉽게 싫증을 낸다는 점이다. 따라서 한번 시작한 일을 끝까지 해내는 법을 배울 필요가 있다. 하나씩 계획에 착수하여 상황이 어느 정도 해결된 뒤 다른 사람에게 인계해줄 수 있는 직업이라면 가장 큰 보람을 느끼고 효율성을 발휘할 수 있을 것이다.

ENFP들은 항상 새로운 가능성을 내다보며 도전하려고 하기 때문에, 판단기능을 발달시키는 것이 가장 중요한 일이다. 만일 판단기능이 제대로 발달되지 않으면, 잘못 선택한 일에 발이 묶여 아무 것도 이루어내지 못하고 일도 완수하지 못한 채 자기 영감을 낭비해 버리기 쉽다.

※ ENFP 성격 요약

특징	열정적으로 새로운 관계를 만드는 사람들
인생 슬로건	하루를 살아도 반짝이며 살고 싶다.
특성	• 열정적이고, 따뜻하며, 상상력이 풍부하다. • 세상을 가능성이 풍부한 곳으로 바라본다. • 사건과 정보를 잘 연관 지으며 자신만의 패턴을 기반으로 자신감 있게 일을 진행시킨다. • 타인들로부터 칭찬받기 원하며 감사와 지지를 잘 표현한다. • 자발적이고, 융통성이 있으며, 열정적이며, 때로 자신만의 즉흥적, 유창한 언변을 발휘한다.
강점	• 다른 사람의 관심과 능력과 그들의 재능을 결합시킬 수 있다. • 그들에게 흥미 있는 것은 무엇이든지 간에 성공할 수 있다. • 적합한 지위/임무에 적합한 사람을 배치하는 것을 잘한다. • 영향력이 있는 강한 열정으로 다른 사람에게 동기를 부여한다.
약점	• 우선순위를 결정하지 못하거나 조직하지 못할 수 있다. • 어떤 프로젝트의 세부사항을 끝마무리하는 데 어려움이 있다. • 지루해하고 쉽게 탈선할 수 있다. • 대체로 반복적인 일이나 일상적인 일을 좋아하지 않는다.
선호 학습법	• 사람과의 관계 경험에 관한 아이디어, 상상의 연속적 흐름 • 사람과의 관계를 통한 학습 선호 • 전체흐름, 핵심개념 발견하기로 시작 • 호기심 많은 독서가, 읽기 쓰기 방법 선호 • 마감보다 시작 선호하는 자발적 스타일교사와의 개인적 관계 선호
선호 직업 환경	• 창의적인 영감에 의해 동기화된 다양한 프로젝트에 여러 집단의 사람들과 함께 일하는 것 • 재미있고 도전할 수 있으며 늘 변화무쌍한 일 • 규칙이나 체계가 최소화되고 자발적으로 행동할 수 있는 자유를 지니며 나의 속도와 계획에 따라 일할 수 있는 환경 • 새로운 사람을 만나고 새로운 기술을 배우고 나의 호기심을 계속해서 만족시키는 일 • 유머있고 친절하며 대인간의 갈등이 적은 편안한 환경

타인이 본 ENFP	• 와우! 무한열정! • 오~ 기발한 아이디어! • 넌 못 하는게 없네! • 일 좀 그만 벌여! • 혹평 : 그 꿈이 최선입니까? 확실해요? • 호평 : 당신 덕분에 지루한 일상에 생기가 넘쳐!
취약점을 위한 제안 사항	• 영혼의 내적 생활을 형성시키는데 더 치중하라. • 현실적이고 실질적이며 고통이 따르는 일에 인내심을 가져라. • 매일 하기 싫은 일도 의도적으로 실행하라. • 다음 달에 할 일에 대해 철저히 계획하라. • 삶의 어떤 부분에서는 기본적인 운영방법을 따르라. • 어떤 일을 계획하고 구성하고 일정표를 만들어 그 일을 완성하라. • 사실을 기억하고 세부사항에 대해 안목을 가져라. • 문제해결에 대한 합리적 분석을 의도적으로 시행하라. • 자신에게 대항하는 사람들에게 인내심을 보여라. • 자신의 말과 약속과 언약에 충실한가, 믿음직함과 안정감을 보여라.

⑫ ENTP

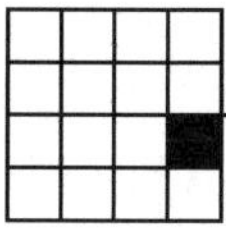

감정을 보조기능으로 한 외향적 직관형

One Exciting After Another(**발명가형**)

ENTP는 항상 새로운 가능성과 새로운 일처리 방법을 찾으려는 독창적인 혁신가들이다. 상상력이 풍부하고 이니셔티브를 가지고 새로운 일을 시작하며 일을 추진해 나가는 정력적인 에너지를 가지고 있다. 자기 영감의 가치를 확신하고 자기가 하는 일에 지칠 줄을 모른다. 어려움에 봉착해도 도전욕이 강하고, 문제를 해결하는 뛰어난 재능이 있다. 다양한 분야에서 유능감을 느끼게 되는 것을 좋아하고 다른 사람들도 이러한 유능감을 가지는 것을 좋아한다.

상대방의 태도에 아주 이해심이 많기 때문에, 자기 계획에 상대방의 지지를 얻어내는 능력이 있다. 그들은 상대방을 판단하기보다 이해하려고 한다.

새로운 관심사를 발견할수록 더욱 힘을 얻으며, 항상 가능한 계획들로 가득 차 있다. 그러나 너무 많은 일에 관심을 쏟다 보니 어느 하나에 집중하기가 어렵다. 사고기능을 통해 자기에게 떠오른 영감을 분석하고 건설적인 비판을 함으로써 계획을 선별할 수 있다. 따라서 직관을 통해 얻은 통찰을 더욱 다져나갈 수 있다고 하겠다. 또한 ENTP들은 사고기능을 통해 현재 추진하고 있는 일이나 주위 사람들에 대해서도 객관적인 입장을 취해 나갈 수 있다.

ENTP들은 새로운 도전이 요구되지 않는 직장이라면 오래 머물지 못한다. 그들은 타고난 재주를 가지고 있어서 발명가, 과학자, 저널리스트, 분쟁 조정자, 마케팅, 프로모터, 컴퓨터 분석가 등 자기가 흥미를 느끼고 있는 분야라면 어디서든지 능력을 발휘할 수 있다.

ENTP들에게 따를 수 있는 어려움은 영감이 요구되지 않는 일상적인 일은 싫어한다는 점이며, 또 때때로 세부적인 면에도 관심을 기울일 필요가 있음에도 불구하고 자기 관심 분야의 사항이 아니면 그렇게 하지 못한다는 점이다. 더욱 큰 문제는 자기가 일을 벌여 놓고도 큰 문제가 어느 정도 해결되거나 초기의 어려움이 극복되면 쉽게 싫증을 낸다는 점이다. 따라서 한번 시작한 일을 끝까지 해내는 법을 배울 필요가 있다. 그러나 하나씩 계획에 착수하여 어느 정도 진척시키다 다른 사람에게 인계해줄 수 있는 직업이라면 가장 큰 보람을 느끼고 효율성을 발휘할 수 있을 것이다.

ENTP들은 항상 새로운 가능성을 내다보며 도전하려고 하기 때문에 판단기능을 발달시키는 것이 가장 중요한 일이다. 만일 판단기능이 제대로 발달되지 않으면 잘못 선택한 일에 발이 묶여 아무것도 이루어내지 못하고 엉뚱한 일에 자기 영감을 낭비해 버리기 쉽다.

※ ENTP 성격 요약

특징	풍부한 상상력을 가지고 새로운 것에 도전하는 사람들
인생 슬로건	세상은 넓고 할 일은 많다.
특성	• 상황을 빠르게 이해하고, 활기차고, 기민하며, 거리낌 없이 표현한다. • 새롭고 도전적인 문제를 해결하는데 흥미를 느끼며, 개념적 가능성을 창출하고, 그 후 전략적으로 그것들을 분석한다. 사람들과 상황의 전반적인 흐름을 읽어내고자 한다. • 일상적인 일은 지루해하며, 똑같은 일을 똑같은 방식으로 처리하는 경우가 드물다. • 관심의 폭이 넓고 한 가지 새로운 흥미는 또 다른 것으로 바뀌기 쉽다.
강점	• 문제를 해결하는데 임기응변능력과 독창성을 이용한다. • 자극적인 프로젝트를 완수하는데 최선을 다해 일한다. • 남을 즐겁게 하며 영감을 주는 연설가일 수 있다. • 고안을 잘하며 비개인적 분석을 잘한다.
약점	• 창조적인 문제가 해결되면 프로젝트에 관심을 잃을 수 있다. • 세부사항과 끝마무리하는 일에 전념하는 것이 어려울 수 있다. • 일상적인 일이나 반복을 싫어하고 세워진 방법으로 일하는 것에 저항할 수 있다.
선호 학습법	• 관찰보다 통찰, 사실의 기억보다 개념과 언어기술에 의존하여 일반적 의미 추구 • 상호작용 속에서 자신의 생각 표현하는 말하기를 통해 최상의 사고 학습 • 호기심 많은 독서가, 발명과 독창성 시도 • 전체적 그림과 핵심 개념 추구 • 다양한 흥미에 따라 자발적 학습, 시작이 마감보다 중요
선호 직업 환경	• 나의 창의력, 자질, 임기응변하는 능력을 인정하고 격려하는 일 • 재미와 활동과 흥미로 가득 찬 다양한 상황을 경험할 수 있는 일 • 논리적 순서를 따르고 객관적이며 공정한 기준에 기초하는 일 • 나의 전문가적이며 개인적인 능력을 증진시키고 능력있는 사람들과 빈번하게 접촉하는 일 • 신속하게 변화하며 다른 사람과 의미 있는 상호작용을 하는 열성적인 환경

타인이 본 ENTP	• 제 2의 에디슨! • 와~ 그 논리력! • 다 알아~ 다재다능! • 넌 너무 제멋대로야!! • 혹평 : 뉘집 자식이야!? 제발 예절 좀…. • 호평 : 어쩜 재주도 그리 많고 박학다식해요? 함께 있으면 같이 똑똑해지는 기분이에요.
취약점을 위한 제안 사항	• 일을 완성할 때까지 조그마한 세부사항에 노력과 심의를 기울이고 인내하라. • 집에서나 직장에서 일상적인 일을 수행하는데 자기수련을 하라. • 한 달 동안 일정한 방식을 정하고 거기에 따르라. • 어떤 일을 진행시키면서 하지 말고 처음부터 철저한 계획을 세워 실행하라. • 후원이 필요한 사람들에게 동정적이고 요령 있는 친절을 베풀고 참되게 염려하라. • 다른 사람에게 봉사하고 그의 모든 필요에 대처하라. • 도움이 필요한 사람들에게 새 직업이나 교육의 길을 열어주는 것과 같은 사회사목 일에 헌신하라. • 자신은 습관적으로 달리 해왔던 분야에서 다른 사람이 일상적으로 해왔던 방식대로 따라 주어라. • 자신의 한 달 목표를 희생하라. 다른 사람이 이야기하고 자신은 듣는 입장이 되어라. • 보수적인 사람들과 그들의 관점을 이해하도록 진심으로 노력하라.

⑬ ESTJ

감각을 보조기능으로 한 외향적 사고형

Life's Administrators(**사업가형**)

ESTJ는 세상만사가 다 자기 생각대로 굴러가듯이 사고를 많이 한다. 계획을 체계적으로 수립하고 이를 달성하기 좋아한다. 사고를 신뢰하기 때문에 논리적이고 분석적이며 객관적 입장에서 비판적 자세를 취한다. 자기 합리적 사고에 맞지 않는 것은 무엇이든 믿으려 하지 않는다. 일 그 자체에 초점을 맞추지 일을 하고 있는 사람에게는 개의치 않는다.

추진하려는 프로젝트에 따라 모든 사실과 상황과 활동을 조직화시키려고 하고 이를 달성하기 위해 정해진 일정에 따라 노력을 다한다. 뒤죽박죽이거나 비능률적인 일은 견뎌내지 못한다. 그러나 강인하게 대처해야할 때에는 강인하게 대처하기도 한다.

어떤 행동이든 논리에 맞게 수행해야 하고 자기 행동도 여기에 맞추어 통제해야 한다고 생각한다. 일단의 분명한 원칙에 따라 이 세상을 살아가며, 이 세상에 대한 판단도 이러한 원칙에 따라 이루어진다. 자기가 고수해 오던 원칙을 먼저 바꾸기 전에는 생활에도 변화가 있을 수 없다.

미래의 가능성보다는 눈에 보이는 현재의 구체적인 현실에 더 관심을 나타낸다. 따라서 사실적이고 구체적이고 현실적이며 "지금, 여기에" 관심을 두는 것이다. 문제를 해결하는 데에도 과거의 경험을 중시하며 어떤 생각이나 계획이나 결정도 확고한 사실에 근거하지 않고는 함부로 하지 않는다.

직업도 직접 목격할 수 있는 분명한 결과가 나타나는 직업이라야 좋아한다. 따라서 사업, 산업, 생산, 건축과 같은 분야에서 능력을 발휘할 수 있다. 그리고 자신이 직접 목표를 세우고 의사결정을 내리고 필요한 명령을 할 수 있는 행정직을 좋아한다. 한번 결정한 일은 어떻게든 완수해야 직성이 풀리는 성격이다.

ESTJ는 다른 결단력이 있는 유형들과 마찬가지로 상황을 충분히 검토하지도 않고 선불리 결정을 내릴 위험을 안고 있다. 하던 일을 멈추고 다른 사람의 견해, 특히 자신에게 함부로 말할 수 있는 입장에 놓이지 못한 사람들의 견해도 경청할 필요가 있다. ESTJ에게는 이러한 일이 그리 쉽지 않겠지만, 상대방을 이해하려는 시간을 갖지 않는다면 상대방이 어떻게 생각하고 느끼는지 보지 못하고 선불리 판단해 버리기 쉽다.

ESTJ들은 감정의 가치에 귀 기울이는 법을 배울 필요가 있다. 그들은 자기 논리적 사고를 지나치게 믿기 때문에 감정의 가치, 즉 자기 자신이 중히 여기고 또 상대방이 중히 여기는 측면을 간과하기 쉽다. 감정의 가치를 지나치게 무시한다면 압박감이 쌓이고 부적절한 방법으로 표출되기 쉽다. ESTJ들은 비논리적이고 비일관적인 면을 보는 눈은 밝지만 상대방을 인정하고 감사를 표시하는 능력도 길러야 한다. 타인의 장점과 생각을 음미하는 것이 자기 감정을 발달시키는 좋은 방법 중 하나다. ESTJ들은 자신이 고쳐야할 점 뿐만 아니라 자기들이 원하는 것은 무엇이든지 표현하는 성격을 가지고 있다. 따라서 자기 일에서나 사생활에서도 유익한 결과를 가져오기도 한다.

※ ESTJ 성격 요약

특징	사무적, 실용적, 현실적으로 일을 많이 하는 사람들
인생 슬로건	나의 사전에 불가능이란 없다.
특성	• 구체적이고, 현실적이며, 사실적이다. • 결정을 하고자 하고, 결정된 것들을 이행하기 위해 빠르게 움직인다. • 프로젝트를 구조화하고, 사람들을 조직하며, 가능한 가장 효율적인 방법으로 결과를 얻는 것에 초점을 맞춘다. • 명확한 일련의 논리적 기준을 가지고 있고, 규칙적으로 그것에 따르며, 다른 이들도 또한 그러기를 바란다. • 자신의 계획을 추진해 나갈 때 영향력을 행사하고자 한다.
강점	• 매우 실질적이고, 결과 중심적이다. • 조직의 목표에 초점을 잘 맞춘다. • 타고난 조직자, 객관적인 결정을 잘한다. • 몰입하여 일을 하며 인내력이 강하다. • 무엇이 비논리적이고 일관성이 없으며 실제적이지 못하고 비효율적인지를 잘 안다.
약점	• 절차를 따르는 것을 싫어하거나 중요한 세부사항에 주의를 기울이지 않는 사람들을 참지 못한다. • 비효율적인 것에 대해 참을성이 적다. • 현 순간에 존재하지 않는 가능성에 대해서 관심이 적을 수 있다.
선호 학습법	• 논리적 체계, 조직화된 환경에서 효율적 • 보기, 시연, 시청각자료를 통한 학습 선호 • 수업목표가 분명할 때 최상의 학습효과 • 목표지향으로 꾸준하고 계획성 있게 공부 • 혼자 조용히 독서하기보다 체험학습 선호 • 현실적, 실제적, 구체적인 학습 주제 선호

선호 직업 환경	• 사실, 정책, 또는 사람을 조직화하면서 체계적으로 일을 하며 논리적인 결론을 향해 시간과 자원을 효율적으로 사용하는 일 • 공정하고, 논리적이며, 분명하고 객관적인 기준에 의해 측정되고 평가되는 일 • 개인적인 문제를 직장에 가져오지 않거나 열심히 일하며 양심적인 사람들이 있는 우호적인 환경 • 실제로 눈에 보이고 현실적이며 실제적으로 적용하고 결과가 구체적인 일 • 안정적이며 예측이 가능한 환경
타인이 본 ESTJ	• 추진력 종결자! • 조직적인 관리자! • 넌 최고의 경험주의! • 넌 너무 명령만 해!!! • 혹평 : 인간은 결코 로봇이 아니야!!! • 호평 : 이 험난한 세상, 책임감 있는 당신이 지켜줘서 살 수 있었어요.
취약점을 위한 제안 사항	• 합리적 사고보다는 감정, 충동, 육감을 따르라. • 다른 사람을 즐겁게 하는 일에 기쁨을 찾아라. 다른 사람의 감정에 민감하라. • 다른 사람의 행동에 고마움을 표시하라. 다른 사람을 높이 사고 칭찬하고 좋아해 주어라. • 수정해야 될 일보다 잘된 일에 관해 더 많이 자주 언급하라. • 다른 사람 특히 가족, 배우자, 자식들에게 당신의 감정을 표현하고 발전시켜라. • 다른 사람에게 기쁨, 온정, 동정심을 보여라. • 다른 사람에 관한 결론을 넘겨짚지 마라. • 다른 사람의 관점, 특히 반박할 수 없는 위치에 놓인 사람들에게 귀를 기울여라. • 일의 모든 세부사항을 수행하지 않은 사람들에게 관대해져라. • 실제 도움이 되지 않는 주제라도 배운다는 이유 하나만으로 공부하라.

⑭ ESFJ

감각을 보조기능으로 한 외향적 감정형

Hosts and hostesses of the World(**친선도모형**)

ESFJ는 동정심이 많고 친화를 중시한다. 주위 사람들에게 관심을 많이 보이며, 조화로운 인간관계에 높은 가치를 부여한다. 그들은 친절하고 자상하고 동정이 많다. 사소한 일에도 곧고 양심이 바르고 질서 정연하며, 다른 사람도 자기와 같기를 바란다. 그들은 인정을 받을 때에는 포근함을 느끼지만 무관심할 때는 과민한 반응을 한다. 그들은 주위 사람들이 따뜻하게 대해 주어야 만족과 쾌감을 느낀다. ESFJ들은 상대방에게서 장점을 잘 발견하고, 존경하는 사람이나 기관이나 대의명분에 충성을 다하며, 자기가 좋아하는 것을 지나치게 이상화시키려는 경향을 나타내기도 한다.

ESFJ는 다른 사람의 견해에서 가치를 발견하는 타고난 능력을 가지고 있다. 서로 의견이 상치될 때에라도 어떻게든 조화를 이룰 수 있다고 믿으며 실제 그렇게 하는 경우가 많다. 조화를 이루기 위해 적당한 범위 내에서 상대방의 의견에 동조를 잘 한다. 그러나 상대방의 의견에 지나치게 동조하여 자신의 의견을 무시하는 일이 없도록 노력할 필요가 있다.

ESFJ들은 오관을 통해 지각하게 되는 현실에 주로 관심을 가지고 있다. 따라서 구체적이고 현실적이고 실제적이다. 각 경험마다 얻게 되는 독특한 차이에 지대한 관심을 보인다. ESFJ들은 물질적 소유를 중시하고 즐긴다. 다양성을 좋아하지만 일상적인 일에도 적응을 잘 해나간다.

ESFJ들은 사람을 대하는 직업이나 선의를 통해 협동이 이루어질 수 있는 일에 가장 잘 적응한다. 따라서 교직, 설교, 판매 분야에 많이 종사한다. 그들은 신체적 조건에 민감하고 동정심이 많기 때문에 환자에게 온정과 위로와 끈기 있는 배려가 요구되는 보건직에 매력을 느낀다. 추상적인 사고나 논리적 분석이 요구되는 직업에는 만족을 느끼지 못한다. 사람들과 대화하면서 생각해야 생각이 잘 되며, 커뮤니케이션을 즐긴다. 좀 간결하고 사무적인 태도를 키우고, 사람을 좋아해서 일을 등한히 하는 일이 없도록 각별히 노력해야 한다.

계획을 세우거나 결정을 내릴 때에도 알려진 사실에만 근거를 두거나 상대방과의 관계를 지나치게 의식한다. 일을 결정하고 해결하기를 좋아하지만 모든 결정을 스스로 하려고 하지는 않는다. 상황을 충분히 이해하기도 전에 성급하게 결정을 내리려는 경향을 가지고 있다. 사람이나 상황에 대해 직접적인 지식을 얻으려고 노력하지 않으면 자기 행동이 의도했던 만큼의 결과를 가져오지 못할 가능성이 많다. 예를 들어 새로운 계획이나 일을 시작하는 ESFJ들은 실제 자기가 원하고 또 필요로 하는 것이 무엇인지 시간을 두고 생각하지 않고, 자기가 해야 한다고 믿는 당위성에 따라 시작하는 경우가 많다. 그들은 미리 머릿속에 분명하게 "해야 할 일"과 "해서는 안 될 일"들을 그려놓고 있으며 이를 거리낌 없이 털어놓는 경우가 많다.

ESFJ들은 자기가 좋아하는 사람이나 일에 있어서 문제가 있어도 이를 외면해 버린다. 마음에 들지 않는 것은 직면하려 하지 않거나 비판을 받아들이기를 거부한다면, 문제의 해결책을 찾는 대신 문제를 무시해 버리려고 할 것이다.

※ ESFJ 성격 요약

특징	친절과 현실감을 바탕으로 타인에게 봉사하는 사람들
인생 슬로건	칭찬은 고래도 춤추게 한다.
특성	• 마음이 따뜻하고, 양심적이며, 협조적이며, 주변상황이 조화롭게 화합되기를 원한다. • 목표를 성취하기 위해 결정권을 가지고 일하기 좋아하며, 정확하고 제 시간에 완수되기를 원한다. • 혼자보다 타인들과 함께 일하는 것을 좋아한다. • 일상생활에서 타인들의 필요를 잘 알아채며, 그것을 제공하기 위해 노력한다.
강점	• 훌륭한 협조자로서 다른 사람과 우호적이며 조화로운 관계를 창조해낸다. • 일과 무관하게 개인적으로 접근한다. • 생산적이며 양심적이며 충성스럽게 열심히 일한다. • 규칙이나 규율을 잘 지킨다.
약점	• 긴장이 가득 찬 작업 상황에 의해 스트레스 받고, 비판에 민감하다. • 인정받지 못하거나 칭찬받지 않으면 좌절할 수 있다 • 다른 사람들의 선택을 고려하지 않고 너무 빨리 결정할 수 있다.
선호 학습법	• 개인적 관심과 피드백, 인간관계의 조화 • 활동중심, 상호작용의 학습 선호 • 시연, 연습, 감각기능 활용한 학습 선호 • 목표지향, 꾸준한 처리 수행 • 사실적 기억, 구체적 관찰 숙제 선호, 암기력에 의존 • 과거 경험, 사실 기억 되새김, 관계 존중

선호 직업 환경	• 다른 사람의 삶의 질을 높이기 위해 실제적이고 눈에 보이는 방법으로 그들과 따뜻하고 진지한 상호관계를 형성하고 유지하는 일 • 공동의 목표를 향해 많은 사람들과 일하고 그들이 일을 조화롭게 하도록 도와주는 일 • 동료, 감독자, 환자와 다른 사람들간의 갈등과 긴장으로부터 자유롭고 협동적인 환경 • 날마다 다른 사람과 상호작용하는 일 • 가능한 일이 부드럽고 효율적으로 진행되도록 조직화된 업무환경
타인이 본 ESFJ	• 사교계의 종결자! • 감정이 풍부하세요! • 예의바른 사람! • 혹평 : 이론상 앞뒤가 안 맞아…. • 호평 : 그래도 내 생일 잊지 않고 챙겨주는 사람은 너뿐이야.
취약점을 위한 제안 사항	• 어둡고 나쁜 가능성만이 아니라 밝고 긍정적인 측면을 보라. • 매일 혼자 있는 시간을 조금이라도 가져라. • 개인적이고도 인격적인 자신의 가치에 대해 생각하는 시간을 가져라. • 자신과 가족과 공동체와 세계에 대해 싫은 점을 직면하라. • 어떤 과제에 대해 추상적이고 합리적이며 객관적으로 생각하라. • 어떤 이들을 공개적으로 반대하고 그것에 대해 토론도 하도록 하라. • 어떤 주제에 대하여 정확히 사고하도록 특별한 노력을 기울여라. • 융통성을 보이고 개방적이도록 하라. • 한 주나 한 달 정도 집안의 규칙적인 일에서 이탈해보라.

⑮ ENFJ

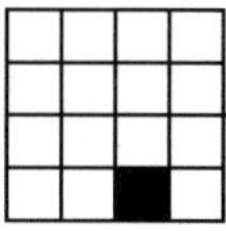

직관을 보조기능으로 한 외향적 감정형

Smooth-talking Persuader(**언변능숙형**)

ENFJ형의 사람들은 동정심이 많고 친화를 중시한다. 주위 사람들에게 관심을 많이 보이며 조화로운 인간관계에 높은 가치를 부여한다. 그들은 친절하고 자상하고 동정이 많다. 사소한 일에도 곧고 양심이 바르고 정연하며, 다른 사람도 자기와 같기를 바란다. 그들은 인정을 받을 때에는 포근함을 느끼지만 무관심할 때는 과민한 반응을 한다. 그들은 주위 사람들이 따뜻하게 대해 주어야 만족과 쾌감을 느낀다. ENFJ들은 상대방에게서 장점을 잘 발견하고, 존경하는 사람이나 기관이나 대의명분에 충성을 다하며, 자기가 좋아하는 것을 지나치게 이상화시키려는 경향을 나타내기도 한다.

ENFJ는 다른 사람의 견해에서 가치를 발견하는 타고난 능력을 가지고 있다. 서로 의견이 상치될 때에라도 어떻게든 조화를 이룰 수 있다고 믿으며, 실제 그렇게 하는 경우가 많다. 조화를 이루기 위해 적당한 범위 내에서 상대방의 의견에 동조를 잘 한다. 그러나 상대방의 의견에 지나치게 동조하여 자신의 의견을 무시하는 일이 없도록 노력할 필요가 있다.

그들은 현재 눈에 보이는 것, 분명한 것, 알려져 있는 것보다 그 이면의 가능성에 관심이 더 많다. 그리고 직관 기능 때문에 통찰력, 비전, 새로운 아이디어에 대한 지적 호기심이 많다. 책에 관심이 많으며 이론에 대해서도 그리 싫어하지 않는다. 표현력이 발달되어 있는 경우가 많은데, 글을 쓸 때보다 청중에게 연설을 할 때 이러한 능력을 더 잘 나타낸다. 그들은 생각을 해도 사람들과 대화할 때에 생각이 더 잘 떠오른다.

그들은 사람들을 대하는 직업이나 협동이 요구되는 일일 때 가장 적응을 잘 한다. 따라서 ENFJ들은 교육, 설교, 상담, 판매 분야에 많이 종사한다. 그들은 회계 분야와 같이 사실적인 정확성이 요구되는 분야에서는 일에 대한 개인적인 의미를 발견하지 못하는 한 만족을 느끼지 못한다. 그들은 간결하고 사무적인 태도를 띨 필요가 있고, 사람을 좋아해서 일을 등한히 하는 일이 없도록 각별히 노력해야 한다.

ENFJ들은 결정을 내릴 때 개인적인 가치와 다른 사람과의 관계를 지나치게 의식한다. 일을 결정하고 해결하기를 좋아하지만 모든 결정을 스스로 하려고 하지는 않는다. 상황을 충분히 이해하기도 전에 성급하게 결정을 내리려는 경향을 가지고 있다. 상황에 대해 직접적인 지식을 얻으려고 노력하지 않으면 자기 행동이 의도했던 만큼의 결과를 가져오지 못할 가능성이 많다. 예를 들어 새로운 계획이나 일을 시작하는 ENFJ들은 실제 자기가 원하고 또 필요로 하는 것이 무엇인지 시간을 두고 생각하지 않고, 자기가 해야 한다고 믿는 당위성에 따라 시작하는 경우가 많다. 그들은 미리 머릿속에 분명하게 "해야 할 일", "해서는 안 될 일"들을 그려놓고 있으며 이를 거리낌없이 털어놓는 경우가 많다.

ENFJ들은 자기가 좋아하는 사람이나 일에 있어서 문제가 있어도 외면해 버리고 만다. 마음에 들지 않는 것은 직면하려 하지 않거나 비판을 받아들이기를 거부한다면 문제의 해결책을 찾는 대신 문제를 무시해 버리려고 할 것이다.

※ ENFJ 성격 요약

특징	타인의 성장을 도모하고 협동하는 사람들
인생 슬로건	사랑만이 희망이다.
특성	• 따뜻하고, 감정이입을 하며, 표현이 활발하고, 책임감이 있다. • 타인들의 정서, 욕구 그리고 동기에 대한 높은 관심을 가지고 있다. • 모든 사람들의 잠재성을 찾는 동시에, 그것들을 실현시킬 수 있도록 돕는다. • 집단 안에서 다른 사람들과의 상호작용을 촉진시키며, 성장을 위한 촉매역할을 한다. • 비전과 목표에 대해서 사람들을 동기화시키는 리더십을 발휘한다.
강점	• 조화와 협동을 증진시킨다. • 다양한 의견을 존중한다. • 훌륭한 연설가이며 집단의 결정을 리드한다. • 결정적이며 조직적이다. • 타고난 지도자
약점	• 사람을 이상화하려는 경향이 있다. • 너무 빨리 결정할 수 있다. • 밑바닥에 있는 문제를 해결하고 갈등을 다루는데 어려움이 있다. • 사실에 대해 정확성을 간과하기 쉽다.
선호 학습법	• 상호작용을 수반한 학습활동 선호 • 활동하고 말하는 중에 생각 정리 • 창의적 독창적 과제 수행 방법 선호 • 분명한 과제목표에 따른 꾸준하고 계획성 있는 공부 • 자신에 대한 높은 기대로 자기 비판적 경향 • 정서적 조화롭고 학생을 존중하는 학습 분위기 선호

선호 직업 환경	• 동료, 내담자, 고객등과 따뜻하고 지지적인 대인관계를 맺고 유지하는 일 • 프로젝트에 관한 문제를 창조적으로 해결하는 일 • 기여를 인정받고 개인적이며 전문가적인 성장과 개발이 격려되는 환경 • 한 번에 몇 개의 프로젝트를 다룰 수 있는 활동적이고 도전적인 환경 • 대인간의 갈등과 긴장으로부터 자유로운 환경
타인이 본 ENFJ	• 맞장구 종결자! • 엄청난 설득의 대가! • 인간의 성장! • 넌 너무 말이 앞서!!! • 혹평 : 저는 혼자서도 잘하거든요~ 간섭 노우!!! • 호평 : 격려와 칭찬 덕분에 포기하지 않을 수 있었어요.
취약점을 위한 제안 사항	• 사실들과 장소와 사람과 사건에 대한 세부사항을 기억하라. 다른 이들과 이것을 함께 나누고 다른 사람에게 도움이 되도록 인내하라. • 수용적이 되어 다른 사람의 이익을 위해 자신의 계획을 전환시킬 의향을 지녀라. • 일정 중 매주 하루는 비워두고 계획을 세우지 않고 짜여지지 않은 채로 그냥 두어라. • 지도자의 입장만을 항상 주장하지 말고 타인이 원하는 것에 부응하는 추종자가 되어라. • 자신과 다른 사람의 부족함과 실수를 참고 관대해져라.

⑯ ENTJ

직관을 보조기능으로 한 외향적 사고형

Life's Natural Leaders(**지도자형**)

ENTJ들은 세상만사가 자기 생각대로 굴러가듯이 사고를 많이 사용한다. 집행 분야의 활동과 장기계획 수립을 좋아한다. 사고를 신뢰하기 때문에 논리적 분석적이며, 객관적 입장에서 비판적 태도를 잘 취하고, 자기 합리적 사고에 맞지 않는 것은 믿으려 하지 않는다. 일 그 자체에 초점을 맞추지 일을 하고 있는 사람은 개의치 않는다.

앞서서 생각하기를 좋아하고, 추진하려는 프로젝트에 따라 모든 계획과 상황과 운영을 조직화시키려고 하고, 이를 달성하기 위해 체계적인 노력을 다한다. 뒤죽박죽이거나 비능률적인 일은 견뎌내지 못한다. 그러나 강인하게 대처해야할 때에는 강인하게 대처하기도 한다.

어떤 행동이든 논리에 맞게 수행해야 하고 자기 행동도 여기에 맞춰 통제해야 한다고 생각한다. 일단의 분명한 원칙에 따라 이 세상을 살아가며, 이 세상에 대한 판단도 이러한 원칙에 따라 이루어진다. 자기가 고수해 오던 원칙을 먼저 바꾸기 전에는 생활에도 변화가 있을 수 없다.

그들이 관심을 기울이는 것은 현재의 것, 분명한 것, 알려져 있는 것들이 아니라, 미래의 가능성이다. 직관을 선호하기 때문에 새로운 아이디어에 대한 지적 관심과 호기심이 많다. 또한 이론을 좋아하며 복잡한 문제라도 꺼리지 않는다.

ENTJ들은 직관을 필요로 하지 않는 직업에는 만족을 느끼지 못한다. 그들은 문제를 통해 자극을 받고 새로운 해결책을 모색하고 추진할 수 있는 분야를 찾는다. 원대한 비전에만 관심을 갖기 때문에 사소한 세부적 중요성을 간과하기 쉽다. ENTJ들은 구체적 상황을 무시하기 쉬운 같은 직관형끼리만 어울리려고 한다. 그렇기 때문에 지나쳐 버리기 쉬운 구체적 현실과 세부적인 측면의 중요성을 일깨워줄 건전한 상식을 가진 사람의 도움이 필요하다.

ENTJ는 다른 결단력이 있는 유형들과 마찬가지로 상황을 충분히 검토하지도 않고 섣불리 결정을 내릴 위험을 안고 있다. 하던 일을 멈추고 다른 사람의 견해, 특히 자신에게 함부로 말할 수 있는 입장에 놓이지 못한 사람들의 견해도 경청할 필요가 있다. ENTJ에게는 이러한 일이 그리 쉽지 않겠지만, 상대방을 이해하려는 시간을 갖지 않는다면, 상대방이 어떻게 생각하고 느끼는지 보지 못하고 섣불리 판단해 버리기 쉽다.

ENTJ들은 감정의 가치를 고려하는 법을 배울 필요가 있다. 그들은 자기 논리적 사고를 지나치게 믿기 때문에 감정의 가치, 즉 자신이 중히 여기고 상대방도 중히 여기는 측면을 간과하기 쉽다. 감정의 가치를 지나치게 무시한다면 압박감이 쌓이고 부적절한 방법으로 표출되기 쉽다. ENTJ들은 비논리적이고 비일관적인 면을 보는 눈은 밝지만 상대방을 인정하고 감사를 표시하는 능력도 길러야 한다. 타인의 장점과 생각을 음미하는 것이 자기 감정을 발달시키는 좋은 방법 중 하나이다. ENTJ들은 자신이 고쳐야할 점뿐 아니라 자기들이 원하는 것은 무엇이든지 표현하는 성격을 가지고 있다. 따라서 자기 일에서나 사생활에서 유익한 결과를 가져오기도 한다.

※ ENTJ 성격 요약

특징	비전을 가지고 사람들을 활력적으로 이끌어가는 사람들
인생 슬로건	하늘이 무너져도 솟아날 구멍이 있다.
특성	• 솔직하며, 결단력 있고, 타인들을 이끌고자 한다. • 비논리적이거나, 비효율적인 절차와 정책을 빨리 간파하고, 조직의 문제를 해결하기 위한 포괄적인 시스템을 개발하고 수행한다. • 자신들의 지식을 확장하고자 하고, 또한 그것을 타인들에게 전달하는 것을 즐긴다. • 장기 계획과 목표를 설정하고 자신들의 아이디어와 비전을 뚜렷하게 표현하고 관철시킨다.
강점	• 비전을 가진 지도자일 수 있다. • 최고 책임자까지 올라갈 기회가 있는 조직에서 최선을 다한다. • 야심이 있고 열심히 일한다. 정직하고 솔직하다. • 복잡하고 창조적인 훌륭한 문제해결사, 논리적인 결정을 내릴 수 있다.
약점	• 요구하거나 비판적이거나 협박할 수 있다. • 성급히 결정하느라 중요한 사실과 세부사항을 간과할 수 있다. • 다른 사람의 투입과 공헌을 요구하거나 허용하지 않을 수 있다.
선호 학습법	• 논리적이고 구조화된 환경 중시 • 말하기가 포함된 학습방법 선호 • 사실적 정보나 기술보다 맥락, 원리, 개념의 구조화 등 넓은 의미 포착 • 새로운 아이디어, 문장 이면의 의미, 연관성을 찾아내는 것 선호 • 다양한 호기심, 스스로 문제해결 선호 • 학습목표와 계획에 따라 진행, 성취 선호

선호 직업 환경	• 일정에 따라 효율적으로 진행하고 목표에 도달하기 위해 조직의 운영체계를 이끌고 통제하고 조직하고 완성하는 일 • 장기 전략계획, 창조적인 문제해결, 다양한 문제에 대한 혁신적이고 논리적인 접근방법을 만드는데 참여 • 다른 사람이 분명하고 뚜렷한 지침서를 가지고 일할 수 있는 잘 조직화된 환경 • 나의 지적 호기심을 도전하고 자극하고 때때로 복잡하고 어려운 문제를 다루는 일
타인이 본 ENTJ	• 타고난 지도자! • 단호한 원리원칙인! • 오~ 거시적인 안목! • 넌 너무 독불장군!!! • 혹평 : 부하들이 아파한다!!! 그러고도 군주냐!? • 호평 : 자네의 지도력은 오합지졸을 정예부대로 만들고도 남는군.
취약점을 위한 제안 사항	• 자신의 감정을 발달시켜라. 온정을 보이고 다른 사람에게 감정을 표현하라. • 다른 사람의 업적과 가치에 지속적으로 감사를 나타내라. 매일 어떤 방식으로든지 다른 사람에게 친절을 베풀어라. • 일과 중에 만나게 되는 모든 이들의 감정을 고려하라. • 개방적이고 융통성을 보이며 순응적으로 되라. • 다른 사람의 실수와 한계 그리고 실패를 참아주어라. • 미리 계획하지 말고 그저 하루를 쉬면서 죄가 되지 않는 이상 충동이 이끄는 대로 행하라. • 다른 사람의 관점을 들어라.

3) MBTI 16가지 성격유형 이해(상황별) 2

성격유형별 낚시터 이야기	
ISTJ	자기 준비물을 철저히 준비하고 약속시간에 정확히 모인다.
ENFP	사람 사이에 얼킨 문제 해결사다. 남의 일을 내 일처럼 생각하고 도와준다.
ISFJ	남의 준비물까지 준비한다. 짐이 제일 많다.
ENTP	낚시를 하다 문어나 갈매기까지 잡는다.
INFJ	잡은 고기를 분배해준다. 자신은 빈손으로 온다.
ESTP	고스톱 판을 벌릴 가능성이 많다.
INTJ	낚시에 대해 이론적으로 훤하다. 비가 내리더라도 강행한다.
ESFP	누군가와 같이 있는 것이 행복하다.
ISTP	낚시도구를 잘 다룬다.
ENFJ	고기를 잡을 수 있는 동기를 부여해주는 멘토! 남의 뒤치다꺼리를 한다.
ISFP	아이들하고 놀아주고, 주변 청소와 자녀를 보호한다. 강아지를 데리고 왔다.
ENTJ	업무를 분담시킨다. 고기를 놓치면 문책하고, 낚시터의 감독관이 된다.
INFP	잡은 고기를 다시 놓아준다. 남에게 부담을 주지 않는다.
ESTJ	작은 고기를 잡고도 큰 고기를 잡은 것처럼 표현한다.
INTP	물때, 고기수종(물고기 이름) 그리고 자연의 이치에 맞추어 예언한다. 생물도감을 가지고 왔다.
ESFJ	사람들의 이름을 가장 많이 부른다. 고기를 가장 적게 잡은 사람의 고기를 대신 잡아준다.

4) MBTI 16가지 성격유형 이해(기도문별) 3

성격유형별 기도문	
ISTJ	주여! 저를 사소한 것에 연연하지 않도록 돌보아 주소서. 그리고 내일 아침 6시 43분 43초에 제게 일어 날 수 있도록 해주소서.
ENFP	주여! 제가 한 번에 한 가지 일 (우와, 저기 새 봐라!〈딴 짓〉)에 집중할 수 있도록 도와주소서.
ISFJ	주여! 제가 좀 더 느긋해질 수 있도록 도와주시고, 또한 그것을 아주 정확히 지키도록 도와주소서.
ENTP	주여! 제가 오늘은 계획된 대로 살게 하여 주십시오. (다시 생각해보니, 잠시동안만 그렇게 해야겠어.)
INFJ	주여! 제가 완벽주의자가 안되도록 도와주소서. 그런데 지금 제가 철자를 제대로 썼습니까?
ESTP	주여! 제가 한 행동들에 대하여 제가 책임을 질 수 있도록 도와주소서. 비록 그 행동들이 저의 실책이 아니라고 하더라도….
INTJ	주여! 제가 다른 사람들의 아이디어에 대해서 마음을 열 수 있도록 도와주소서. 비록 그 생각이 틀렸다 할지라도….
ESFP	주여! 제가 이 세상의 많은 것들을 좀 더 진지하게 받아들일 수 있도록 도와주소서. 특히 회식이나 춤추는 것들을 말이죠.
ISTP	주여! 제가 다른 사람들의 정서를 깊이 돌볼 수 있도록 도와주소서. 비록 다른 사람들이 대부분 신경과민증 환자라 할지라도….
ENFJ	주여! 제가 할 수 있는 것만 하고, 나머지는 주께 맡길 수 있도록 도와주소서. 그런데 이것도 적어 놓아야 겠지요?
ISFP	주여! 항상 저의 권리를 주장할 수 있도록 도와주소서. 그러나 제가 부탁드리는 것은 너무 신경쓰지 마세요. 주님!
ENTJ	주여! 제가 하는 모든 것들이급하지않도록도와주소서. (띄어쓰기가 급해서 안된다.)

INFP	주여! 제가 시작한 일은 반드시 끝낼 수 있도록 도와주소서.
ESTJ	주여! 제가 일을 자꾸 저지르지 않도록 도와주소서. 그러나 주님이 바쁘시면 말씀만 하세요. 즉시 출동하겠나이다.
INTP	주여! 제가 너무 독립적이지 않도록 도와주소서. 그럼 저는 제 갈 길을 열심히 가겠습니다.
ESFJ	주여! 저에게 인내를 주소서. 그런데 이왕 주시려거든 지금 당장 주세요.

5) S대학교 신입생의 MBTI 성격유형 분포 현황

MBTI Form M을 이용한 연구에서 나타난 S대학교(충남 아산 소재 저자 소속 대학임을 밝힘) 신입생의 MBTI 분포는 대체로 다음과 같다.

- 외향(E) 57% / 내향(I) 43%
- 감각(S) 54% / 직관(N) 46%
- 사고(T) 33% / 감정(F) 67%
- 판단(J) 31% / 인식(P) 69%

ISTJ 4.90%	ISFJ 5.20%	INFJ 2.30%	INTJ 1.10%
ISTP 6%	ISFP 9.50%	INFP 11%	INTP 3%
ESTP 6.50%	ESFP 11%	ENFP 17%	ENTP 5.20%
ESTJ 4.80%	ESFJ 5.60%	ENFJ 4.90%	ENTJ 1.90%

위의 결과로 보았을 때 S대학교 신입생에게서 가장 많은 비율을 차지하고 있는 유형은 ENFP유형과 ESFP유형이다. ENFP는 스파크, ESFP는 낙천주의자라는 별명을 가지고 있으며, 8가지 선호지표의 총체적인 조합으로 분석한 S대학교 신입생의 성향은 다음과 같다.

- 다수가 함께 할 수 있는 것, 그리고 유행에 민감하다. 그렇기 때문에 주로 외부활동을 선호하고, 활동력이 강하며 신속하다.

- 이성보다는 감성에 익숙하다. 그렇기 때문에 과업이나 사실적인 부분보다 사람의 감정, 가치를 더 중요하게 여긴다.
- 유연하고 적응력이 있다. 어떤 환경에서도, 어떤 변화에도 유연하게 대처할 수 있는 재치와 적응력을 가지고 있다. 그렇기에 대체로 자연스러운 분위기를 지니고 있다.
- 여러 가지 분야에 호기심이 많다. 그래서 한 가지에 몰두하는 것보다는 외부 경험을 통해 다양한 활동들을 하는 것을 선호한다.
- 창의적이고 예술적인 분위기에 익숙하다. 전통적인 문화양식보다 새롭고 독창적인 문화양식을 더 선호한다. 그렇기에 가능성이 무궁무진하다.

위와 같은 특징으로 S대학교 신입생들의 대체적인 성향은 E*FP로 분석될 수 있다. 대체적인 한국성향과 정반대적인 성향을 지니고 있으며, S대학교 신입생들은 규정화되어 있고, 사실중심적, 논리적이며, 조용한 분위기를 불편해할 수 있다. 그래서 앉아서 하는 공부보다는 직접 체험하여 학습하는 체험학습법을 더 선호한다. 따라서 S대학교 신입생들의 학업성취 동기와 학습 효율을 이끌어내기 위해서는 가만히 앉아서 듣는 주입식 수업보다는 활발한 토론이 이루어지고, 활동이 이루어지는 수업이 더 효과적일 수 있다. 대표적으로 플립러닝, 체험학습 등이 이들의 학업 호기심을 자극할 수 있다. S대학교 신입생들의 대체적인 분위기는 외향성을 띄고 있기에 전교생을 한 공간에 모아놓으면 어디로 튈지 모르는 공처럼 굉장히 활발한 분위기를 만들어 낼 수 있다. 또 한국성향이 사실중심이고, 과업중심적인데 비해 S대학교 신입생들은 가치중심적이고, 사람의 감정, 공감을 중요시 한다. 그래서 학업도 학업을 위한 공부를 하는 것이 아닌 사람과 관계와 연관된 동기로 공부를 하는 경향이 많을 수 있다. 이들이 학업에 흥미를 가지기 위해서는 해당 교과목의 교수자와 친밀한 관계형성이 중요하다. 학생이 교수자에게 친밀한 관계형성으로 호감을 가지게 되면 대체적으로 가치중심적이고 감성적인 동기로 인해 학업에 흥미를 가질 확률이 높아진다. 그리고 S대학교 신입생은 한국사회의 성향과 달리 자유로움을 추구하며, 틀에 짜여진 생활에서는 답답함을 느낀다. 그래서 늘 구속되지 않는 생활을 원하며, 그와 같은 욕구로 인해 다소 조직적이고 체계적이지 않을 수 있다. 이들은 적당한 틀 안에서 자유로운 변화를 추구하기에 학교 시간표 역시 변화무쌍할 수 있다. 진로에 있어서는 주로 깊이를 추구하는 학자나 연구자보다는 넓이와 다양함을 추구하는 상업예술가나 서비스업에 흥미를 가질 수 있다. 이와 같은 특징으로 종합해보았을 때 S대학교 신입생은 낙천주의적, 스파크와 같은 유연함, 독특함을 지니고 있으며, 이와 같은 성향은 학교 전체적인 분위기에 밝고 긍정적인 영향을 줄 수 있다. 감성, 가치중심적인 성향으로 결집력, 친화력으로 학교 전체적인 분위기에 따뜻한 분위기를 형성할 수 있다. 그리고 무엇보다도 자유로운 마인드로 인해 틀을 뛰어넘는 참신함과 독창성이 학교의 정체성을 확립하는데 큰 도움을 줄 수 있다.

※ S대학교 신입생 성향(E*FP)의 장점

(1) 밝고 에너지가 넘친다. 그리고 새로운 도전을 두려워하지 않는다. 그러므로 다양한 경험을 할 수 있고, 여러 환경에 쉽게 적응할

수 있다.

(2) 감성적이고, 가치중심적이다. 그러므로 사람의 마음을 공감하는 공감력이 뛰어나며, 이를 바탕으로 인간친화적인 분위기를 형성할 수 있다.

(3) 위계나 절차보다는 자유롭고 유연한 환경을 선호한다. 그러므로 변화하는 상황에 대한 순간대처력과 적응력이 뛰어나며, 참신한 아이디어를 도출할 수 있다.

※ S대학교 신입생 성향(E*FP)의 단점

(1) 다소 신중하지 못하고 가벼워 보일 수 있다. 지나친 행동주의적인 성향으로 인해 잦은 실수가 있을 수 있다.

(2) 지나치게 감성, 가치중심적인 성향에만 집중될 경우 문제의 본질을 제대로 바라보지 못하고, 그에 따라 문제해결의 초점이 흐려질 수 있다.

(3) 지나치게 자유와 유연함만을 고집할 경우 계획성과 체계성이 떨어질 수 있다. 그 결과 아무것도 정리되지 않는 무질서와 혼란을 불러일으킬 수 있다.

※ S대학교 신입생 성향(E*FP)의 제안사항

(1) 행동주의적, 경험주의적 활동도 좋지만 경험한 것들을 정리하고 소화할 수 있도록 자기성찰, 반성하는 내적 시간이 필요하다.

(2) 감정에 휘둘리지 않고, 문제의 본질을 볼 수 있도록 사건, 사실 위주로 관심을 가지는 것이 필요하다. 그래야만 본질적인 문제해결능력

을 높일 수 있다.

(3) 자유와 융통성, 유연함도 좋지만 체계적이고 효율적인 학업을 위해 자신의 생활을 계획하고 정리하는 습관이 필요하다.

6) 대한민국의 MBTI 성격유형 분포 현황

MBTI Form K를 이용한 연구에서 나타난 한국인의 MBTI 분포는 대체로 다음과 같다.(김정택, 2003년, 5365명)

- 외향(E) 49% / 내향(I) 51%
- 감각(S) 70% / 직관(N) 30%
- 사고(T) 60% / 감정(F) 40%
- 판단(J) 60% / 인식(P) 40%

ISTJ 12.9%	ISFJ 8.6%	INFJ 3.7%	INTJ 5.5%
ISTP 8.6%	ISFP 5.7%	INFP 2.5%	INTP 3.7%
ESTP 8.2%	ESFP 5.5%	ENFP 2.3%	ENTP 3.5%
ESTJ 12.3%	ESFJ 8.2%	ENFJ 3.5%	ENTJ 5.3%

위의 결과로 보았을 때 한국에서 가장 많은 비율을 차지하고 있는 유형은 ISTJ유형과 ESTJ유형이다. ISTJ는 관리자, ESTJ는 사업가라는 별명을 가지고 있으며, 8가지 선호지표의 총체적인 조합으로 분석한

한국사회(사람)의 성향은 다음과 같다.

- 주어진 것, 짜여진 틀을 선호한다. 그러기에 명확하고 구체적인 것을 좋아한다.
- 과업 중심적이다. 이들에게는 인간관계도 본인이 완수해야 할 역할 중에 하나이며, 일이든 관계든 세부적이고 논리적인 절차대로 진행되기를 원한다.
- 지나친 이상과 뜬구름은 좋아하지 않으며, 현재의 상황에 대한 이야기를 나누기 원한다. 주된 관심사는 미래에 관한 것보다는 현실에 있다.
- 감성보다 이성이 더 익숙하다. 이들에게는 인간, 공부, 사물, 사건, 업무 등 모든 것은 논리적으로 고민해야 할 대상이다. 그렇기에 이들은 대체로 합리적인 편이다.
- 계획적이고 체계적이다. 이들은 자신의 삶을 포함하여 주변 사람의 삶까지 매사에 계획적이기를 바라며, 그런 계획 아래에 체계적으로 진행되기를 원한다.

위와 같은 특징으로 한국사회(사람)의 대체적인 분위기는 *STJ스럽다고 할 수 있다. 사람에게도 성격유형이 있듯이 사회를 구성하고 있는 구성원의 분포에 따라 사회에도 성격유형이 존재한다. 대체적으로 한국사회(사람)는 *STJ의 성격과 유사하다. 교육, 문화, 생활습관 등에서도 정형화된 틀이 있고, 그 정형화된 틀 안에서 정해진 규칙과 절차에 따라 교육이 진행되고, 문화생활도 즐긴다. 물론 이에도 늘 변수는 있다.

유행이나 다른 변수도 있지만 이 유행이나 기타 변수도 정형화된 틀을 크게 벗어나지는 않는다. 이와 같은 한국사회의 *STJ 스러운 성격은 학교, 기업, 공공기관의 장면에서도 드러난다. 대학교는 학교마다 분위기와 문화가 다르지만 대체적으로 중고등학교는 획일화된 체계 내에서 주로 주입식 교육 위주로 이루어진다. 이미 정해진 것을 그대로 암기하거나 이해하여 학습하는 일방향적 교육이 주가 되어 있다. 이에 따라 사교육 문화 역시 비슷한 부분이 있다. 비슷하게 기업이나 공공기관도 애플이나 구글과 같이 유연성을 강조하기보다는 조직의 절차 및 체계를 중요시한다. 또한 실질적인 수익을 위한 자원을 주로 현재에서만 찾으려 하는 경향이 있다. 기업의 슬로건으로 '창의적 인재', '창의성'을 내세우고 있지만 실제로 공공기관이나 기업 내부에서 깊게 자리잡고 있는 것은 '실용적 인재', '실용성'에 가깝다. 그리고 대부분 사람 중심이라기보다는 과업 중심이기에 이와 같은 부분을 모두 종합하여 볼 때 한국의 대체적인 성향은 *STJ와 매우 흡사하다. 8가지의 지표가 모여 한 사람의 성격유형이 완성되듯이 한 조직, 더 나아가 국가의 성향도 그 조직이나 국가를 구성하고 있는 구성원의 성향에 따라 만들어진다.

※ 한국성향(*STJ)의 장점

(1) 현실적이고, 실제적이며, 실용적이다. 그러므로 사건이나 갈등의 실제적인 문제점을 발견하여 개선하는데 익숙하다.

(2) 논리적이고, 합리적이다. 그러므로 공과 사에 대해 기준이 명확하고, 문제해결에 능숙하다.

(3) 위계나 절차, 체계가 뚜렷하다. 그러므로 대체로 조직적인 분위기이

며, 효율성을 중요시 한다.

※ 한국성향(*STJ)의 단점

(1) 다소 창의적이고 혁신적이지 못할 수 있다. 미래의 가능성을 보지 못하며 현재 보이는 것만 맹신할 수 있다.

(2) 지나친 과업 및 사실 중심이 될 경우 사람의 가치나 감정을 외면할 수 있다.

(3) 지나치게 체계와 절차를 중요시할 경우 유연성, 융통성이 떨어질 수 있다. 그렇게 되면 자연스러움보다는 기계적인 분위기가 형성될 수 있다.

※ 한국성향(*STJ)의 제안사항

(1) 아직 확인되지 않은 미지의 영역과 미래의 가능성을 인정하고, 끊임없는 변화의 노력을 해야 한다.

(2) 사람이나 조직이 가진 본연의 가치, 감성을 있는 그대로 인정하고 공감할 필요가 있다.

(3) 지나친 체계와 절차도 좋지만 상황에 따라 변화할 수 있는 유연성과 적응력이 필요하다.

2. MBTI 기질과 진로 탐색

심리학자 Kiersey는 다양한 문화권과 역사 속에서 네 가지의 기질이 독립적으로 작용하고 있다는 사실을 발견했다. 비록 역사와 문화권이 달라도 아주 비슷한 특징을 나타내고 있다는 사실을 발견한 것이다. Kiersey와 Bates(1978)는 인간 행동이 바깥으로 어떻게 드러나는가를 알기 위해서는 SJ, SP, NF, NT라는 네 가지 氣質(temperament)을 통해 보는 것이 더 적절하다고 말한다. Kiersey는 MBTI에서 지각기능이 감각(S)이면 넷째 쌍인 J와 P, 지각기능이 직관(N)이면 셋째 쌍인 T와 F에서 골라 SJ, SP, NT, NF라는 네 가지 기질을 찾아냈다. 이러한 기질은 인간 행동을 예측하는데 아주 유용한 정보를 제공해 준다.

동일한 기질을 가진 사람은 꽤 많은 공통점을 가지고 있고, 핵심 가치들을 공유하고 있다. 그러나 기질이 동일하다고 해서 모든 특성이 다 똑같은 것은 아니다. 동일한 기질이라 하더라도 외향-내향, 사고-감정, 판단-지각 중 어느 것을 더 선호하는가에 따라 차이를 나타낸다. 그러면 각 기질에 맞는 진로나 직업을 선택하기 위해 네 가지 기질에 대한 주요 특징을 살펴보기로 한다.

❖ SJ (ESTJ, ESFJ, ISTJ, ISFJ):

의무, 질서, 책임감, 유용성을 원한다.

법과 질서를 존중하고 전통을 숭상하며 성실하고 근면하다.

❖ SP (ESTP, ESFP, ISTP, ISFP):

행동, 자유, 자발성, 다양성을 원한다.

직접적인 경험을 통한 즐거움을 추구한다.

융통성과 적응력이 있다.

❖ NT (ENTJ, ENTP, INTJ, INTP):

유능감, 통제, 완성, 이해를 원한다.

자기 생활과 사고에서 논리성을 추구한다.

독창적이고 새로운 변화를 추구한다.

❖ NF (ENFJ, ENFP, INFJ, INFP):

의미, 진정함, 영감, 커뮤니케이션을 원한다.

사람들 사이에 목적의 통일성을 추구한다.

창의력이 있고 인화를 중시한다.

1) SJ(에피메테우스 기질)

SJ기질의 유형은 '의무'를 몹시 필요로 한다는 점이 유사하다. 무엇보다 이들은 속해 있는 사회적 단위에 도움이 되기 위해서 존재한다.

에피메테우스는 판도라가 상자를 열어 모든 종류의 악이 세상에 퍼지게 한 후에도 그녀를 포기하지 않고 오히려 훌륭한 분별력으로 자신의 운명을 받아들여 재앙에 대항하는 방패로서 그를 안내해 줄 "해야 하는 것"과 "하는 것이 당연한 것"을 추구하게 되었다.

SJ는 소속되어야 하며, 이러한 소속은 노력하여 얻어지는 것이어야 한다. 의존이란 그가 바라는 정당한 상황이 아니며, 의존하는 것은 의무나 책임을 소홀히 하는 것으로 받아들여 죄책감을 느낀다. SJ는 주는 사람, 돌보는 사람이 되어야 한다.

학교는 SJ들을 위해 만들어진 것이다. 학교는 주로 SJ들에 의해 운영되며, 까불어대는 아이들을 "무엇을 하기로 되어있는지" 알려고 하는 심각하고 의무지향적인 꼬마부모로 바꾸어놓기 위해 유지되고 있다. SJ는 무언가 도움이 되지 못해서 조바심을 내고 있는 것처럼 보인다.

SJ와 SP의 상반되는 특성 : SP는 자유롭고 독립적인 반면, SJ는 속박되고 의무를 짊어진다. 이것은 두 기질의 상반된 욕구를 대변한다. SP는 에피쿠로스학파적인 윤리(놀이의 윤리), SJ는 스토아학파적 윤리(일의 윤리)에 따라 산다. SP는 평등에 대한 신념과 욕구로서 우애적이고 자유론자적인 견해를 지지하는 반면, SJ는 위계질서에 대한 신념과 욕구로서 그의 어버이답고 책임을 지려는 목적을 지지한다. SJ에게 위계적인 사회구조는 사회의 본질에 해당하며 구성원간의 상호작용을 지배할 규칙이 있어야 한다. 사회적인 단위에서의 지위는 각자 노력하며 얻어지는 것이어야 하고 각자 자기의 본분을 다해야 한다. SP는 각자 속한 사회적 지위에 상관없이 평등해야 하고, 지위는 노력이 아닌 운에 달린 것이다. 그들에게 규칙은 우연히 차지하게 된 지위를 유지하기 위한 "가장된 수단"에 불과하다.

SJ의 신조 : 늘 준비하고 있어라. 어떤 기질의 사람보다 불행과 재난에 대비한 준비에 철저하다. 이들에게는 만일의 경우에 대비해서 저축하는 것이 최선이다. 개미와 베짱이 이야기는 SJ와 SP의 상반된 기질을 잘 묘사하고 있다. 양자 간에는 빈번히 결혼이 이루어져 개미와 베짱이의 드라마가 반복된다.

쓸모 있고자 하는 SJ의 욕구는 어느 곳에든 소속되고자 하는 갈망으로 나타난다. 사회적 단위에 속한다는 것은 그의 행동유형의 중심을 이룬다(사회적 단위의 연속성을 만들고 육성). SP의 행동은 그 자체가 목적이듯 SJ에게 있어서는 사회적 단위가 목적이다.

SJ는 남에게 제공하고, 봉사하고, 보살핌을 베푸는 입장이기 때문에 은혜를 모르고 감사하는 마음이 결여되었다는 것을 찾아내는 감각이 다른 기질의 사람보다 더 예민하다. 그러나 SP처럼 감사나 인정을 요구할 수 없다. 왜냐하면 제공, 봉사, 보살핌은 그의 의무이고 의무감, 책임감, 부담감은 그가 원하는 것이기 때문이다.

파티에 참석한 SJ는 주인을 도와 파티 뒤처리를 하고 있는 경우가 많다. 파티를 개최하는 것은 SP인데 손님인 SJ가 자신의 소망대로 접대를 하고 있는 경우가 많다.

SJ의 직업선택 : 단체에 마음이 끌리고, 관련된 일을 하고, 설립하고 육성하며 단체의 계속성, 영속성을 유지하는데 관심이 많다. 가르치고, 설교하고, 계산하고, 사무를 보고, 약을 짓고, 복구하고, 안전을 확보하는 분야의 직업을 선택한다.

SJ는 늘 보존하는 사람이다. SJ는 언젠가는 어떻게든 저축을 하며 SP는 반대로 소비한다. 그래서 SJ는 사회의 토대, 주춧돌, 원동력, 안전장치이다. 보존의 욕구는 SJ의 책임이 한계 이상으로 늘어나도 거절을 못하게 만든다. 천성적으로 빚과 의무감을 지고 있다고 느끼기 때문이다.

SJ도 변화는 불가피하고 필요하며 바람직하다는 것을 알고 있지만, 만일 그것이 믿을 수 있고 올바른 것, 수용되고 승인된 것을 희생하면서 얻어지는 것이라면 거부해야 한다고 생각한다.

SJ에게 법은 불편하더라도 지켜야 하는 것이다. 불법적인 소유는 SJ가 생각하는 최고의 악덕이다. SJ는 원칙의 강력한 옹호자로 원칙에 대한 인식에는 차이가 있으나 일단 원칙이라고 간주하고 나면 그것을 강력히 고수한다. 가난한 사람, 병든 사람을 수용하는 제도도 SJ가 특별히 책임져야 하는 영역이다.

SJ는 사회적이고 경제적인 세계에서 안전장치 구실을 한다. 그는 하루치의 보수를 받기 위해 틀림없이 하루치의 일을 해내며 그러지 못하는 사람을 이해하지 못한다.

SJ는 잘 발달된 전통에 대한 감각을 지니고 있고, 문화적으로 옳고 그른 것을 진지하게 취급하며 이를 어기는 사람에게는 비판적이며 가차없이 대한다. 적절한 일을 적절한 때에 하는 경향이 있다. SJ는 자신의 소속감을 확인하고 그의 의무가 가져다주는 책임을 떠맡음으로써 그것을 증명하고자 한다.

자기의 의무를 다하지 않는 것은 참을 수 없는 일이며, 사회기준에 따르지 않는 것은 고약한 취미이다.

SJ의 대표적 표현 : 확고부동함, 의지할 수 있음, 안정돼 있음, 신뢰할 수 있음, 세상의 소금, 사회의 중추, 의지할 수 있는 기둥으로 사회의 문화를 주도해가는 사람이다.

SJ기질의 인구는 대략 50%로 특징을 요약하면, 구체적이고, 사실적이고, 실질적이며 관료형이고 조직의 목표가 우선이다. 현재에 관심이 있고 일중심이다. 성실, 근면, 책임감으로 대표된다. 스트레스 상황에서는 날카롭게 비판, 비꼼, 단정적, 사무적 접근, 차가움, 기분, 감정을 인정하지 않는다. 일 중심으로 움직이며 일에 있어서 생산성, 명확성을 추구하며 명확한 지시(Step by Step)를 선호한다. 위계적, 체계적 조직을 중시한다.

2) SP(디오니소스 기질)

디오니소스적인 SP기질은 자유로워야 한다. 따라서 구속당하거나 속박당하거나, 제한되거나, 의무를 지지 않으려고 한다. 그가 원하는 것을 원하는 때에 하는 것이 SP들에게는 이상적인 것이다.

오늘을 즐겨야 한다. 왜냐하면 내일은 결코 오지 않는 것이기 때문이다. 따라서 기다리고, 아끼고, 모아두고, 준비하고, 내일을 위해 사는 것은 그들에겐 말이 안 된다.

SP에게 문제가 되는 것은 '행동'이며, 따라서 SP를 이해하기 위해서는 그가 강력하게 원하는 행동이 어떤 종류의 것인가를 이해해야 한다. SP들에게는 행동 그 자체가 목적으로 행동은 목표달성을 위한 도구가 아니며, 단지 하고 싶은 충동이나 생각이 있기 때문에 행동한다.

본질적으로 SP들은 충동적이다. 충동이 명하는 것은 무엇이든 하며, 충동이 약해지면 마음이 내키지 않는다. 이들은 충동적이 되길 원하며, 그들에게 있어서 '충동적'이란 정말로 살아있음을 뜻하는 것이다. 충동을 폭발시키듯 발산하는 것을 좋아하며, 충동을 느끼지 못할 때는 죄책감까지 느낀다. 자유롭고자 하는 그들의 충동을 제한할 때 구속되고 속박되었다는 느낌을 갖는다.

SP들에게 연습은 없다. 연습은 훗날을 위한 행동의 준비에 불과함으로 연습을 하지 않고 곧바로 행한다.

SP들은 속박이나 강제가 없는 활동, 규칙이나 연습이 필요없는 탐험적 활동의 갈망에 지배된다. 이들은 결과를 알지 못하는 상황, 한계를 시험할 자유가 있는 상황에 강하다. 모든 유형 중에서 '위기'에 가장 잘 대처하며, 위기의 정도가 크면 클수록 극적으로 반응하는 수완을 발휘한다. 거의 변화가 없거나, 반복적인 상황에서는 흥미를 상실한다.

디오니소스적인 사람은 신과 상징적인 것에는 흥미가 없고 '도구'를 주인으로 섬긴다. SP에게 도구는 사용하지 않을 수 없는 매혹이며(운전, 비행기 조종, 총 쏘고, 악기를 다루고, 수술용 메스를 사용하고, 붓이나 조각칼을 애용하는), 자아의 확장물이고 행동의 영향을 증대, 증폭시키고 완성하는 것이다.

SP의 자유로운 자기 과시 : 이들은 타인이 자기를 자유로운 사람으로 보아주기를 원한다. SP는 자기의 자유를 자랑하기 좋아한다. SP는 지식을 축적하거나 힘을 쌓아두지 않으며 가능한 자유롭게 인생을 소비한다. 또한 자원은 소비되어야 하고, 기계는 조직되어야 하며, 사람들은 즐거워야 한다.

문화적, 사회적인 성차별 : 남자 SP들에게는 여자 SP들에 비해 행동지향적 선호경향을 표현할 수 있는 기회가 더 많이 제공되며, 전형적인 SP직업들에 있어 여자 SP들은 배제되어 있다(정확성, 지구력, 힘, 대담성이 요구되는 행동적 직업은 남자들의 영역)

SP(특히 외향적 SP)는 사람들에게 흥분을 더해준다. 이들은 현상유지를 위한 생활에 쉽게 싫증을 내며 화려한 삶을 살고자 한다. 사람들로부터 자극적, 낙관적, 쾌활하고, 천하태평이며, 장난기가 넘친다는 얘기를 듣는다.

SP의 좌절은 일시적인 것으로 다른 유형의 사람들이 영원히 헤어 나오지 못한 실패도 극복해내는 능력을 소유하고 있다.

SP에게 있어서 삶은 충동을 느끼고, 그 충동에 따라 자발적으로 행동하는 것으로 기다림은 심리적 죽음이며, 연기한다는 것은 충동을 죽이는 것으로 생각한다.

SP는 자신이 원하고 갈망하는 행동을 할 때는 대단한 '참을성'을 발휘한다. 이들은 일단 행동에 대한 갈망에 사로잡히면 몇 시간이고 계속해서 다른 유형의 사람들이 포기할 행동을 꾸준히 해낼 수 있다. 따라서 의도하거나 연습하지 않았음에도 완벽함을 달성한다.

SP는 가장 떠돌아다니는 것을 좋아하며 쉽게 사회적 인연을 단절할 수 있다. 이전의 생활양식을 집어치우고 뒤도 안 돌아보고 떠날 수 있으며 자기가 만든 인연을 거추장스럽거나 부담스럽게 여길 수 있다. 중년기가 되면 자유롭고자 하는 욕구가 더 강해져서 안절부절하기도 한다. 그러나 역설적으로 가장 열렬하고 우애적이기도 하여 단체행동에 열성적이며 충실하다. 사랑에 있어서도 호화로운 선물을 하는 데는 선수이나 약속을 잊기도 하고 말로 사랑을 표현하는데 소홀하기도 하다.

SP는 도움이 될 만한 자원은 무엇이든 이용하며, 그것을 기꺼이 다른 사람과 나누려 한다. 나눔에 있어서 평등주의자이며, 내 것은 네 것이고 네 것은 내 것이다.

SP에게 있어 본질적으로 일은 '놀이'이다. 과정 지향적으로 SP의 기쁨은 바위를 밀어 올리는 행동에 있으며, 노고를 기념할 대가가 없어도 개의치 않는다. 따라서 이들은 행동을 수반하는 직업에 끌린다(공연예술, 건설, 건축, 직업적 용병, 구급차 운전 등).

SP는 오랜 기간 규칙 아래 순종하며 지낼 수 있지만, 일단 위기상황에 부딪히거나 충동이 솟구쳐 오르면 이제까지와는 너무 다른 성격이 표면에 드러난다. 새로운 상황은 새로운 행동을 요구하며, 기왕의 약속은 백지화시킨다.

사람들은 SP의 생활방식에 마음이 끌리고 매혹당하지만, SP가 그들이 예측했던 대로 살지 않으면 실망한다.

SP들은 덤벙대는 경향이 많으므로 다른 기질의 사람들보다 사고를 당하기 쉽다.

SP기질의 인구는 대략 15%이다. 이들의 특징을 요약하면 온정적이며, 가족적이고 화기애애한 분위기를 선호한다. 구체적인 인간에 대한 관심이 많다. 지나치게 사람에 의존적이며, 상처에 예민하게 반응한다.

인정의 욕구가 강해서 칭찬받기를 더 많이 원한다. 업무를 객관적으로 수행하나 분위기는 안정적인 것을 선호한다.

3) NT(프로메테우스 기질)

프로메테우스는 하늘로부터 불을 훔쳐 인간을 무지로부터 구하였고, 인간발전의 철칙을 선도하였으며 인간을 위해 과학과 기술을 선사하였다. 자연을 이해하고 지배한다는 것은 곧 힘을 소유한다는 것이고, 이 힘에 대한 욕망은 NT기질의 유형을 다른 유형과 구별되게 하는 가장 중요한 척도가 된다.

NT는 힘에 매료된다. 힘이란 인간을 지배하는 권력이 아니라 자연을 대상으로 발휘하는 힘을 말한다. 또한 현상을 이해하고 조정, 통제하고 예측하고 설명하는 능력을 말한다. 이는 과학이 지향하는 목적과 일맥상통한다. NT가 원하는 힘은 권력이 아니라 "능력과 자질, 재능과 재주, 기술"을 뜻한다.

NT는 지성을 사랑한다. 이는 다양한 환경에서 일처리를 잘함을 의미하며, 지식을 낚아채어 쌓으면서 획득하는데 탐닉하는 듯이 보인다.

NT는 스스로 자신들의 책임과 권위, 자유에 대해 의심과 회의를 자주 품는다. 사기꾼이라는 식의 비평은 수긍할 수 있지만, 능력없는 사람이라는 비평에는 수긍하지 않는다. 왜냐하면 자신의 능력에 대해서 판단하는 기준을 자신이 갖고 있다고 믿기 때문이다. 그들은 반드시 능력이 있어야만 하며, 능력에 대한 욕구로 인해 노예가 되어도 좋다는 강박관념마저 있다. 이런 능력에 대한 NT의 강박관념은 SP의 행동수행을 향한 충동과 같다. SP에게 능력은 그들이 행동하기 위한 수단인 반면, NT에게 있어 행동이란 그들이 자부하는 능력을 쌓게 해주는 수단일 뿐이다.

NT는 모든 유형 중에서 가장 자기비판적이다. 이들은 시시각각으로 자신의 능력과 내적사고의 활동을 점검하고 확인한다. NT성향이 뚜렷할수록 지식과 기술획득에 대해 자신에게 가혹하고도 엄격한 요구를 한다. NT는 그들이 선택하는 어느 영역에서나 유능해야 한다고 생각하며 자신들이 설정한 기준으로는 만족하지 못한다.

SJ는 "해야 한다"하는 것이 당연하다는 내적 규율을 가진데 비해 NT는 의식내부에 "알아야 한다", "할 수 있어야 한다."라는 조항을 지니고 있으므로 항상 지식을 축적한다.

업무에 있어 철저한 완벽주의인 것은 능력과 우수성을 앞세우기 때문이다. 업무수행에 있어 그들이 설정한 높은 기준은 과중한 스트레스를 유발시키고 행동이 긴장되고 강박적으로 나오게 한다.

NT들은 권위자의 아이디어도 무조건 받아들이지 않는다. 자신에 대한 비평을 가늠하면서 비판자의 타당성을 재고한다. NT들은 아이디어 그 자체가 일관성, 실용성, 합리성이 증명되어 그 자체가 본질적으로 중요함이 밝혀져야 받아들인다. 따라서 타인들이 이들을 말하기를 "거만하다. 대단히 독특한 개별주의자"라고 한다.

NT에게 지속적인 자기점검과 의심은 NT들이 들고 가는 짐이다(자기회의적 경향, 실패할 것 같은 위기감). 특히 NTP들은 소신을 행동으로 옮기는데 어려움을 겪을 수도 있다. 스스로 설정한 기준으로부터 잠시도 자신을 풀어놓지 않는다. 보다 나은 업무수행을 향해 자신에게 급하지 않는 요구와 자기통제를 하면서 자신의 노력이 가져오는 득과 실을 눈에 보이지 않는 잣대로 잰다.

NT들은 오락이 건강에 필요하다는 것을 논리적으로 인식하고 놀이 계획을 짜면, 노는 동안에도 오락기술을 진보시키기 위해 무거운 짐을 스스로에게 지운다. 오락은 건강에 유익하니 유익한 시간을 가져야 한다고 스스로에게 요구한다.

NT가 타인에게 보내는 메시지: 타인들에게 거의 기대하는 것이 없다. 타인이 가신의 이야기를 완전히 이해하지 못한다고 생각한다. 그러면서도 NT자신들이 자신들을 위해 스스로 결정한 기준에 따라 주위의 사람들도 일처리를 해줄 것을 기대한다. NT가 보내는 이런 상반된 메시지로 인해 NT주위의 사람들은 지적으로 부적당감을 느낀다.

NT들은 다른 사람의 지적세계와 교류하지 못하고 고립되기 쉽다. 아이디어를 토론하는데 있어 방어적이고 비개방적이다. NT 주위의 타인들은 NT로부터 멍청하다는 비판받는 것이 두려워서 NT와의 지적교류를 꺼린다. 이로 인해 NT는 타인의 지식이 별것 아니라는 확신을 굳히게 된다.

NT들의 의사소통의 특징 : 거의 말을 않거나 반복이 없이, 분명하고 정확하고 간결하고 논리적으로 표현한다. 비언어적인 메시지에는 관심이 없고 아시다시피 등의 반복되는 표현을 피하고 싫증낸다.

NT는 타인들의 눈에도 자신의 능력이 보여지길 원한다. 그리고 괄

목할 만한 능력을 보인다. 행동, 의무, 자아실현에는 별 흥미를 보이지 않으나 기계의 작동원리 등에 대해서는 유아기적부터 호기심을 가진다. NT들의 현상설명에 대한 갈구는 태어나자마자 시작된다. 어른의 불분명한 대답에 만족하지 못하고 정확하게 통합된 모든 것이 분명하게 설명되는 답을 찾아낸다. 이들은 다른 사람을 귀찮게 하면서까지 끝까지 명확한 답을 요구한다. 배운다는 것은 24시간 이들의 일거리이며 자신들의 일 속에서 산다.

NT들에게 한가롭게 소일하라는 것은 무서운 벌과 같은 것이다. NT들은 온 우주를 대상으로 "왜 그것은 그렇게 되고 있는가"하는 법칙에 대한 질문이 끊임없다.

NT의 직업선호 : 대체로 모델을 개발하고 아이디어를 창출하고 시스템을 구축하는 것을 즐긴다. 과학적 원칙을 개발하고 응용하는 분야의 직종을 선호한다.

NT들의 가치는 자기통제, 의지력, 지적발달이다. 타인을 대하는 태도는 대체로 직선적으로 대하는 경향이 강하다. 타인들에게 차가운 인상을 주며, 타인들은 이들에게 거리감을 느끼고 이해하기 힘든 사람이라는 말을 한다.

NT는 현실적인 세상사로부터 유리된 자신들의 지적인 세계에 묻혀 쉽게 소외되는 경향을 보인다. 아인슈타인은 슬리퍼를 끌고 뉴욕거리를 다니면서 극소수의 사람들과 교류를 하였는데 자신은 이런 것에 대해 절대 후회하지 않았다고 한다.

NT들은 관심의 초점을 미래에 맞춘다. 과거는 단지 미래의 방향설정에 참고할 뿐이다. 가장 큰 관심거리는 "무슨 일이 어떻게 될 것이며, 다음에 무슨 일이 일어날 것인가?"이다. NT는 결코 실수를 반복하기를 원치 않으며 실수의 반복을 저주와 같이 여긴다. 자신의 실수를 남들이 본다는 것은 특히 논리적 실수에 있어 그러하다는 것은 모욕적이라고 생각한다.

NT들은 다른 사람의 정서적 반응에 혼란스러워하며 복잡한 인간관계에 민감하지 못하다. 사람들은 NT와 같이 있으면 때로 자신의 존재가 무시당하는 느낌을 받는다고 한다. 타인이 NT에게 공격을 하면 반격을 하기보다 심한 충격을 받기 일쑤지만, 만약 NT들이 맘만 먹으면 상대방에게 냉소에 찬 반격을 가할 수도 있다.

NT기질의 인구는 대략 10%이다. 이들의 특징을 요약하면 "논리적, 미래에 관심, 독창적 아이디어, 연구, 무엇인가를 하는 것 자체만으로 동기 부여, 원리원칙대로, 극단적으로 자기 것을 고집, 똑똑한 상사나 부하를 원함, 소수정예, 이익우선, 전문가에 대한 욕구, 사람들의 공헌을 고맙게 생각하지 않고 당연하게 여김" 등이다.

4) NF(아폴로 기질)

아폴로 기질의 근원을 설명하려 할 때는 특별한 어려움에 접하게 된다. SP, SJ, NT유형들이 일상적인 목적을 추구하는 반면에 아폴로와 같은 기질을 가진 NF유형은 이상적인 것 이외에는 관심이 없다. 그들의 목적이 너무나 이상적인 것이 있기 때문에 그들 자신조차도 그 목적에 대해 간단하게 얘기하는 것이 불가능하다.

NF기질이 추구하는 목적은 다른 유형들에게 이해되지 않고, 또한 NF유형 역시 그들에게 잘못된 것으로 보이는 다른 유형들의 목적을 전혀 이해하지 못한다. NF유형은 되어가는 존재로서의 미지의 목적, 자아를 반영하는 목적을 추구하기 때문이다. 다른 유형들이 목적을 이루는데 있어서 직접적이고 즉각적인데 비해 자아를 추구하는 NF유형은 선회적이며 영속적이기까지 하다.

NF유형의 가장 진실된 자아는 자기 자신을 추구하고 있는 자아이다. 항상 되어감(becoming)의 도상에 있는 NF유형은 결코 진실되게 자신이 될 수 없다. 자아를 잡으려는 바로 그 행위가 자신을 자아로부터 멀어지게 하기 때문이다.

"나는 어떻게 진정한 나 자신이 될 수 있을까?"라고 NF는 되묻곤 한다. 자기 자신이 된다는 것은 독특한 그만의 주체성을 갖는 것을 의미한다. 그의 끝없는 추구는 종종 현재의 자신이 목적하는 자신보다 못하다는 믿음을 갖게 함으로써 죄의식을 유발시킨다. 완벽한 전체로 자아를 실현하기 위해서, 완벽하게 유일한 주체가 되기 위해서 때로는 정신적으로, 심리적으로, 육체적으로 방황한다. NF유형의 자기실현은 통합된 모습, 즉 통일성을 이루는 것을 의미한다. 겉꾸밈이나 가면, 거짓, 수치, 역할연기가 없어야 한다.

남과는 다른 개성을 유지하기 위해서 NF유형이 일상의 역할 속에서 하는 기여들은 인정받아야 한다. 주목받는 생을 살며 세상에서 특별한 존재가 된다는 것은 독특한 주체성을 갖고자 하는 NF유형의 열망을 만족시키는 일이다.

NF유형은 각각의 관계 속에서 깊이있는 의미를 부여하고, 그러한 관계 속에서의 사건들을 드라마로 구성해낸다.

NF는 다른 유형들이 잘 알아채지 못하는 몸짓이나 미묘한 행동에 특별히 민감하다. 이들은 다른 이들이 이해하지 못하는 특별한 의미를 상호소통에 부여함으로써 대인관계에서 쉽게 상처를 받는다. NF는 관계를 형성하는데 바치는 노력과 시간을 아끼지 않는다. 이들은 쉽게 친분관계를 맺기도 하지만, 자아실현과 독특한 주체성을 표현하기 위한 방법을 찾기 위해서 쉽게 빠져나오기도 한다.

NF는 소수이지만 대중들에게 미치는 그들의 영향력은 대단한 것이다. 영감을 주고 설득하며, 문학을 창조하고자 하는 작가들은 대부분 NF유형이다.

NF는 정신의학, 임상, 상담심리학, 성직, 교사 같은 직업들을 잘 수행해낸다. 그들은 또한 유창하게 읽고 쓸 수 있는 시적인 재능을 가지고 있다.

NF들은 주로 인문, 사회과학 분야를 선호하는데, 이들에게 가르친다는 것은 그 과정 속에서 자신을 발견해가는 작업을 뜻한다. NF는 사람들을 더욱 친절하고, 따뜻하고 사랑 가득한 존재로 만드는 산파 역할에 매력을 느낀다. 어떤 NF유형은 자신들의 길을 탐구해 나가는 사람들을 돕기 위해 어떠한 희생이라도 기꺼이 감수한다.

NF유형은 상업적인 직업에는 관심이 거의 없다. 자연과학에는 거의 매력을 느끼지 못하며 언어에 관심이 많고 직간접적인 타인들과의 대화를 좋아한다. SP유형이 무대예술에 흥미를 느끼는 반면 NF유형은 묘사된 인물의 성격을 잘 표현하며, 뛰어난 감정이입 능력을 발휘한다.

NF는 일에 헌신함에 있어 시간과 힘의 양에 한계를 긋기가 어렵다. 충동적으로 일할 수 있는 SP와는 달리 NF는 완전을 추구하며 일한다. 이들은 일단 그들이 시도한 일에는 한계를 두려고 하지 않는다. 그럴 때 그들은 자신과 주변의 타인들에게 터무니없는 요구를 할 수 있다.

NF유형은 창조적 성과를 추구함에 있어서는 열성적이지만, 지식의 추구에 있어서는 NT유형에 비하면 단지 애호가 정도에 불과해 이 생각에서 저 생각으로 날아다니는 지적인 나비와도 같다.

NF는 자신과 타인의 경험, 삶을 낭만적인 시각으로 보고, 추상적인 개념보다는 인간들을 관찰하는데 더 많은 관심을 기울인다. NT가 원리의 가능성에 대해 더 생각하는 반면, NF는 사람들 속에서의 가능성을 더 생각한다. 이들의 관심은 사물이 아닌 인간에게 집중되어 있다. 그들은 추상적인 관심에 만족하지 않고 관계들을 추구한다. 그들에게 필요한 것은 행동하기 위한 근거를 세우는 것이 아니라 상호작용을 유발하는 것 그 자체이다. NF는 정체성과 통일성 속에서 자기실현을 추구하고, 마침내 완성된 자아가 되고자 하는데 이러한 이상은 전생애를 요구하는 긴 과정임을 스스로 인식하고 있다.

이와 같이 각자의 기질에 따라 선호하는 작업내용이나 환경이 다르다. 따라서 자신의 기질에 맞는 진로나 직업을 선택할 때 성공 가능성이 높을 것이다. 네 기질은 하루를 잘 보내고 난 뒤의 표현에도 차이가 난다. 예를 들어 각 기질에 따라 그 날에 대한 표현(슬로건)을 보면 다음과 같다.

◎ SJ 기질 : "참 생산적인 하루였다."(인간에게 의무감을!)

◎ SP 기질 : "참 즐거운 하루였다."(인간에게 기쁨을!)

◎ NT 기질 : "참 흥미로운 하루였다."(인간에게 과학을!)

◎ NF 기질 : "참 의미있는 하루였다."(인간에게 정열을!)

제11장

미래의 직업설계

1. 미래의 직업

직업세계는 지속적으로 변화하고 있다. 특히 최근의 변화속도는 유사 이래 그 어느 때보다도 빠르다. 이러한 변화의 방향을 이해하고 자신의 진로를 선택하는 것은 매우 중요하다. 특히 5년 내지 10년 후 미래의 직업세계의 변화를 예측한다면, 대학생들이 장래 자신의 직업을 선택하는데 도움이 될 수 있을 것이다(한상근, 2015).

1) 미래의 직업세계는 어떤 모습일까?

첨단 과학기술의 발전

이미 모든 사물이 인터넷으로 연결되는 사물인터넷이 도입되고 있다. 사무실, 공장뿐만 아니라 가정에서 사용하는 모든 사물에 센서와 통신기기를 장착하여 사물이 언제나 인터넷에 연결되는 시대가 오고 있다. 사물인터넷, 바이오 기술과 나노 기술 등이 급속히 발전하면서 첨단 과학기술이 직업세계를 크게 바꿀 것으로 예상된다.

저출산 고령화의 진전

선진국의 경우 아이를 적게 낳는 저출산 현상이 나타나고 있는 반면 노인인구는 증가하는 현상이 발견되고 있다. 이것은 우리나라의 미래 모습이기도 하다. 의료기술의 발전에 따라서 인간의 생명은 더욱 연장될 것으로 보인다. 노인들의 수가 많은 사회가 되면 노인을 위한 산업과 직업이 중요해진다. 또한 지금보다 더 많은 고령자들이 직접 일하는 모습을 직업세계에서 볼 수 있을 것이다.

삶의 질 추구

기본적인 의식주 문제가 해결되면 사람들은 더 높은 수준의 삶을 원한다. 우리나라의 경제가 성장하면서 사람들은 이제 삶의 질을 중요시할 것으로 예상된다. 미래 사회에서는 사람들이 안전한 먹거리, 수준 높은 예술의 향유, 건강한 삶의 유지, 스트레스가 적은 직장생활 등을 지금보다도 훨씬 더 중시할 것으로 예상된다. 삶의 질을 추구하면서 직업세계도 함께 바뀌어 갈 것으로 전망된다.

환경문제의 심화

산업화에 따라 환경오염이 심각해지고 있다. 중국을 비롯한 신흥 공업국들이 더 많은 공장을 만들고 제품을 생산하면서 미래의 지구 환경은 더욱 위험해질 것으로 예상된다. 대기오염의 주범인 이산화탄소의 배출을 억제하기 위한 기술이 미래사회에는 더욱 중요해 질 것으로 예상된다. 또한 환경문제를 조정하고 해결하는 일은 미래사회의 중요한 과제가 될 것으로 보인다.

2) 우리는 무엇을 기준으로 직업을 선택해야 하는가?

요즈음 대학생들은 돈을 직업선택의 중요한 기준으로 삼고 있다. 일반 국민들도 돈을 가장 중시하여 직업을 선택한다. 그러나 직업 전문가들의 생각은 다르다. 전문가들은 직업선택시 가장 중요시해야 할 요소로 발전가능성을 꼽고 있다. 발전가능성이란 해당 직업에 진입할 때 얼마나 많은 것을 배울 수 있는가, 그리고 승진이나 직장이동시 얼마나 유리한가에 관한 것이다. 다시 말해서 전문가들은 보수나 고용안정성보다도 발전가능성이 직업선택시 가장 중요시해야 할 요소로 보고 있다.

3) 미래 유망직업은 무엇일까?

일반적으로 유망직업이라면 앞으로 일자리가 많이 성장하는 직업, 보수가 높은 직업이다. 아울러 앞서 설명한 것처럼 발전가능성도 매우 중요한다. 그래서 미래 유망직업은 ① 발전가능성, ② 일자리 증가, ③ 보수 등을 고려하여 선별될 수 있을 것이다.

4) 어떤 직업이 미래에 유망할까?

국내외의 다양한 자료를 분석하면 다음과 같이 일곱 가지 분야의 직업들이 유망하다. 이 분야의 직업들 미래사회를 이끌어갈 것으로 예상된다.

① 세계화 관련 직업

국가간의 물자와 사람의 교류가 심화되는 세계화가 지속적으로 진전되고 있다. 이에 따라 국제회의, 국가간의 무역이나 교류를 촉진하는 사업, 혹은 국가간의 분쟁을 조정하는 일이 중요해지고 있다. 세계화는 미래에는 더욱 진전될 것으로 예상된다. 국제간 교류가 늘면서 국제회의를 준비하고 진행하는 전문업체가 주목받고 있다.

② 컴퓨터 관련 직업

최근 태블릿 PC와 스마트폰의 성장에서 볼 수 있듯이 컴퓨터 관련 산업의 발전은 앞으로도 이어질 것으로 예상된다. 이에 따라 컴퓨터와 관련된 다양한 직업의 발전가능성은 상당히 높다. 선진국의 경우에도 컴퓨터와 관련된 직업들이 앞으로 일자리 성장이 이끌 것으로 전망된다.

③ 전기전자 관련 직업

전기전자 관련 직업은 전기를 생산하고 전기를 전달하는 과정과 관련된 일을 수행하거나, 전기전자 관련 제품을 제조하고 수리하는 과정에 관계한다. 전기전자 관련 직업은 산업사회뿐만 아니라 미래사회에서 필수적인 산업활동을 수행할 것으로 예상된다.

④ 기계·재료·화학 관련 직업

기계·재료·화학 산업은 산업사회의 가장 기본적인 산업이다. 앞으로 탈산업사회로 우리사회가 질주하겠지만, 기계·재료·화학 관련 직업은 미래도 중요한 직업으로 남을 것으로 예상된다.

⑤ 보건 복지 관련 직업

우리나라의 노인인구는 유례를 찾기 어려울 정도로 급속하게 증가하고 있다. 65세 이상 노인인구가 계속해서 늘어날 것으로 예상된다. 다시 말해서 2026년은 초고령사회가 될 것으로 전망된다. 노인인구의 증가, 생활 수준의 향상에 따라 의료 서비스와 복지 서비스의 요구가 증대되고 있다. 보건복지 관련 직업은 미래 사회에 더욱 중요한 역할을 수행할 것으로 예상된다.

⑥ 문화 관련 직업

최근 한류의 열풍에서 볼 수 있듯이 문화 산업은 우리나라는 이끌어갈 중요한 산업 분야이다. 방송, 영화, 디자인, 스포츠, 예술작품, 문화재 등과 관련된 다양한 직업은 앞으로 더욱 발전할 것으로 전망된다.

⑦ 금융·경영 관련 직업

자금의 흐름에 관여하는 금융은 경제의 핏줄 역할을 한다. 경제 규모가 커지면 금융 부문도 성장하는 경향이 있다. 그리고 보다 합리적이고 효율적으로 기업 경영을 하려는 기업들이 경쟁하고 있다. 앞으로 보다 효율적으로 기업 경영을 하려는 활동은 더욱 활성화될 전망이다.

2. 미래의 직업 변화

영국 옥스퍼드 대학교의 학자들은 컴퓨터가 미국의 704개 직업을 얼마나 대체할 수 있는가를 연구하였다. 이 연구에 따르면 전화로 상품을 판매하는 텔레마케터, 은행 창구의 직원, 모델, 버스나 택시 기사, 커피숍 웨이터 등의 직업은 컴퓨터나 로봇에 의해서 대체될 가능성이 아주 높은 것으로 나타났다.

이 연구에서 놀라운 것은 회계사, 프로그래머, 경제학자, 판사와 같은 고도의 전문직도 20년 내에 사라질 가능성이 40%이상이었다. 회계사, 경제학자의 경우 많은 데이터를 다루고 복잡한 수치 계산을 한다. 이러한 작업을 사람들은 어려워 하지만 인공지능의 경우는 사정이 다르다. 매우 복잡한 데이터를 분석하고 어려운 계산식을 뚝딱 풀어내는 것은 인공지능이 사람을 앞설 수 있다.

인공지능은 과거의 수많은 판례를 스스로 학습하고 분석하여 사람 못지않은 판결을 할 수 있을 수 있다. 인공지능은 인간과 달리 감정에 휘둘리지 않아서 보다 객관적인 판결을 내릴 수 있다고 전문가들은 주장한다.

반면 초등학교 선생님, 사회복지사, 레크레이션 치료사와 같은 직업은 컴퓨터나 로봇에 의해서 대체될 가능성이 매우 낮다. 이 직업들은 사람들을 직접 상대하는 일이라는 특성을 가지고 있다. 이것은 사람들의 마음을 움직이고 정서적으로 함께하는 일은 사람이 경쟁력을 가지고 있다는 점을 말해준다.

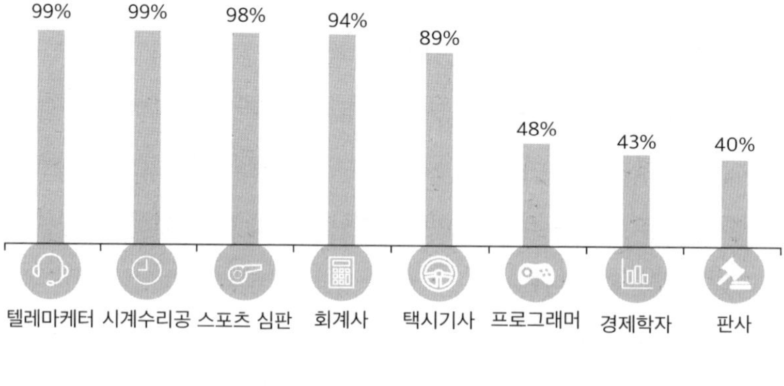

〈그림 3-3〉 20년 내에 미국에서 사라질 직업 가능성

직업의 세계가 변화하는 이유는 다양하다. 노인인구가 늘어나고 신생아가 감소하는 추세는 직업을 변화시키는 중요한 요인이다. 정치질서의 변화, 경제 환경의 변화도 직업을 변화시킨다. 사람들의 가치관 변화도 중요하다. 물질적 성장보다 삶의 질을 중시하는 방향으로 사람들의 생각이 바뀌면 웰빙과 관련된 직업의 성장이 예상된다. 석탄과 천연가스와 같은 화석연료가 고갈되고 자연 환경이 파괴되는 상황이 되면 새로운 연료와 관련된 신직업의 성장이 나타나고 자연환경을 지키는 직업이 발전한다.

앞으로 10여년 후를 내다보면 특히 과학기술의 급성장에 주목해야 한다. 앞서 설명한 인공지능을 비롯한 과학기술의 발전은 직업세계를 급격하게 변모시키고 있다. 우리가 주목해야 하는 새로운 과학기술을 ABCD라는 영어 약칭으로 정리하면 다음과 같다.

① 신과학기술 A는 AI(Artificial Intelligence), 즉 인공지능이다. 인공지능을 흔히 강한 인공지능과 약한 인공지능으로 나눈다. 강한 인공지능은 어벤저스의 울트론처럼 인간능력을 뛰어넘는다. 약한 인공지능은 애플의 시리(Siri), 아마존의 알렉사(Alexa)와 같이 인간 능력에는 못미치지만 어느 정도의 지능을 갖춘 존재이다.

현재 시점에서 강한 인공지능의 발전을 정확하게 예측하기는 어렵지만, 2030년 까지 약한 인공지능이 직업세계에 광범위하게 보급될 것이라는 점은 거의 확실하다. 이미 약한 인공지능은 다양한 직업에 관련되어 있고 발전을 거듭하고 있다. 인공지능이 기자를 대신해서 신문기사를 쓰는 일은 국내외 여러 언론사에서 이미 시작되었다. 미국의 내러티

브 사이언스, 오토메이티드 인사이츠 등의 언론사는 인공지능이 쓴 신문기사를 독자들에게 제공한다. 이를 로봇 저널리즘이라고 부른다.

② **새로운 과학기술 B는 생명공학**(Biotech)**이다.** 생명공학은 앞으로 인간의 삶에 결정적인 영향을 미칠 것으로 보인다. 국내외 주요기업이 바이오 분야에 집중적인 투자를 하고 있다. 우리나라의 대표적인 대기업인 삼성그룹은 바이오 의약품을 미래 먹거리로 선택하고 대규모 투자 계획을 발표한 적이 있다. 생명공학 분야에는 다양한 신직업이 발견되는데, 생물정보학자, 게놈기술자, 유전상담사 등은 대표적인 신직업이다. 유전상담사는 부모를 비롯한 조상의 유전적 질환에 따른 대응책을 상담해 준다. 우리나라에는 아직 낯선 직업이지만 선진국에서는 이 직업을 어렵지 않게 찾을 수 있다.

③ **새로운 과학기술 C는 클라우드**(cloud) **컴퓨팅이다.** 클라우드 컴퓨팅은 중앙 서버에 하드웨어와 소프트웨어를 놓고 사람들은 단말기를 통하여 중앙 서버에 접속하여 컴퓨터 작업을 한다. 클라우드 컴퓨팅은 인터넷 기반의 컴퓨팅 기술이며, 세상의 각종 데이터를 대규모로 모을 수 있는 기회를 제공해 준다. 수많은 정보들이 중앙의 서버에 모이기 때문이다. 다시 말해서 클라우드 컴퓨팅이 확산되면 빅 데이터가 만들어지고 빅 데이터 분석이 가능해 진다. 클라우드 컴퓨팅은 사물인터넷과도 관련된다. 사물과 사물, 사물과 사람이 연결되는 사물인터넷에는 막대한 정보가 생성된다. 사물인터넷이 발전하면서 생성되는 빅데이터는 클라우드에 저장되어, 클라우드 컴퓨팅은 사물인터넷 성장의 바탕이

된다. 이처럼 클라우드 컴퓨팅, 사물인터넷, 빅데이터는 서로 연결되면서 발전하며, 이와 관련된 다양한 신직업을 만들어 낸다. 클라우드 컴퓨팅 개발자, 클라우드 보안분석가, 빅데이터 분석가, 사물인터넷 개발자 등은 이와 관련된 주요 직업들이며 미래 유망직업이기도 하다. 클라우드 보안분석가는 가상의 서버인 클라우드 상에서 나타나는 보안 문제를 분석하고 해결책을 내놓는다. 클라우드는 수많은 정보가 모이기 때문에 해킹을 당하거나 정보를 분실하면 큰 문제가 발생한다.

④ **새로운 과학기술 D는 드론**(Drone), **자율주행 자동차**(Driverless Car), **그리고 3D 프린터이다.** 드론은 무인기의 한 종류로 무게가 150kg 이하의 무인 비행 장치이다. 드론 엔지니어는 드론을 설계하고 제조하고 정비하는 기술자이다. 자율주행자동차는 사람이 핸들을 조종하지 않아도 자동차가 스스로 주변 환경을 인식하고 판단하여 주행한다. 자율주행자동차의 수준은 가장 낮은 레벨 0에서 레벨 4까지 있다. 레벨 4는 운전자의 발, 손, 눈을 사용하지 않고 자동차가 모든 것을 스스로 할 수 있는 단계이다. 미국에서는 최근 레벨 4의 기술을 시험 운전하여 성공하였다. 자율주행자동차개발자는 자동차가 목적지를 스스로 찾아가는 자동차를 개발한다. 2020년에는 자율주행자동차가 상용화되어 일반 도로에서 사람들을 실어 나를 것으로 예상된다. 3D 프린터는 재료를 층층이 쌓아 올려서 3차원 제품을 생산한다. 신발, 인형에서 부터 항공기 부품까지 거의 모든 분야에 3D 프린터가 사용되고 있다. 과거에는 소비자에 머물던 사람들이 가정에서 제품을 직접 생산할 수 있는 기회를 준다는 면에서 혁신적이다. 그렇지만 소비자보다 기업차원에서 더

많이 이용될 것으로 예상된다. 프린스턴대에서는 생체공학 귀를 3D 프린터로 제작하여 의학에서도 활용하고 있다. 3D 프린터 개발자, 3D 프린터 운영전문가 등은 3D 프린터와 관련된 직업이다.

과학기술	관련직업	
A: 인공지능(AI)	- 지능로봇개발자	- 로봇감성인식기술자
B: 생명공학(Biotech)	- 생물정보학자 - 게놈기술자	- 유전상담사 - 게놈테크니션
C: 클라우드(Cloud) 컴퓨팅	- 클라우드 컴퓨팅 개발자 - 사물인터넷개발자	- 클라우드 보안분석가 - 빅데이터분석가
D: 드론,자율 주행자동차, 3D 프린터	- 드론 엔지니어 - 3D 프린터 개발자	- 자율주행자동차개발자 - 3D 프린팅 운영전문가

〈그림 3-4〉 미래 직업세계를 이끄는 새로운 과학기술 ABCD와 관련 직업

미래 직업 트렌드 33가지를 소개(카드 활용)하면 다음 그림과 같다.

빅데이터	사물인터넷	인공지능	로봇	3D프린터
자율주행 자동차	드론	클라우드 서비스	모바일	가상·증강 현실
핀테크	바이오	스마트헬스	초연결사회	초지능화
고령화	저출산	일과 여가의 균형	웰빙과 웰다잉	가족 구성 변화
문화의 다양화	글로벌화	공유경제	자동화·디지털화	직무 융·복합화
로봇과의 협업	창업·창직	020 서비스	유연근무	기후변화
신재생 에너지	환경오염	물 부족		

〈그림 3-5〉 미래 직업 트렌드 33가지

3. MBTI 유형별 직업선택[3]

① ISTJ

선택율이 높은 직업	
1) 도시개발 기술자	22) 전기, 전자 기술자
2) 철강노동자	23) 교사: 수학
3) 경찰 관리자	24) 교사: 무역, 산업, 기술
4) 지역 공익사업 관리자	25) 장교 사병
5) 관리자: 시, 도, 정부	26) 법률시행관, 교정원,
6) 중소기업 관리자	27) 공장 현장 감독관
7) 회계사	28) 간호 행정관
8) 관리자: 공익사업	29) 형사
9) 관리자: 소매상	30) 관리자: 재정 은행원
10) 관리자: 행정부	31) 컴퓨터시스템연구, 분석가
11) 학교버스기사	32) 행정가 공공 서비스
12) 학교장	33) 기능직 종사자
13) 관리자: 회사 중역	34) 엔지니어: 전기, 전자
14) 구매 대리인	35) 공장노동자, 기계 조작자
15) 컴퓨터 전문가	36) 공공서비스, 공중보건 종사자
16) 치과의사	37) 교육 행정가
17) 광부	38) 화학자
18) 회계 감사원	39) 인사 노무 관련직
19) 전기 기사	40) 엔지니어: 모든 분야
20) 엔지니어: 기계	41) 경영 컨설턴트
21) 청소 서비스업	42) 엔지니어: 화학
	43) 농부

3) 이 작업 목록은 미국 CAPT(Center for Applications for Psychological Type)의 MBTI 자료 은행에서 수집된 것임. "선택율이 높은"이라는 목록은 그 유형에서 높은 비율을 순서대로 기록하였음(출처 : Martin C., 심혜숙 외 역(2009), 성격유형과 진로탐색, 어세스타. pp.19~63.

44) 교사: 학생지도
45) 은행, 재정
46) 관리자: 소방
47) 공학, 과학 기술자
48) 법관
49) 의사: 병리학

선택율이 낮은 직업

1) 치과 위생기사
2) 순수 예술가
3) 상담가: 가출 청소년 담당
4) 성직자
5) 음악가, 작곡가
6) 싸이코드라마 치료자
7) 심리학자
8) 교사: 유치원
9) 홍보담당자, 광고 작가
10) 자살, 위기 상담가
11) 종교 감독
12) 종교 교육
13) 언론인
14) 레스토랑 종업원
15) 사회과학자
16) 목사
17) 작가

② ISFJ

선택율이 높은 직업

1) 종교 수도회: 평신도
2) 사무관리자
3) 교사: 초, 중, 고
4) 의사
5) 학교버스기사
6) 교사: 유치원
7) 행정가: 사회봉사
8) 교사: 언어 병리학자, 치료사
9) 보조교사
10) 보조간호사
11) 도서관 사서
12) 성직자
13) 가사노동자
14) 간호: 공중위생
15) 교정사무원
16) 안내, 경비
17) 내과의사, 가정의, 일반의
18) 공공의료 종사자
19) 타자수
20) 교사: 독서
21) 요식업 종사자
22) 경리직원
23) 의료기술자
24) 도서관안내워
25) 목사
26) 치과위생사
27) 공인간호사

28) 행정가: 간호
29) 건강교육 지도사
30) 보호관찰관
31) 아동 보육사
32) 법률비서, 서기
33) 물리치료사
34) 치과보조원
35) 비서
36) 헤어디자이너, 메이크업 아티스트
37) 회계원
38) 사무 서기
39) 공익사업, 공중 보건 종사자
40) 대중교통운전사
41) 공학: 항공
42) 간호: 중환자 보호
43) 전기기사
44) 형사
45) 방사선기사
46) 간호: 교육
47) 간호: 컨설턴트

선택율이 낮은 직업

1) 마케팅 전문가
2) 관리자: 회사 중역
3) 인력자원 계획자
4) 컨설턴트, 경영
5) 배우
6) 사진사
7) 사회사업가
8) 관리자: 소매점
9) 싸이코드라마 치료사
10) 판매관리자
11) 사회과학자
12) 심리학자
13) 변호사
14) 엔지니어: 기계
15) 순수예술가
16) 관리자: 재정이사
17) 보험대리인, 중개인, 보험업자
18) 가게주인, 점원
19) 건축가
20) 의사: 병리학

③ INFJ

선택율이 높은 직업

1) 종교교육 지도자
2) 순수 예술가
3) 수도승, 승려
4) 교육분야: 컨설턴트
5) 싸이코드라마 치료자
6) 목사
7) 성직자
8) 의사: 병리학
9) 랍비
10) 교사: 영어
11) 건축가

12) 사제
13) 자살, 위기상담자
14) 언론매체 전문가
15) 교사: 미술, 드라마, 음악
16) 종교수도회: 평신도
17) 교사: 중고교 외국어
18) 종교 교육자
19) 의사: 정신의학
20) 정골요법 의사
21) 사회사업가
22) 고등학교 교사
23) 대학 교수
24) 연구 보조원
25) 마케팅 전문가
26) 사회과학자
27) 도서관 사서
28) 행정관: 대학, 기술연구소
29) 과학자: 생물학
30) 교사: 유치원
31) 심리학자
32) 교사: 특수교육
33) 행정가: 보건위생
34) 홍보 담당자, 광고작가
35) 치과위생사
36) 언어 병리학자
37) 의사: 가정의, 일반의
38) 의료보조사
39) 직업치료사
40) 상담가
41) 가게주인
42) 간호: 교육직
43) 의료직 비서
44) 교사: 보건
45) 약사
46) 인사, 노무관계자
47) 교사: 모든직업

선택율이 낮은 직업

1) 공장 또는 현장 감독관
2) 조사연구원
3) 아동보육사
4) 전기 전자 기술자
5) 관리직: 소방
6) 교정원, 보호관찰원
7) 농부
8) 판매관리자
9) 관리직: 소매상
10) 철강노동자
11) 경찰: 관리직
12) 경찰관
13) 관리: 시, 도, 정부
14) 신용조사관, 금융중개인
15) 관리: 회사 중역
16) 학교버스기사
17) 기계 조작원
18) 행정가: 사회봉사
19) 광부
20) 관리직: 재정, 은행원

④ INTJ

선택율이 높은 직업

1) 건축가
2) 변호사: 관리자, 비개업
3) 컴퓨터 전문가
4) 법조인: 개업
5) 관리자: 행정부
6) 경영 컨설턴트
7) 인력자원 관리자
8) 과학자: 화학
9) 연구 종사자
10) 사회봉사 종사자
11) 엔지니어: 전기, 전자
12) 과학자: 생명공학, 물리학
13) 컴퓨터 시스템 분석
14) 변호사, 법관
15) 사진사
16) 엔지니어: 화학
17) 관리자: 회사 중역
18) 교수: 대학
19) 심리학자
20) 사회과학자
21) 전기·전자공학 기술자
22) 배우
23) 판매 관리자
24) 예술가, 연예인
25) 회계 감사원
26) 음악가, 작곡가
27) 과학자: 생물
28) 학교장
29) 행정가: 대학, 기술연구소
30) 작가, 언론인
31) 의사: 병리학
32) 신용조사관, 금융중개인
33) 편집자
34) 행정가: 학생지도
35) 고용개발전문가
36) 의사: 모든 분야
37) 연구 보조원
38) 엔지니어: 항공
39) 컨설턴트: 교육
40) 관리: 시, 도, 정부
41) 디자이너
42) 간호사: 교육
43) 치과의사
44) 순수 예술가
45) 교사: 초급대학
46) 랍비
47) 장교, 사병

선택율이 낮은 직업

1) 요식업 서비스
2) 세탁 서비스업자
3) 가게주인, 점원
4) 접수계원
5) 회계원
6) 보조교사

7) 교도관
8) 간호 조무사
9) 물리치료사
10) 학교버스 기사
11) 경찰관
12) 타자수
13) 구매대리인
14) 의료보조원
15) 교사: 언어 병리학자, 치료사
16) 전기기사
17) 건설노동자
18) 건강 서비스업
19) 교사: 중고등학교 외국어
20) 자격증 있는 실무 간호사

⑤ ISTP

선택율이 높은 직업

1) 농부
2) 장교, 사병
3) 엔지니어: 전기, 전자
4) 전기·전자공학 기술자
5) 광부
6) 운송기사
7) 치과 위생사
8) 건물, 창고, 현장 감독관
9) 기계공
10) 법률 비서, 서기
11) 청소 서비스업
12) 교정원, 보호관찰관
13) 목수
14) 건설 노동자
15) 철강 노동자
16) 요리사
17) 중소기업 관리자
18) 의사: 병리학
19) 엔지니어: 기계
20) 기능직 종사자
21) 컴퓨터 프로그래머
22) 법률집행관, 교정원 공원감시원
23) 조사 연구원
24) 변호사
25) 공학, 과학 기술자
26) 검안사
27) 도시개발 기술자
28) 언론매체 전문가
29) 치과 보조원
30) 관리자: 행정부
31) 기계노동자
32) 관리자: 행정부
33) 물리치료사
34) 관리자: 소방
35) 행정가: 공공 서비스
36) 관리자: 공공 분야
37) 회계사
38) 관리자: 시, 도, 정부
39) 타자수

40) 관리인, 감시원
41) 호흡기 치료사
42) 컴퓨터 조작자, 시스템 연구가
43) 학교버스 운전사
44) 가게주인, 점원
45) 관리자: 회사 중역
46) 교사: 성인교육
47) 교사: 학생지도

선택율이 낮은 직업

1) 형사
2) 종교교육 지도자
3) 행정가: 학생지도
4) 언론인
5) 컨설턴트: 교육
6) 엔지니어: 항공
7) 사무관리자
8) 과학자: 생물학
9) 배우
10) 연구보조원
11) 간호사: 공중보건
12) 치과의사
13) 접수계원
14) 교사: 유치원
15) 순수 예술가
16) 건축가
17) 싸이코드라마 치료사
18) 자살, 위기 상담가
19) 직업 치료사
20) 종교적 수도회: 평신도

⑥ ISFP

선택율이 높은 직업

1) 가게주인, 점원
2) 조사 연구원
3) 사무 관리자
4) 치과 보조가
5) 경리직원
6) 기계조작원
7) 청소서비스 종사자
8) 형사
9) 목수
10) 자격증 있는 실무 간호사
11) 방사선과 기사
12) 법률 비서, 서기관
13) 요리사
14) 물리치료사
15) 가출청소년 상담가
16) 웨이터, 웨이트리스
17) 의료보조사
18) 타자수
19) 경찰관
20) 요식업 서비스
21) 공중보건 종사자
22) 학교버스기사
23) 개인 가사도우미

24) 간호보조사
25) 관리자: 소방
26) 구조원, 레크레이션 지도자
27) 비서
28) 건설노동자
29) 교도관
30) 컴퓨터 오퍼레이터
31) 공인간호사
32) 사무기기 조작원 및 사무원
33) 전기기술자
34) 건강교육지도자
35) 실험실 기사
36) 도서관 안내원
37) 건설, 창고, 공원관리인
38) 공학 및 과학 기술자
39) 전기기술자
40) 교사: 초, 중, 고
41) 언론매체 전문가
42) 기계공
43) 아동보육사
44) 보건학 기사
45) 의료기술자
46) 종교 수도회: 평신도
47) 비서: 관리, 행정보조

선택율이 낮은 직업

1) 학생지도 관리자
2) 엔지니어: 화학
3) 엔지니어: 항공
4) 과학자: 생물학
5) 치과위생사
6) 의사: 병리학
7) 배우
8) 연구보조원
9) 의사: 정신의학
10) 종교교육사: 모든 종파
11) 성직자
12) 판사
13) 신용조사관, 금융중개인
14) 관리자: 보건
15) 관리자: 소매점
16) 정부 행정관리자
17) 행정가: 대학, 기술연구소
18) 관리자: 회사 중역
19) 자살, 위기상담자
20) 건축가

⑦ INFP

선택율이 높은 직업

1) 순수예술가
2) 정신과의사
3) 가출청소년 상담가
4) 건축가
5) 편집자
6) 연구보조원
7) 자살, 위기상담자

8) 언론인
9) 심리학자
10) 종교교육자: 모든 종파
11) 사회과학자
12) 작가
13) 실험실 기사
14) 컨설턴트: 교육
15) 상담가: 학교
16) 실험실 기사, 기술자
17) 물리치료사
18) 교사: 미술, 드라마, 음악
19) 목수
20) 레스토랑 종사자
21) 사회 사업가
22) 언론매체 전문가
23) 재활상담가
24) 직업 및 교육 상담가
25) 배우
26) 연구직 종사자
27) 교사: 영어
28) 요리사
29) 생물학자
30) 도서관 사서
31) 언어 병리학자
32) 예술가, 연예인
33) 고용개발 전문가
34) 음악가, 작곡가
35) 비서: 관리, 행정보조
36) 엔지니어: 항공
37) 조사 연구원
38) 디자이너
39) 의사: 모든분야
40) 중고등학교 외국어 교사
41) 웨이터나 웨이트리스
42) 성직자
43) 목사
44) 행정담당 비개업 변호사
45) 수도승
46) 보건학 기사
47) 교육 행정가

선택율이 낮은 직업

1) 형사
2) 관리자: 소방
3) 컴퓨터 오퍼레이터
4) 경영컨설턴트
5) 구매담당자
6) 교도관
7) 학교버스기사
8) 중소기업 경영자
9) 소매점 관리자
10) 지방공공사업관리자
11) 광부
12) 경찰관리자
13) 도시개발 기사
14) 인력자원계획자
15) 사회사업가
16) 학교장
17) 시, 도, 정부 행정관리자
18) 판매관리자

19) 레스토랑, 주점 관리자

20) 가게주인, 점원

⑧ INTP

선택율이 높은 직업

1) 화학자
2) 컴퓨터전문가
3) 건축가
4) 연구보조원
5) 순수예술가
6) 컴퓨터프로그래머, 시스템 분석가
7) 법률가
8) 요식업 서비스
9) 조사연구원
10) 정부행정관리자
11) 사회과학자
12) 전기기사
13) 생물학자
14) 작가, 언론인
15) 사진사
16) 심리학자
17) 생명공학자, 물리학자
18) 배우
19) 컴퓨터기사, 시스템 연구원
20) 약사
21) 호흡기치료사
22) 편집자
23) 판사
24) 일반사업, 자영업
25) 병리학의사
26) 자살, 위기상담자
27) 법정 서기, 비서
28) 과학 기술자
29) 엔지니어: 모든 영역
30) 가출청소년 상담가
31) 보건관련 실무자
32) 가게주인, 점원
33) 행정담당 비개업 변호사
34) 치과의사
35) 회사, 현장 감독관
36) 전기기사
37) 경영컨설턴트
38) 홍보담당자, 광고작가
39) 엔지니어: 전기 및 전자
40) 엔지니어: 항공
41) 대학교수
42) 도시개발 기사
43) 실험실 기사
44) 기계 조작원
45) 직업상담사
46) 예술가, 연예인
47) 전기·전자공학 기술자

선택율이 낮은 직업

1) 종교교육 지도자
2) 교육컨설턴트

3) 가정관리자문가, 가정학자
4) 치과위생기사
5) 관리자: 소방
6) 청소 서비스 종사자
7) 장교, 사병
8) 모든 종파의 종교 교육자
9) 교도관
10) 타자수
11) 중소기업 관리자
12) 교사보조
13) 성직자
14) 헤어 디자이너, 메이크업 아티스트
15) 독서교사
16) 학교장
17) 건강교육 지도자
18) 도서관 안내원
19) 판매 관리자
20) 마케팅 전문가

⑨ ESTP

선택율이 높은 직업

1) 마케팅전문가
2) 형사
3) 목수
4) 중소기업 관리자
5) 경찰관
6) 회계감사원
7) 기능직 종사자
8) 농부
9) 창고, 화물운송, 공원관리
10) 관리자: 소방
11) 건설 노동자
12) 공공서비스 보조, 공중보건 종사자
13) 운송, 기계기사
14) 가게주인, 점원
15) 레스토랑 종사자
16) 경호원, 감시원
17) 법률집행관, 교정원
18) 시, 도, 정부 행정관리자
19) 사회복지사
20) 편집자, 리포터
21) 일반사업, 자영업
22) 전기 기술자
23) 구조원, 레크리에이션 보조
24) 개인 서비스업
25) 인사, 노사관계 종사자
26) 신용조사관, 금융중개인
27) 교도관, 보호관찰관
28) 은행업
29) 영업사원
30) 검안사
31) 전기기사
32) 금융 및 은행 경영
33) 약사
34) 실험실 기술자
35) 기계공

36) 컴퓨터 프로그래머
37) 방사선과 기사
38) 보험 대리인, 중개인 및 보험업자
39) 성인교육 교사
40) 기계 기사
41) 중환자실 간호사
42) 언론인
43) 공장, 현장 감독관
44) 모든 종류의 엔지니어
45) 구매 담당자
46) 요식업 서비스
47) 아동 보육사

선택율이 낮은 직업

1) 종교교육 지도자
2) 학생지도 관리자
3) 화학기사
4) 조사 연구원
5) 교육 컨설턴트
6) 엔지니어: 전기, 전자
7) 전기·전자공학 기술자
8) 사진사
9) 치과위생사
10) 요식업자
11) 화학자
12) 청소 서비스 종사자
13) 연구보조원
14) 의료보조원
15) 고용개발전문가
16) 공공보건간호사
17) 경영분석 컨설턴트
18) 유치원 교사
19) 사무관리자
20) 언론매체 전문가

⑩ ESFP

선택율이 높은 직업

1) 아동 보육사
2) 운송업 종사자
3) 공장 현장 감독관
4) 도서관직원
5) 회계원
6) 디자이너
7) 접수계원, 사무관리자, 타자수
8) 구조원, 레크리에이션 보조
9) 유치원 교사
10) 학생지도 교사
11) 레스토랑, 요식업 서비스
12) 호흡기 치료사
13) 종교 교육자: 모든 종파
14) 가게주인, 점원
15) 항공엔지니어
16) 의료 비서
17) 경리 직원
18) 공중위생 간호
19) 전기기사

20) 사무원
21) 보험대리인, 중개인, 보험업자
22) 컴퓨터, 주변기기, 사무기기 오퍼레이터
23) 간호보조원
24) 치과위생사
25) 실험실 기사
26) 건설 노동자
27) 목수
28) 영업사원
29) 경찰관
30) 의료보조원
31) 개인 가정도우미
32) 헤어 디자이너, 메이크업 아티스트
33) 재활 상담가
34) 공장기계 조작원
35) 중환자실 간호사
36) 은행업
37) 초등학교 교사
38) 초, 중, 고교 교사
39) 방사선과 기사
40) 농부
41) 사회복지종사자
42) 부동산 관리인, 중개업자
43) 기계공
44) 기능공
45) 개인 서비스업
46) 편집자, 리포터
47) 성인교육 교사

선택율이 낮은 직업

1) 종교교육 지도자
2) 학생지도 관리자
3) 화학 엔지니어
4) 정신과 의사
5) 경영 컨설턴트
6) 기계 엔지니어
7) 연구원
8) 행정담당 비개업 변호사
9) 교도관
10) 인력자원 기획자
11) 순수예술가
12) 건축가
13) 정부 행정 관리자
14) 컴퓨터 전문가
15) 신용조사관, 금융중개인
16) 교육 행정가
17) 목사, 수도승
18) 소매점 관리자
19) 회계사
20) 영어교사

⑪ ENFP

선택율이 높은 직업

1) 싸이코드라마 치료자
2) 언론인
3) 상담가: 재활

4) 교사: 미술, 연극, 음악
5) 상담가: 가출청소년
6) 연구보조원
7) 학교상담가
8) 심리학자
9) 종교교육의 지도자
10) 상담가: 모든 분야
11) 성직자
12) 자살, 위기상담가
13) 작가
14) 음악가, 작곡가
15) 직업이나 교육상담가
16) 사회과학자
17) 컴퓨터 오퍼레이터
18) 배우
19) 홍보 관련직, 광고 작가
20) 음식점 점원, 웨이터
21) 관리자: 학생지도
22) 사회복지사
23) 예술가, 연예인
24) 접수계원
25) 치과 위생사
26) 엔지니어: 항공
27) 컨설턴트: 교육
28) 조사 연구원
29) 언어 병리학자
30) 순수예술가
31) 보험 대리인, 중개인, 증권 인수인
32) 관리직원
33) 성직자
34) 교사: 특수교육
35) 종교수도회: 평신도
36) 회계원
37) 요식업 서비스
38) 사제, 승려
39) 간호 보조원
40) 종교 교육자: 모든 종파
41) 의료 보조원
42) 편집자
43) 컨설턴트: 경영 분석가
44) 교사: 영어
45) 직업 치료사
46) 인력자원 기획가
47) 변호사

선택율이 낮은 직업

1) 과학자: 화학
2) 농부
3) 학교버스기사
4) 관리자: 소매상
5) 관리자: 회사 중역
6) 철강 노동자
7) 관리자: 사회복지사업
8) 컴퓨터 시스템 분석가
9) 판매 관리자
10) 도시개발 기술자
11) 경영 컨설턴트
12) 광부
13) 내과의사: 병리학
14) 엔지니어: 화학

15) 관리자: 시, 도, 정부 행정
16) 중소기업 관리자
17) 운송 기사
18) 학교장
19) 교정직 종사자
20) 경호원, 감시인

⑫ ENTP

선택율이 높은 직업

1) 사진사
2) 마케팅 전문가
3) 언론인
4) 배우
5) 컴퓨터 시스템 분석가
6) 신용조사관, 금융중개인
7) 의사: 정신과 의사
8) 엔지니어: 화학
9) 건축가
10) 엔지니어: 기계
11) 홍보 관련직, 광고작가
12) 예술가, 연예인
13) 연구원
14) 전기기술자
15) 법률가
16) 경영 컨설턴트
17) 관리자: 회사 중역
18) 레스토랑, 요식업 서비스
19) 컴퓨터 프로그래머, 시스템 연구원
20) 전기 기술자
21) 엔지니어: 항공
22) 작가
23) 교정직, 보호관찰직
24) 아동 보육사
25) 판매 관리자
26) 싸이코 드라마 치료자
27) 전기, 전자 기술자
28) 과학자: 생물학
29) 농부
30) 치과 보조원
31) 변호사, 판사
32) 인사, 노사관계 활동가
33) 과학자: 생명과학, 물리
34) 관리자: 재정, 은행직원
35) 언어 병리학자
36) 건강교육 지도자
37) 인력자원 계획자
38) 의료보조사
39) 공학, 과학 기술자
40) 호흡기 치료자
41) 자살, 위기상담자
42) 부동산 중계인, 브로커
43) 엔지니어: 모든 분류
44) 심리학자
45) 행정담당 비개업 변호사
46) 보험 대리인, 중계인, 보험업자
47) 음악가, 작곡가

선택율이 낮은 직업

1) 형사
2) 공장, 현장 감독관
3) 가정관리 자문가, 가정학자
4) 교사: 중 고등 학교 외국어
5) 교정직
6) 순수예술가
7) 학교 버스기사
8) 성직자
9) 종교 수도회: 평신도
10) 간호 보조원
11) 교사: 유치원
12) 교사: 초, 중, 고
13) 사회복지 사업가
14) 치과의사
15) 도서관 직원
16) 종교 교육자: 모든 종파
17) 검안사
18) 의사: 가정의, 일반의
19) 학교장
20) 의료 사무관, 비서

⑬ ESTJ

선택율이 높은 직업

1) 관리자: 소매, 중소기업
2) 관리자: 소방
3) 구매담당원
4) 교사: 상업, 산업, 기술
5) 관리자: 음식점, 주점, 요식업
6) 경찰관: 관리자
7) 학교장
8) 관리자: 재정, 은행 직원
9) 공장, 현장 감독관
10) 관리자: 시, 도, 정부
11) 판매 관리자
12) 교정직
13) 공공서비스 보조
14) 관리자: 일반
15) 청소 서비스 종사자
16) 학교버스기사
17) 보험 대리인, 중계인, 보험 업자
18) 사회복지사
19) 광부
20) 형사
21) 경영컨설턴트
22) 판사
23) 도시개발 공학자
24) 철강 노동자
25) 관리자: 회사 중역
26) 관리자: 사회복지
27) 농부
28) 법률 시행관, 교정, 공원감시인
29) 회계사
30) 간호사: 행정
31) 관리자: 지방공익사업

32) 신용조사관, 금융중개인
33) 엔지니어: 기계
34) 은행원
35) 경찰관
36) 엔지니어: 화학
37) 컴퓨터시스템 분석가
38) 부동산 중계인
39) 회계 감사원
40) 교사: 학생지도
41) 경호원, 감시인
42) 홍보 관련직, 광고 작가
43) 요리사
44) 사무 관리자
45) 가게주인, 점원
46) 인사, 노사관계 활동가
47) 기능공

선택율이 낮은 직업

1) 편집장, 리포터
2) 순수예술가
3) 목사
4) 싸이코드라마 치료사
5) 변호사: 관리자
6) 연구보조원
7) 컨설턴트: 교육
8) 물리치료사
9) 종교 교육 지도자
10) 상담자: 가출 청소년
11) 종교 수도회: 평신도
12) 심리학자
13) 사회과학자
14) 자살, 위기상담자
15) 교사: 미술, 연극, 음악
16) 성직자
17) 아동 보육 종사자
18) 디자이너
19) 신부, 승려
20) 행정: 학생지도

⑭ ESFJ

선택율이 높은 직업

1) 교사: 초, 중, 고교
2) 접수계원, 의료보조원
3) 헤어드레서, 메이크업 아티스트
4) 레스토랑, 요식업 서비스
5) 행정가: 학생지도
6) 가정관리, 가정 경제학자
7) 치과보조원
8) 교사: 언어병리학, 치료
9) 종교 수도회: 평신도
10) 종교 교육자: 모든 종파
11) 자격증 있는 전문 간호사
12) 중, 고교 외국어 담당교사
13) 보건교육 종사자
14) 사무관리자
15) 교사: 독서

16) 아동 보육 종사자
17) 성직자
18) 보조 교사
19) 랍비(종교지도사)
20) 교사: 성인교육
21) 보건종사자
22) 방사선기사
23) 언어병리학자
24) 회계원
25) 개인가정도우미
26) 공공서비스, 공중보건 종사자
27) 목사
28) 간호조무사
29) 비서, 사무원, 타자수
30) 교사: 초등학교
31) 사무기기 조작원
32) 건설 노동자
33) 교사: 유치원
34) 종교교육 지도자
35) 개인 서비스업
36) 치과 위생사
37) 경호원, 감시관
38) 교사: 학생지도
39) 공장, 현장감독관
40) 교사: 중, 고등학교
41) 검안사
42) 안전관리요원, 레크레이션 담당자
43) 교정직
44) 공인간호사
45) 교사: 특수교육
46) 행정: 사회복지
47) 사회복지사
48) 형사
49) 학교버스기사
50) 행정: 초, 중등학교

선택율이 낮은 직업

1) 배우
2) 의사: 정신과
3) 경영 컨설턴트
4) 건축기사
5) 컴퓨터 전문가
6) 변호사
7) 컴퓨터 시스템 분석가, 프로그래머
8) 관리자: 행정부
9) 전기기사
10) 연구보조원
11) 관리자: 소방
12) 순수예술가
13) 도시개발 기술자
14) 관리자: 회사 중역
15) 심리학자
16) 관리자: 소매점
17) 편집자, 리포터
18) 회계 감사원
19) 사회과학자
20) 과학자: 화학

⑮ ENFJ

선택율이 높은 직업

1) 종교교육 지도자
2) 목사
3) 성직자
4) 가정관리 감독자, 가정경제학자
5) 랍비(종교지도자)
6) 신부, 승려
7) 교사: 보건
8) 사이코드라마 치료사
9) 배우
10) 교사: 미술, 연극. 음악
11) 자살, 위기개입 상담자
12) 순수예술가
13) 상담자: 가출청소년
14) 상담자: 학교
15) 교사: 영어
16) 컨설턴트: 일반
17) 검안사
18) 음악가, 작곡가
19) 상담자: 직업, 교육
20) 중, 고등학교 외국어 담당교사
21) 상담자: 모든 분야
22) 예술가, 연예인
23) 종교종사자: 모든 종파
24) 치과 위생사
25) 도서관 안내원
26) 의사: 가정의, 일반의
27) 디자이너
28) 아동보육 종사자
29) 간호사: 컨설턴트
30) 의사: 정신과
31) 교사: 고등학교
32) 작가, 언론인
33) 간호: 교육자
34) 마케팅 전문가
35) 행정가: 초, 중등학교
36) 약사
37) 건강교육 종사자
38) 심리학자
39) 행정가: 교육
40) 요식업자
41) 교수: 대학
42) 교사: 유치원
43) 종교수도회: 평신도
44) 도서관 사서
45) 홍보관련직, 광고작가
46) 교사: 전문대
47) 행정가: 학생지도
48) 교사: 중학교
49) 사회과학자
50) 물리치료사

선택율이 낮은 직업

1) 레스토랑 종업원
2) 공장, 현장 감독관
3) 컴퓨터 조작, 시스템 연구, 시스템 분

석가

4) 농부

5) 사회복지사

6) 학교운전기사

7) 중소기업 관리자

8) 도시개발 기술자

9) 관리인: 소매점

10) 광부

11) 관리인: 회사 중역

12) 철강 노동자

13) 관리자: 지방공익사업

14) 교정원, 보호관찰 직원

15) 인사, 노동 관련 활동

16) 경찰관

17) 구매 대리인

18) 장교, 사병

19) 건설노동자

20) 의료보조원

⑯ ENTJ

선택율이 높은 직업

1) 경영 컨설턴트

2) 변호사: 행정 비개업

3) 인력자원 관리자

4) 컴퓨터 조작, 시스템 분석가, 연구자

5) 판매 관리자

6) 관리자: 회사 중역

7) 신용조사관, 금융 중개인

8) 마케팅 전문가

9) 인사, 노사 관계 활동가

10) 행정: 대학, 기술 연구소

11) 행정가: 보건

12) 컨설턴트: 교육

13) 컨설턴트: 일반

14) 고용 개발 전문가

15) 과학자: 생물학

16) 연구보조원

17) 심리학자

18) 사회과학자

19) 엔지니어: 화학분야

20) 사회복지 종사자

21) 관리자: 행정부

22) 사업: 일반, 자영업

23) 교정원, 보호관찰 직원

24) 생명공학자, 물리학자

25) 학교장

26) 관리자: 소매점

27) 과학자: 화학

28) 행정가: 학생지도

29) 회계감사원

30) 배우

31) 관리자: 재정, 은행원

32) 교사: 대학

33) 관리인: 식당, 주점, 요식업

34) 치과의사

35) 교사: 독서

36) 디자이너
37) 변호사, 판사
38) 행정: 교육
39) 컴퓨터 프로그래머, 컴퓨터 관련직
40) 싸이코드라마 치료사
41) 순수예술가
42) 엔지니어: 전기전자 기술
43) 의사: 가정의, 일반의
44) 관리자: 시, 도, 정부
45) 행정: 초, 중등학교
46) 사진사
47) 교사: 영어
48) 회계사
49) 간호: 컨설턴트
50) 의사: 병리학

선택율이 낮은 직업

1) 형사
2) 종교교육 지도자
3) 공장, 현장 감독원
4) 사무 관리자
5) 세탁 서비스 업자
6) 경호원, 감시원
7) 경리직원
8) 학교 버스 기사
9) 종교 수도회: 평신도
10) 타자수
11) 헤어드레서, 메이크업 아티스트
12) 물리치료사
13) 치과보조원
14) 회계원
15) 신부
16) 요식업 서비스
17) 관리자: 소방
18) 요리사
19) 아동 보육 종사자
20) 언론인

제12장

MBTI와 진로탐색 그리고 직업 선택

1. 더 많은 정보 수집하기

16가지 성격유형을 알고 나면 독자는 직업선택에 관해 더 많은 아이디어를 갖게 될 것이다. 각 유형들은 그들이 관심 있는 직업들을 더 찾아보고자 할 때 활용하는 활동의 종류에 있어서도 서로 다른 경향이 있다. 놀라운 일도 아니지만 각 유형은 이러한 관점에서 각각 고유한 강점과 약점을 드러내는 경향이 있다.

외향형	내향형
• 타인과 상호작용 할 수 있는 활동들 • 인터뷰, 자원봉사, 인턴 근무를 통해 직접적인 경험을 추구하는 경향	• 반추할 수 있는 활동들 • 직접적인 경험이나 타인과의 상호작용을 추구하기 전에 우선, 직업 관련 자료들을 읽어보려는 경향
감각형	**직관형**
• 내향이라면 독서를 통해서, 외향이라면 인터뷰를 통해서 가능한 직업들에 관한 정보를 모음	• 내향이라면 독서를 통해서, 외향이라면 토론을 통해서 그들이 갖고 있는 정보들의 패턴/의미를 찾음

• SF들은 그들이 믿고 존경하는 사람들로부터 모은 정보를 신뢰함 • ST들은 사실의 분석을 통해 모은 정보를 신뢰 • 인턴 근무나 자원봉사를 하여 직접 체험해 봄(특히 SF) • 다양한 직업 관련 정보들(예. 업무, 보수, 회사위치)에 더 많은 관심을 보임 • 직업적 성공에 기여하게 될 가치, 흥미, 그리고 기술의 패턴은 간과함 • 과거에 자신과 잘 맞지 않았던 직업들을 간과	• '예감'을 더 신뢰함 • NF들은 일을 통한 자신의 성장가능성에 가장 관심을 가짐 • NT들은 자신인 '적합'한 사람인지 매우 잘 분석하고 비교하는 경향이 있음 • 가능성과 먼 미래의 목표에 대한 인식을 더 신뢰하는 경향 • 직업탐색에서 얻은 중요한 사실적 자료를 놓침 • 어떤 일을 실제로 시도해 봄으로써 얻을 수 있는 정보를 놓침
사고형	**감정형**
• 자신의 흥미, 기술, 그리고 다른 정보들의 분석을 통해 작업하고자 함 • 다양한 직업에 대한 참고자료와 업무분석을 활용함(특히 IT) • 의미있는 타인이나 그들이 신뢰하는 사람으로부터 얻을 수 있는 정보를 놓치거나, 그들이 주의하는 것을 신뢰하지 않음	• 타인들로부터 수집한 정보나 타인들과의 직접적인 경험(예. 영향)을 신뢰하고 활용함 • 특히 상담자를 좋아하고 신뢰한다면, 직업적인 관심사에 대해서 공식적 또는 비공식적 상담을 더 이용하는 경향이 있음 • 좀 더 객관적인 형태(예. 도서관)로 얻을 수 있는 정보를 빠트림
판단형	**인식형**
• 서둘러 종결하려고 함. 그래서 비록 정보가 처음의 방향과 일관성이 없더라도 계속해서 정보를 수집하는 것이 이들에게 도움이 될 수 있음	• 결정내리기 전에 더 많은 정보가 계속해서 필요하다고 느낌. 그래서 이미 수집된 정보에 대해서 약간의 판단을 내리는 것이 이들에게 도움이 될 수 있음

당신은 어떤 활동들을 가장 잘 활용하는 경향이 있는가? 당신은 자신의 타고난 강점과 일치하는 활동들로 출발하고 싶을 것이다. 그러나 당신은 또한 어떤 직업이 당신에게 맞는지 혹은 맞지 않는지를 탐색해 볼 최상의 기회를 갖기를 원하므로, 당신에게 자연스럽지 않은 방법들

을 활용해서라도 직업 정보를 얻고자 할 것이다.

의사결정 탐색

자기 자신과 직업에 관한 정보를 모은 후, 당신은 어떤 직업을 더 탐색하고 추구해 볼지에 대한 몇 가지 결정을 내릴 필요가 있다.

감각형, 직관형, 사고형, 그리고 감정형 모두 진로결정을 고찰해보고, 이를 보다 잘 활용하기 위해 당신이 배우게 될 아래의 지그재그 모형(Zig-zag model)을 적용시켜 보라. 그렇게 할 때 당신은 모든 상황적 측면들을 고려하기 위해서는 당신의 인식이라는 도구(감각과 직관)를, 그리고 객관적이고 주관적인 기준 양쪽에 근거한 결정을 내리기 위해서는 당신의 판단이라는 도구(사고와 감정)를 사용할 것이다.

이 시점에서 좀 더 명확해질 필요가 있으므로 진로탐색의 과정을 몇 개의 부분으로 생각해보자. 다음의 지그재그 단계들을 따라갈 때 각 논점을 깊이 새겨보라. 4가지 단계를 거쳐 가면서 떠오르는 생각들을 기록하거나 다른 사람들과 토론해 본다면 유용할 것이다.

1단계 : 감각적 인식

당신은 사실, 자료, 그리고 어떤 상황에서 주어진 것들을 결정하기 위해서 감각을 사용하게 된다. 당신은 자신 앞에 어떤 진로가 놓여 있더라도 그 현실성과 직면하기 위해서는 감각을 사용한다. 다음에 당신의 감각적 인식을 사용하는 데 도움이 될 만한 몇 가지 질문들이 있다.

- 현재 형편은 어떠한가?
- 당신의 MBTI 유형은? 당신의 가치, 흥미, 기술은? 당신의 학력은 어느 정도인가?
- 어떤 업무의 활동이 가장 만족/좌절스러운가?
- 당신은 그동안 어떤 직업을 가졌었나?
- 현재 구할 수 있는 직업은 무엇이며, 보수는 어느 정도인가?

2단계 : 직관적 인식

어떤 상황에서 가능성을 찾거나, 상황을 변화시키기 위한 방법을 고찰할 때 당신의 직관이 사용된다. 당신이 가지고 있는 진로 정보에 내재된 의미나 패턴에 주목할 때나 당신의 삶과 미래의 정황 속에 그것을 연관시켜 볼 때에도 직관은 사용된다. 다음에는 직관적 인식을 사용하는 데 도움이 될 수 있는 몇 가지 질문들이 있다.

- 당신이 가지고 있는 정보의 패턴에 당신이 마음을 연다면, 당신은 무엇을 알게 되는가?
- 당신이 고려해 본 혹은 제외시킨 직업들에는 어떤 패턴이 있는가?
- 유일하고 적합한 한 가지 일만을 생각하겠다는 신념을 보류시킬 때 어떤 새롭고 다른 가능성이 나타나는가?
- 이치에 맞지는 않지만 도외시하기는 어려운 선택이 계속 남아 있는가?
- 당신의 자질은 드러내면서 약점은 감소시킬 수 있는 더 좋은 방안이 있는가?

3단계 : 사고적 판단

당신은 상황, 즉 앞의 두 단계에서 발견한 진로의 요소와 가능성에 대해서 중요하고 객관적인 분석을 하기 위해서는 사고를 활용하게 된다. 당신은 모든 결과들, 좋은 점과 나쁜 점, 당신이 얻을 수 있는 다양한 기회들에 대해서 고찰하기 위해 사고를 사용한다. 다음에 당신이 사고적 판단을 하는 데 도움이 될 수 있는 몇 가지 질문들이 있다.

- 만일 당신이 당신 자신과 상황을 벗어난다면 객관적이고 비판적으로 무엇을 보게 되겠는가?
- 자기 자신에 대한 지식에 근거해 볼 때, 당신이 생각하고 있는 그 직업에 당신은 얼마나 적합하거나 부적합한가?
- 당신의 목록에 있는 각각의 직업을 선택한다면 긍정적인 혹은 부정적인 결과는 무엇이겠는가? 즉 각각의 직업을 선택하는 데 대한 논리적인 성과는 무엇인가?
- 당신이 고려하고 있는 아이디어나 사람과 관련된 선택에 대해서 냉정할 수 있는가? 그렇게 하기가 쉽지 않은 영역에서 비판적이고 객관적이 되는 것이 중요하다.
- 이제 당신은 자기 자신을 벗어났으므로 의사결정의 과정에 개인적인 요소들을 재도입시킬 시간이 되었다.

4단계 : 감정적 판단

다른 진로를 선택했을 때 생길 수 있는 결과에 대해서 당신이 얼마나 고려하는지, 그리고 각각의 선택은 당신에게 개인적으로 무엇을 의미하는지를 가늠해보기 위해서 감정을 사용하게 된다. 당신의 개인적인 가치뿐 아니라, 당신이 고려하고 있는 사람들의 가치와 감정을 가늠하기 위해서도 감정을 사용한다. 다음에 당신이 감정적 판단을 하는 데 도움이 될 수 있는 몇 가지 질문들이 있다.

- 당신의 인생과 진로에 있어서 당신이 고려하는 것은 무엇인가? 당신에게 중요한 것은 무엇인가?
- 당신의 선택들을 고찰할 때 "이것이 옳은가, 그른가" 또는 "이것은 좋은가, 싫은가"라는 질문 중 어디에 더 빨리 대답하게 되는가?
- 만일 당신의 목록에 있는 각 직업을 선택한다면 당신과 당신의 인생에 중요한 다른 사람, 그리고 그들과의 관계에 미치는 영향은 무엇인가?
- 비록 그렇게도 중요하게 여겨지는 것이 비논리적이라고 생각될지라도 당신이 정말로 고려하는 것은 무슨 직업인가? 당신이 몹시 고려하고 있는 그 직업을 취하라.

가장 잘 형성된 진로 결정은 이러한 4단계를 모두 활용함으로써 나온다. 그러나 서로 다른 유형들은 어떤 단계들은 강조하고 다른 것들은 대강 훑고 지나가거나 무시해버리는 경향이 있다. 앞서 제시된 유형역동에 관한 도표는 어떤 단계들이 가장 쉽고(주기능과 부기능을 활용한 단계), 어떤 것들이 가장 어려울 것 같은지를 말해주고 있다. 예를 들어 INFP의 경우 감정과 직관의 단계들은 더 쉬울 것이고, 덜 선호되는 감각과 사고는 그러한 단계들을 더 힘들게 할 것이다. 가장 빠트리기 쉬운 단계들을 주목하는 것이 중요하다.

많은 진로결정들이 완벽하지는 않겠지만, 지그재그 모델은 진로 목표를 향한 다음 단계들이 좀더 분명해지고 당신이 따라야 할 길을 보다 명확하게 이해하도록 해준다.

2. MBTI 활용 진로 탐색

목표를 설정하고 실행하기

일단 몇 가지 진로를 결정했다면 계획과 실행의 단계로 옮겨갈 필요가 있다. 이러한 추후 단계들에는 보통 세 가지 일, 즉 ① 진로목표를 설정하기, ② 진로목표를 세부목표들과 과제들로 나누기, ③ 하위목표들을 실행하기가 포함된다.

1단계 : 진로목표를 설정하기

이 단계에서 당신은 어디로 가고자 하는지를 분명히 하게 된다. 이 단계에서 설정한 장기적인 진로목표들은 다음을 포함하게 될 것이다.

- 광범위하거나 구체적인 진로목표들, 예를 들면 :
  - 공항에서 근무하는 기술자
  - 대도시 경찰관

- 수입 자동차 판매원
- 숙박하면서 일할 수 있는 소규모 회사의 목수

이 시점에서 당신의 장기적인 목표는 무엇인가? 당신은 어떤 직업을 추구하고 싶은가? 혹은 당신의 현 직업 안에서 다소간의 변화를 일으키기를 원하는가?

2단계 : 목표를 좀 더 작은 목표들과 과제들로 나누기

이 단계에서는 장기적인 목표에 도달하기 위해서 완수할 필요가 있는 하위 목표와 해야 할 일들을 결정하게 된다. 예를 들면, 기술자가 되고자 하는 사람의 하위 목표들과 과제들은 다음을 포함할 수 있다.

- 기계공학이라는 구체적인 영역에 대해 좀 더 공부하기
- 공학 프로그램에 종사하기 위해서는 어떤 교육과정이 요구되는지 알아보기
- 특정 회사들에 관한 정보 모으기
- 이력서를 작성하고 편지를 보내고 인터뷰를 제안하기

이 시점에서 당신의 하위 목표들은 무엇인가? 즉 장기적인 목표에 도달하기 전에 당신이 달성해야 하는 다른 단기 목표들과 수행해야 하는 과제들은 무엇인가?

3단계 : 실행하기

이 세 번째 단계에서 당신은 하위 목표에 도달하기 위해 실행할 것을 격려받는다. 일반적으로 실행하기는 실제로 전화 문의하기, 계속해서 면접 정보 모으기, 응시원서에 필요사항 기재하기, 이력서 작성하기, 연습하기, 자기 자신을 알리기, 현재의 직장을 바꾸기 위해 고용주를 만나거나, 직장을 구하기 위해 필요한 단계들을 밟기 등을 포함한다.

착수하라! 내향형에게는 반추할 시간 그리고, 외향형에게는 실행할 시간임을 기억하라. 이제 당신의 하위목표에 전념하여 실행하기 시작하라. 다음에는 당신이 이러한 계획을 세우고 실행단계를 거칠 때 당신의 선호 유형과 관련되는 강점과 약점의 목록이 있다.

외향형	
강 점	약 점
• 자연스럽게 연락망을 만들어 빨리 대단위 연락망에 접근함 • 즉각적으로 실행 단계에 들어감 • 구두 면접에 능함	• 진로탐색의 과정에서 다른 사람과 너무 많이 토론함 • 반추하지 않고 너무 빨리 실행에 들어감 • 면접에서 말을 너무 많이 하고 충분히 듣지 않음
내향형	
강 점	약 점
• 계획하고 목표를 잘 설정함 • 면접 질문에 답을 할 때 사려깊고 정확하게 보임 • 자신을 글로 잘 표현함	• 반추하고 계획하는 데 너무 오래 머물러 생각을 실행하는 데 충분한 시간을 보내지 못함 • 면접에서 너무 말수가 적거나 심각하게 보임 • 스스로를 소외시키고 타인으로부터 정보를 구하지 않음

사고형	
강 점	약 점
• 모든 선택에 기꺼이 비중을 둠 - 내키지 않는 선택일지라도 • 전략적 방법으로 직업 탐색을 함 • 난처한 면접질문에서도 자기 의사를 잘 표현함	• 자신이 어떤 일을 정말 좋아하는지 아닌지 고려하지 않음 • 면접위원이 자신의 유능함을 파악하지 못하면 유용한 정보를 무시해 버림 • 면접에서 너무 일 중심적으로 보여지고, 지위에 맞는 대안적 관심사에 민감하지 못함

감정형	
강 점	약 점
• 연락망과 인간관계를 기꺼이 활용할 수 있음 • 면접 정보를 잘 활용할 수 있음. 면접에서 따뜻하고, 민감하며 인간적으로 보여짐	• 직업을 얻기 위한 개인적인 접촉을 기대함 • 곤란한 면접 질문을 개인적으로 받아들임. 면접에서 지나치게 따뜻하게 보여 져 일 중심으로는 보여지지 않음

감각형	
강 점	약 점
• 구조화된 진로계획과 하위목표를 잘 이용함 • 어떤 직업의 현실적인 논점(예. 교육적/직업적 요구사항들, 보수 등)을 잘 이해함 • 계획을 하고 면접을 볼 때 사실과 정보를 잘 기억하고 활용함	• 진로탐색에 접근하는 방식이 한 가지 인식에만 국한됨 • 곤경을 느낄 때 대안을 찾기 어려워 함 • 미래의 선택에 대한 유일한 예측으로서 과거의 경험에 지나치게 집중함

직관형	
강 점	약 점
• 진로의 가능성에 매우 열광함 • 장기적인 목표를 설정하고 그것을 달성하기 위한 단계를 계획하는 데 매우 익숙함 • 전통적인 진로탐색과 진로발달 과정에 대한 대안을 찾는 데 익숙함	• 너무 많은 가능성을 보며, 불가능을 알기까지 시간이 너무 오래 걸림 • 목표를 설정하고 달성하는 데 있어서 중요한 실용적 단계들을 평가절하하거나 생략함 • 구체적인 직업훈련과 경력을 묻는 면접질문에 답하기 어려워 함

판단형	
강 점	약 점
• 업무와 목표를 달성하기 위한 하위 목표를 계획하는 데 익숙함 • 마감일에 맞추고 과업을 성취해내는 데 익숙함 • 책임감 있게 자진해서 하기를 청함	• 정보를 모으는데 인내심이 부족하고 성급한 결론을 내림 • 진로목표와 과제에 지나치게 집착하여 새로운 정보를 보지 못함 • 면접에서 너무 구조화된 사람으로 보여짐
인식형	
강 점	약 점
• 계획과 과제를 변화시켜야 하는 필요성을 진로탐색의 절차로 받아들일 수 있음 • 다른 사람들이 간과해버린 선택들을 관찰하고 실행하는데 개방적임 • 보다 자발적인 면접 스타일	• 실제로 결정을 내릴 필요가 있을 때에도 정보를 계속해서 수집함 • 몇 개의 과제가 확실한 마감일까지 완성될 필요가 있음을 인식하지 못함 • 면접에서 너무 유연하며 충분히 목표지향적이지 않게 보여짐

자신의 개성을 홍보하기

심리유형에 대한 기본적인 교훈 중 하나는 서로 다른 유형의 사람들은 서로 다르지만 똑같은 가치를 지닌 재능을 가지고 있다는 점이다. 더구나 이러한 차이점들은 유익하며 생산적인 측면으로 활용될 수 있다. 이런 관점에서 개별적인 차이점들은 진로 탐색의 실행 단계에서 홍보하고 설득시켜야 할 요점이 된다.

이 절의 목적은 당신 자신의 강점을 인식하고 존중하도록 돕고 차이를 홍보하도록 용기를 북돋기 위함이다. 처음 직업을 구하고 있거나 중년에 직업을 전환하고자 하거나 간에 당신은 자신의 차이점을 홍보할 필요가 있다. 즉 당신은 자신의 성격과 기술을 강조하고 자신의 강점을 다른 사람들에게 명확하게 전달할 필요가 있다. 자신의 가치를 홍보한다는 것은 자신의 타고난 강점을 의지한다는 의미이다.

어떻게 당신의 차이점을 밝히고 홍보할 것인가? 한 가지 방법은 선호 경향에 대한 부연설명과 개인의 유형별 설명을 다시 살펴보고, 당신의 강점을 밝히고 전달하기 위해서 유형별 대표적인 표현들을 사용할 수 있다. 이러한 정보는 응시원서를 채우고, 이력서를 작성하거나 편지를 보내거나 면접을 볼 때 유용하다. 예를 들어, ISTJ의 경우 다음과 같이 말할 수 있다.

"저는 업무에 대단히 헌신적이며 매우 과업 지향적입니다."

"저는 일에 있어 책임감이 있고 철저합니다."

"저는 사실을 대단히 중시하고, 만일 어떤 일을 완수해야 한다면 결정을 내려야 할 마감일까지 해냅니다."

대조적으로, ESFP는 다음과 같은 문장으로 다른 사람과는 다른 강점을 홍보할지도 모른다.

"저는 사람을 다루는 기술이 뛰어납니다."

"저는 팀의 협조자이며, 업무상 갈등을 다루는 데 매우 익숙합니다."

위의 예들에서 볼 수 있듯이 각각의 사람들은 다른 사람과 구별되는 일련의 기술들에 관하여 이야기하고 있으며 함께 일할 만한 가치가 있는 사람임을 전달하고 있다. 자기 자신의 타고난 재능들을 진로와 연결시켜야 함을 기억하라.

만일 당신이 모두 노력해왔다면, 지금 이 시점에서는 진로탐색 과정에서 중요한 몇 가지 단계들을 경험해 왔을 것이다. 당신은 성격유형, 가치, 흥미, 기술 그리고 유형역동과 성격발달의 측면에서 자기 자신을 고찰해 보았을 것이다. 당신의 유형에 맞는 몇 가지 진로 패턴들을 찾아서 당신에게 흥미가 가는 진로에 관해 정보를 모았을 것이다. 그런 후 유형이 의사결정에 어떻게 작용했는지를 살펴보았고, 유형이 당신의 계획과 실행에 어떻게 영향을 미칠 수 있는지 알아보았다.

만일 당신이 이러한 단계들을 따라 일부(혹은 전부) 노력해 보았다면, 처음 시작할 때보다 많이 나아졌을 것이다. 축하하자! 이제 정말 끝내도 될지 스스로에게 질문해 보라. 이러한 과정이 당신에게 어떻게 작용하는지를 평가하고 끝내는 것이 중요하다. 그것은 적절했다고 느껴지며 지금 당신에게 필요한 것을 제공해 주었는가? 당신은 항상 앞 단계로 되돌아가 당신 자신과 전망 있는 직업들에 대한 더 많은 정보를 모을 수 있으며, 훨씬 더 자세한 정보에 입각한 결정을 내릴 수 있고 훨씬 더 적절한 행동을 취할 수 있다. 당신은 또한 진로탐색, 의사결정, 계획, 그리고 실행의 일부 단계들을 밟도록 도와줄 진로상담자에게 상담요청을 할 수도 있다.

3. MBTI 사용 가이드

1) 네 가지 명심해야할 사실

① 16가지 성격유형 중 어느 것이 더 좋고 어느 것이 더 나쁘다는 것은 없다. 당신의 성격유형이 어떤 것이든 그것이 당신에게 가장 좋은 것이다.

② 어떤 유형이 다른 유형보다 더 영리하거나 창조적이라고 말할 수 없다. MBTI는 지능이나 창조성을 재는 검사가 아니기 때문이다.

③ 어떤 유형이 다른 유형보다 더 영성적이거나 윤리적이라고 말할 수 없다. 어떤 유형의 성격이든 성인이 있을 수 있고 죄인이 있을 수 있다. 도덕과 윤리는 MBTI와 별개의 것이다.

④ 어떤 유형이 다른 유형보다 정서적으로 안정되어 있다고 말할 수 없다. MBTI는 정서적 건강을 재는 척도가 아니기 때문이다.

2) MBTI의 잘못된 사용

① 자기 성격유형을 어떤 잘못이나 실수를 변명하는데 사용하지 말라. 자기 자신의 타고난 유형을 발견하여 그 가능성을 최대한 실현하는 것이 MBTI의 목적이기는 하지만, 더욱 중요한 목적은 자기 유형과 반대의 태도와 기능을 발달시켜 적절한 균형을 유지함으로써 자기실현을 추구하는 것이다. "사람이 왜 그렇게 엉성한가"고 꾸중들을 때 "나

는 직관형이니까 별수 없지 않느냐"는 자기합리화는 MBTI를 오용하는 대표적인 사례이다.

② 자기 자신이나 타인의 성격유형을 스테레오타입화시키는데 사용하지 말라. 어떤 MBTI 워크샵에서는 각자의 성격유형을 명찰로 만들어 달고 다닌다. 그러면 명찰을 보고 "아! 저 사람은 이러이러한 사람이다"하고 특정 틀에 맞추려 한다. 그러나 같은 유형의 사람이라 하더라도 모든 면이 동일한 사람은 하나도 없다는 사실을 명심해야 한다.

3) MBTI를 통해 이루어야 할 일

① 성격유형은 인간의 행동에 대한 이해를 넓히기 위해, 무엇보다 중요한 것은 자기 자신과 타인이 가지고 있는 장점과 가치를 발견하는데 사용해야 한다.

② 성격유형은 자기 자신에게서 변화시키고 발달시켜야할 점이 무엇인지 발견하는데 사용해야 한다.

③ 성격유형은 상대방과 나의 차이를 이해하고, 이 차이를 존중하고, 이 차이를 사랑할 수 있어야 한다.

4) MBTI 비평

세상에 만병통치약은 없다. MBTI에 대해 비판하는 사람은 MBTI의 성격유형검사 결과가 들어맞는 것처럼 보이는 것은 '포러효과(Forer effect)' 때문이라 주장한다. 미국의 심리학자 Bertram Forer의 이름을 딴 포러

효과는 개인들이 그들에게 특별히 맞추어진 것으로 추정되지만 사실상 막연하며 넓은 범위의 사람들에게도 충분히 일반적으로 적용되는 그들의 성격 묘사에 높은 정확도를 부여한다는 것이다. 구체적인 실험 방법으로 Forer는 대학생을 대상으로 모두에게 동일한 성격검사 결과지를 나누어 주고 각자 얼마나 자신의 성격과 일치하는지 평가하게 했다. 대부분의 사람들이(80% 이상) 검사 결과가 자신의 성격을 아주 잘 묘사했다고 이야기했다. 그런데 이들은 모두 동일한 성격검사 결과를 받았다.

19세기 미국의 Phineas Taylor Barnum는 곡예단에서 사람의 성격을 맞추는 일을 하던 사람이었다. 그는 "우리는 누구에게나 해당되는 것을 보았다"라는 관찰 보고 이후에 '바넘효과(Barnum effect)'라고도 불린다. 이 효과는 종교와 점성술, 운세 판단, 필적학 그리고 어떤 유형의 성격검사와 같은 어떤 신념과 실천의 광범위한 수용에 대하여 부분적인 설명을 제공할 수 있다.

포러효과는 어떠한 사전 정보도 없이 상대방의 성격이나 심리를 읽어낼 수 있다고 믿게 만드는 '콜드리딩(Cold reading)'이란 기술과 연관 지어 생각해볼 수 있다. 콜드리딩은 상대에 대한 아무 사전정보도 없이 상대방의 속마음이나 심리를 알아내는 고도의 심리학적 기술을 뜻하는 말이다. 본래는 영화나 연극 오디션 때 사전 리허설이나 연습 없이 즉석에서 대본을 큰 소리로 읽어보는 것에서 유래한 말이다. 특히 커뮤니케이션 분야에서 콜드리딩은 사전에 상대방에 대한 정보가 전혀 없이 상대의 내면을 읽어내는 능력을 뜻하는데, 이 콜드리딩을 잘하는 사람을 가리켜 '콜드리더(Cold Leader)'라고 부른다. 이들은 상대에 대해 아무것도 모르는 상태에서 그 사람의 말투나 옷차림, 손짓, 행동 등 겉으로 드러난 정보를 통해 그 사람의 성격이나 속마음을 유추해낸다. 척 보면 안다는 것이다.

점을 치는 사람이 "화가 나면 속이 답답하지?"라는 질문에 "헉, 족집게 도사네", "대박, 어떻게 내 마음을 알았지?" 라고 감탄한다면 당신은 콜드리딩으로 포러효과를 경험하는 것이다.

MBTI는 대중심리학(pop psychology)을 이끈 심리측정 도구이다. 도구는 목적이 아니라 수단일 따름이다. 어떻게 활용할 지는 개인의 몫이며 상담전문가의 전문적 조력(skilled helping)으로 자신과 타인을 더 잘 알 때 글자 그대로 타당하고 신뢰롭게 성격을 이해하는 안내자(Indicator)가 될 것이다.

부록 1

MBTI를 통한 성공적인 대학생활 탐구사례[4]

Ⅰ. 서론

대학생들에게 성공적인 대학생활이란 무엇인가 질문할 경우, 대부분의 학생들은 학업, 대인관계, 교내 및 대외 활동 등에 대해 이야기한다. 본고에서 다룰 내용도 이와 크게 다르지 않다. 본고에서 다룰 성공적인 대학생활은 크게 5가지로 나뉜다. 학업, 다양한 경험 및 활동, 진로, 대인관계, 건강한 자아가 그것이다.

본고에서 다룰 성공적인 대학생활에 대해 이야기해보자면, 첫째, 학업에서 다룰 내용은 성적이 좋고 나쁨에 대해 이야기하기 보다는 진로를 위한 발판으로써의 학업이다. 앞으로 나아가고 싶은 분야에 대한 강의들을 듣고 그것을 양분 삼아 성장해나가는 것을 의미한다. 둘째, 다양한 경험 및 활동에서 다룰 내용은 교내 및 대외 활동뿐만이 아니라

4) 2021학년도 2학기 저자가 담당한 『인간과 심리』 수업 중 발표내용(발표자 : 미디어커뮤니케이션 4학년)을 소개한다.

취미 활동과 여행을 통해 얻게 될 세상을 바라보는 눈에 관한 이야기를 모두 포괄적으로 다룰 것이다. 셋째, 진로에서는 필자의 진로와 관련하여 학과와 관련된 이야기이다. 단순히 직업적인 부분을 이야기하기보다는 필자의 가치관과 도달하게 된 이유를 포함한 내용을 전개할 예정이다. 넷째, 대인관계 부분에서는 가까운 지인에서부터 멀리, 다양한 사람을 만나는 내용을 다룰 예정이다. 가깝게는 교내, 멀게는 대외에서 맺게 될 관계를 이야기한다. 다섯째, 건강한 자아에 관한 부분에서는 대학생활 스트레스를 다스리기 위한 다양한 활동을 이야기하고자 한다.

MBTI를 통해 필자가 스스로를 이해하고 나아가 대학생활을 어떻게 이어나갈 것인지, 어떻게 성공적으로 대학생활을 할 수 있을지를 본격적으로 탐구하기에 앞서 필자의 현재 대학생활에 대해 짤막하게 짚고 넘어가고자 한다. 현재 필자는 좋아하는 전공과목에 한해서는 A 이상의 성적을 유지하고 있으며, 전체적인 성적분포의 편차가 큰 편이다. 필자는 현재 미디어커뮤니케이션학을 전공하며 복수전공으로 상담심리사회복지학을 전공하고 있고, 교내에서는 또래소담 프로그램을, 대외적으로는 부천시청소년상담센터에서 멘토링 '꿈나래' 활동을 하고 있다. 동아리 활동으로는 학과 스피치 동아리인 '아이스트' 활동을 하고 있으며, 학과 내에서 부 과대표를 맡고 있다. 진로로 생각하고 있는 부분은 출판업계(출판기획), 영화업계(영화기획), 방송업계(성우), 심리학 계열(범죄심리 전문가)이며, 교우관계는 넓은 편이다. 건강한 자아를 위한 활동으로 1년 단위로 위시리스트를 작성하고, 다양한 취미 활동을 영위하고 있다.

본고에서 이루고자 하는 것은 MBTI를 통해 필자 본인을 확실히 이해하고, 목표를 이뤄내기 위해 대학생활을 설계함에 있어 성공적인 결과를 얻기 위해 MBTI를 활용하는 것이다. 그를 위해 본고에서는 MBTI에 대해 탐구하고, MBTI를 통해 현재의 대학생활을 바라볼 것이며, 성공적인 대학생활을 이뤄내기 위한 방법을 연구할 것이다.

Ⅱ. 본론

1. MBTI에 대하여

융(C. G. Jung)의 심리유형론(Psychological Types)을 토대로 Myers와 Briggs는 성격유형검사(Myers-Briggs Type Indicator, MBTI) 검사지를 만들었고, 지속적으로 검증하여 활용가능한 도구로 개발되었다. MBTI는 심리유형 이론을 보다 쉽게 일상생활에서 유용하게 적용할 수 있도록 70년 동안 연구, 개발되고 심리학, 교육학, 경영학, 종교학 등 다양한 분야에서 활용되고 있는 보편적 성격 검사 도구이다. 인간 행동의 다양성은 개인이 인식(perception)하고 판단(judgement)하는 특징이 다르기 때문이며, 사람들이 인식하는 방법이 근본으로 다르고 결론을 내리는 방법도 다르다면 반응, 흥미, 가치, 동기, 기술, 관심 등이 다른 것도 또한 당연한 일이라는 것이다. MBTI는 인식과 판단에 대한 Jung의 이론 그리고 인식과 판단의 향방을 결정짓는 태도 이론을 바탕으로 제작되었으며, 검사지의 주요 항목은 네 가지 기본 선호경향을 밝히려는데 있다. 각 지표는 네 가지의 기본적인 선호경향 하나를 나타내고 있다. 유형을 기술할 때 동일한 특징들끼리 묶어 설명하면 이해하는데 도움이 된다. 유형을 분류하는데 집단 내 공통 특징들을 충분히 설명할 수 없다는 데에 한계가 있다.[5]

선호지표는 태도, 인식기능, 판단기능, 생활양식과 관련된 4가지 기본적인 선호경향 중 하나를 나타내고 있다. 태도는 외향(E)과 내향(I)으로, 인식과 판단이 주로 외부세계를 향하느냐 또는 내부세계로 향하느냐 선택방향을 지닌다. 인식기능은 외부의 정보를 받아들일 때, 감각(S)에 의지하느냐 직관(N)에 의지하느냐의 선호경향을 나타낸다. 판단기능에서는 사람의 인정에 이끌리는 감정형(F)과 논리적인 결과를 바탕으로 결정하는 사고형(T)으로 선호경향이 나타난다. 생활양식에서, 판단(J) 유형은 외부세계를 대처해 나갈 때 판단과정(사고나 감정)을 사용하며, 인식(P) 유형은 인식과정(감각이나 직관)을 사용한다.[6]

2. 필자의 MBTI 탐구

필자의 MBTI : ENTJ(지도자형) - 외향(E) + 직관(N) + 사고(T) + 판단(J)

---

5) Briggs Myers, 김정택 외 옮김, 『MBTI』, 서울: 보경문화사, 1999.

6) 나경아 (2016). 전공별 성격유형(MBTI)에 나타나는 심리기능 차이에 대한 연구. 한국예술 연구(13), 107-124

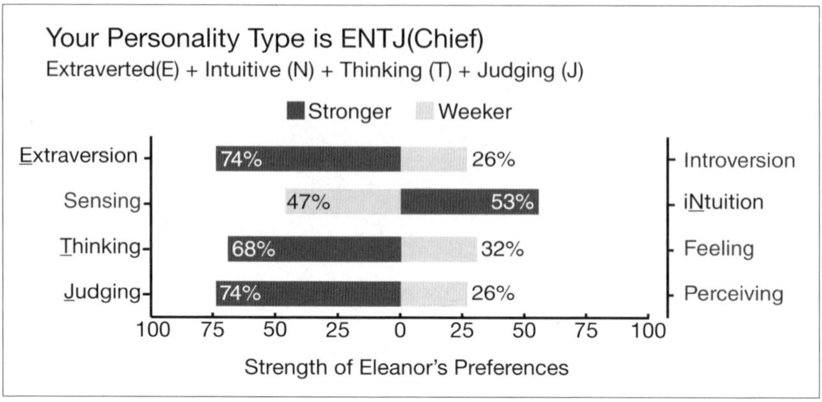

<표1> 필자의 MBTI 유형 그래프

필자는 상상력이 풍부하고 독립적인 ENTJ이다. 인간관계를 맺을 때 다른 사람들의 생각과 생각에 관심이 많은 편이며, 다른 사람들은 필자와 같은 ENTJ의 깊은 통찰력과 열정을 즐긴다. 친구와 가족 모두 하나 이상의 분야에서 필자와 같은 이들의 풍부한 지식을 배울 수 있다. 이들의 큰 자질 중 하나는 둔감함(혹은 무신경함)이다. 이들은 비판을 잘 받아들이고, 갈등을 잘 다루고, 쉽게 감정이 상하지 않는다. 이들의 의사소통방식은 직선적이다. 낭만적인 관계에서 이들은 자신들과 깊이 의논할 수 있는 짝을 찾는다. 이들은 종종 관계 내에서 독립을 추구하고 건전한 경쟁을 할 수 있고 실용적인 파트너를 만든다. [7]

필자와 같은 ENTJ의 직업적인 특성을 살펴보겠다. 이들은 목표를 달성하고 일을 바르게 처리하기 위해 노력하고 열심히 임하는 사람들이다. 이들은 공동의 목표를 향해 사람들을 지휘하고, 전략을 세우고,

7) https://personalitymax.com/ (MBTI 성격유형 검사 - ENTJ 결과 내용)

동원할 수 있는 리더의 위치에서 활동한다. 이들은 자신의 능력을 믿는 선각자들이다. 이들은 역량과 진보를 중시한다. 이들은 게으름에 대한 인내심이 거의 없다. 또한 칭찬이 느려, 격려가 부족할 수 있다. 이들은 혼자서 잘 일한다. 이들은 다른 사람들의 탁월함과 자립심을 존중한다.

학습적인 측면에서 살펴보자면, 이들은 열렬한 학습자이고 독자들이다. 이들은 지식과 숙달된 지식을 얻고자하는 무한한 호기심과 욕망을 가지고 있다. 이들의 관심을 끌기만 하면 학교 성적은 높아진다. 이들은 스스로가 동기가 되어 스스로 학습한다. 휴식을 취하는 데에 어려움을 겪을 수 있으며 시간 낭비를 좋아하지 않는다. 이들은 스스로를 향상시키기 위해 끊임없이 탐구하고 있다. 이들은 재능있는 전략가들로 종종 자신의 능력을 향상시키기 위해 주변 사람들에게서 배움을 얻는다. 이들의 가장 큰 능력은 자신 있게 리드하고 탁월하게 목표에 도달하는 능력이다. 이들은 많은 양의 정보를 습득하기 위해서뿐만 아니라, 마스터하기 위해서 노력하는 높은 수준의 정보수집가들이다. 자급자족하여 정보를 얻고, 논리적인 이성을 가진 사람들로 모든 것을 알고자 하는 욕구가 있다. 따라서 무엇이든 질문하려는 경향이 있다. 이들의 조사와 심문에 대한 깊은 관심이 이들을 위대한 연구자 혹은 발명가가 되도록 한다. 오랜 시간 동안 집중하고 공부할 수 있으며 추상적이고 이론적인 토론을 즐긴다. 이들은 비논리적인 지시와 감정적인 대화를 싫어한다.

필자의 외향적인 면에 대해서 이야기해보자면, 필자는 평균보다 37% 더 외향적인 사람이다. 평균적으로 여성이 남성보다 약간 더 외향적이다.

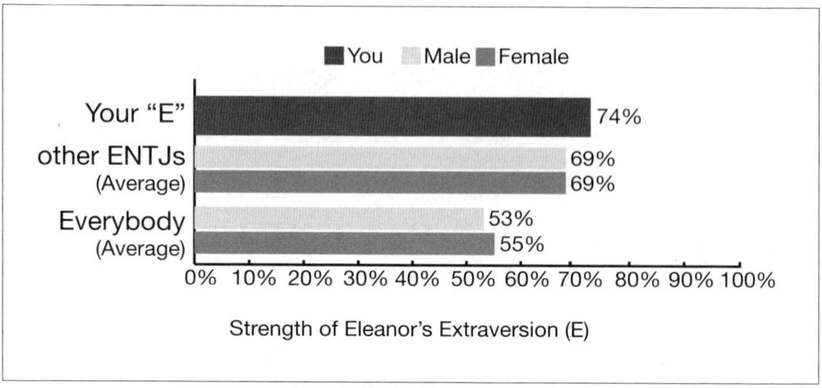

<표2> 필자의 ‘E’ 유형과 다른 ENTJ 유형의 사람들,
모든 사람들의 ‘E’ 유형 비교 분석 그래프

필자와 같은 외향적인 성향의 사람들은 사교 모임, 파티, 단체 활동에 의해 활력을 얻는다. 이들은 보통 열정적이고 사교적이며 활기차다. 이들의 의사소통 스타일은 언어적이고 적극적이다. 외향적인 사람들은 종종 말을 하고 싶어한다. 이들은 사람들의 이목을 끄는 경우가 많다.

필자는 평균보다 13% 더 직관적이다. 평균적으로 남성들이 여성들보다 약간 더 직관적이다.

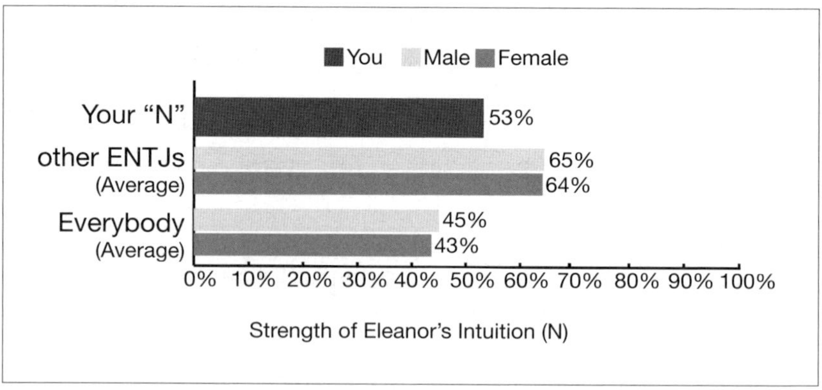

<표3> 필자의 ‘N’유형과 다른 ENTJ 유형의 사람들,
모든 사람들의 ‘N’유형 비교 분석 그래프

필자와 같이 직관적인 사람들은 미래지향적이다. 이들은 가능성의 세계에 빠져있다. 이들은 패턴과 인상을 통해 정보를 처리한다. 직관적인 사람들은 영감과 상상력을 중시하며 이들은 행간을 읽음으로써 지식을 모은다. 이들의 추상적인 본성은 깊은 사고적, 개념, 은유로 이끈다. 이들은 'Big picture'를 볼 수 있고, 분석적이다.

필자는 평균보다 31% 더 사고적인 사람이다.

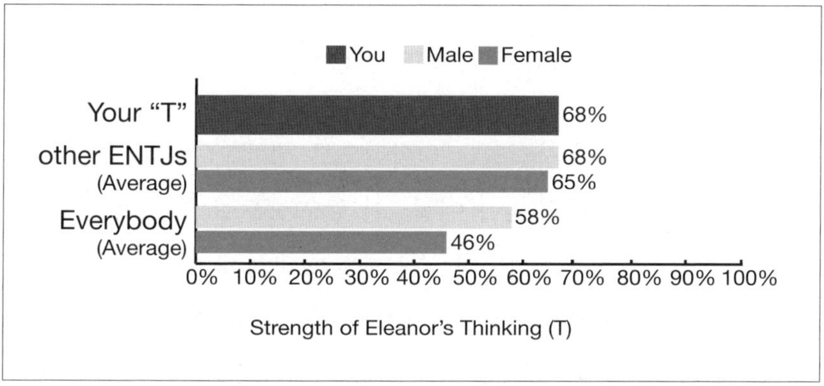

<표4> 필자의 'T' 유형과 다른 ENTJ 유형의 사람들, 모든 사람들의 'T' 유형 비교 분석 그래프

필자와 같이 사고적인 사람들은 객관적이다. 이들은 사실에 근거하여 결정을 내린다. 이들은 마음보단 머리로 다스린다. (그러나 감정이 없는 것은 아니다) 사고적인 사람들은 논리적으로 상황을 판단하고 다른 사람을 판단한다. 이들은 재치보다는 진실을 중시하고 결점을 쉽게 식별할 수 있다. 이들은 비판적이고 문제 해결에 초점을 맞추는 경향이 있다.

필자는 평균보다 48% 더 판단적이다. 평균적으로 여성이 남성보다 약간 더 판단적인 성향을 가지고 있다.

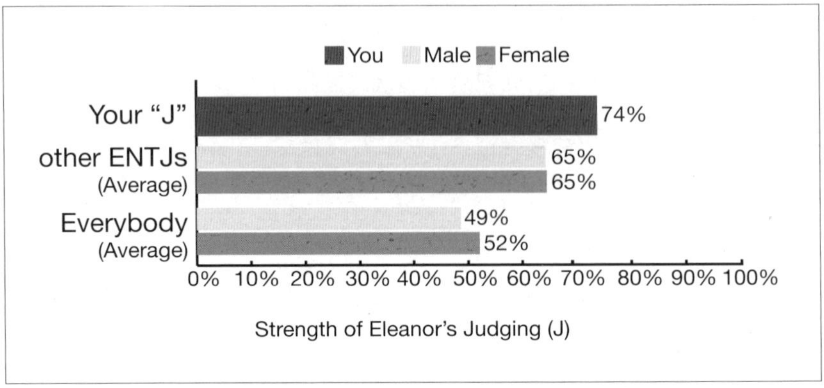

<표5> 필자의 'J' 유형과 다른 ENTJ 유형의 사람들,
모든 사람들의 'J' 유형 비교 분석 그래프

필자처럼 판단적인 사람들은 순차적으로 생각한다. 이들은 질서와 조직을 중시한다. 이들의 삶은 예정되어 있으며 또한 체계적이다. 판단적인 사람들은 폐쇄적인 성향이 있으며 일을 완성하는 것을 즐긴다. 이들은 마감일을 중요하게 생각한다. 이들은 일을 완벽히 끝내고 여가를 즐긴다. 판단 선호도는 판단력을 의미하지 않는다. 이것은 사람이 일상적인 활동을 어떻게 처리하는지를 의미한다.

3. MBTI를 통해 바라본 대학생활

필자의 MBTI를 통해 대학생활을 학업, 다양한 활동, 진로 그리고 교우관계와 건강한 자아 부분으로 나눠서 탐구해 보았다. 먼저 학업부터 살펴보자면, 필자는 성적의 편차가 높은 편인데, 관심있고 선호하는 과목은 A 이상을, 관심없고 선호하지 않는 과목은 B+~C+ 사이의 성적을 받았다. 필자에게 학업이란 진로를 위한 발판으로써의 의미를 지니고 있으며, 목표를 위해 스스로가 만족할 때까지 탐구하고, 스스로 학습하는 것을 즐긴다. 특히 진로와 관련된 과목을 수강했을 때 더 시너지 효과가 나오는데, 필자 같은 경우는 잘하고 싶다는 욕망을 통해 최대한 많은 정보를 습득하고, 그를 통해 결과를 보이고자 하는 경향이 있다. 그 예로, 1학년 2학기 신문방송의 이해 과목을 수강하였을 때, '1인 미디어 기획하기'에 관한 과제를 수행하였을 당시를 들 수 있다. 당시 과제를 제출하고 나서 담당 교수님께 과제에 대한 이해도 및 정성, 열정에 대한 칭찬을 들은 바가 있다. 이에 필자가 좋아하고 선호하는 과목, 특히 진로(성우)와 관련된 과목일 경우, 더 좋은 결과를 내기 위한 노력을 기울인다는 것을 알 수 있었다.

더불어 필자는 대부분의 팀 프로젝트에서 팀장, 즉 리더를 맡는 경우가 많은데, 원하는 방향으로, 목표로 이끌기 위한 경우가 많았다. 최대한 빠른 시일 내에 정확하게 목표를 이루는 것이 목적으로, 만일 리더를 맡지 못하는 경우에도 팀원들의 의견을 조율하고, 스케쥴을 조정하는 것을 거의 전담으로 맡아서 하는 편이다. 최대한 팀원들의 능력을 살리려 노력하고, 그것이 불가능할 경우엔 최대한 많은 인원을 참여시키고 전반적으로 필자가 관여하는 편인데, 이는 역시 프로젝트를 완성시켜 해당 프로젝트의 내용을 마스터하고자 함이다.

필자의 시각적 학습스타일과 MBTI를 연관시켜 생각해보고자 한다. 필자의 학습 스타일은 VAK 모델로 따졌을 때, 시각적, 청각적, 운동학적 순이다. 이 테스트 또한 MBTI 테스트를 했던 곳과 같은 사이트(https://personalitymax.com/)에서 진행하였다.

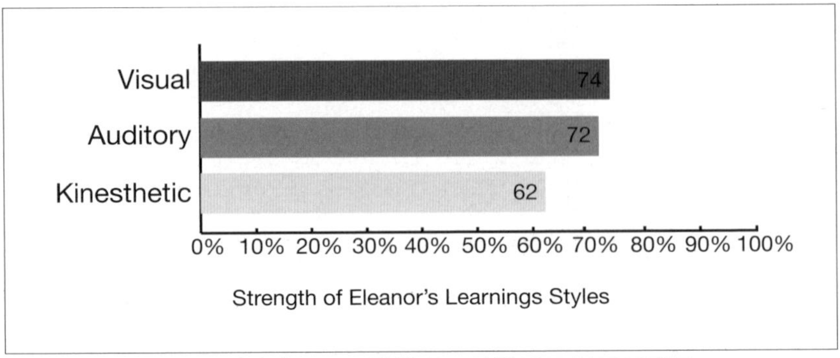

<표6> 필자의 VAK 모델 학습 스타일 비교 분석 그래프

VAK 모델은 이러한 학습의 감각적 방법을 시각적(V), 청각적(A) 및 운동학적(K) 학습 스타일로 분류한다. 대부분의 사람들이 하나의 지배적인 학습 스타일을 가지고 있지만, 아무도 단 하나의 학습 스타일을 가지고 있지 않다. 모든 사람들은 어느 정도 각각의 학습 스타일을 사용한다. 어떤 것은 한 가지 스타일에서 더 강한 반면 어떤 것은 모든 스타일에서 더 강한 힘을 가지고 있다. 현실은 우리 모두는 시각적, 청각적, 그리고 운동적 학습의 조합인 관습적인 "학습 스타일"을 가지고 있다는 것이다.

시각적 학습 스타일은 보는 것으로 배우는 것이다. 시각적 학습 스타일을 가진 사람들은 눈에 보이는 정보를 얻을 때마다 시각적으로 배운다. 이것은 단지 사진과 이들의 주변 환경을 보는 것 이상을 포함한다. 시각 학습은 또한 쓰여진 단어를 보는 것을 포괄한다. 시각 학습자는 그림, 차트, 다이어그램, 비디오 등을 활용한 가르침으로 큰 혜택을 받는다. 그들은 종종 필기를 함으로써 구어발음을 시각적 형태로 전환할 필요성을 느낀다. 필자는 시각적 학습 스타일이 우세한 사람이자

ENTJ 성격 유형을 가진 사람으로, 열렬한 학습자이고 독자이다. 필자는 어려서부터 책을 읽는 것을 좋아했으며, 또한 영상을 보거나 무언가를 본다는 행위에서 상당한 희열감을 느끼는 사람이다. 한번 집중해서 읽은 내용은 잘 잊어버리지 않으며 꽤 오래 기억하는 편이다. 또한 필기하는 것을 좋아하여 노트 필기를 자주하는 편인데, 필기를 통해 생각을 정리하고 정리한 노트를 보며 빠르게 내용을 습득한다.

필자의 두 번째 학습스타일은 청각적 학습 스타일이다. 필자는 시각적 학습 스타일과 비등한 정도의 청각적 학습 스타일을 가지고 있는데, 청각적 학습 스타일을 가졌다는 말은, 듣는 것만으로 배울 수 있음을 뜻한다. 이런 종류의 학습 스타일은 교실 환경에서 도움이 되는데, 이는 강의를 듣는 동안, 정보를 쉽게 이해하고, 처리하고, 유지할 수 있음을 뜻한다. 청각적 학습 스타일을 가진 사람들은 말을 듣고 어조를 해석하는 능력일 뿐만 아니라, 높은 정확도와 효율을 가지고 그렇게 하는 능력을 가지고 있다. 이들은 많은 것을 놓치지 않고 듣고 이해할 수 있다. 필자는 집중해서 들은 강의의 내용은 대부분 기억하는 편이다. 특히, 관심이 가는 강의일수록 그 효과는 배로 나타난다. 강의노트에 필기되어있는 것만 보고도 그 날 어떤 내용을 배웠는지, 어떻게 설명을 했는지 모두 떠올릴 수 있다. 특히 시각적 학습 스타일과 결합되어 큰 시너지를 발휘하는데, 강의 내용을 떠올리며 필기한 내용을 토대로 어떤 식으로 답을 적을 것인지 소리내어 반복, 외우면 단시간에 많은 내용을 암기할 수 있다. 거의 완벽하게 암기하였을 경우, 시간이 지나도 좀처럼 잊히지 않으며 시험에 응시할 때 단기간에 모든 문제를 풀 수 있게 된다.

세 번째로 우세한 학습스타일은 운동학적 학습 스타일으로, 신체 활동 과정을 통해 새로운 정보를 포착할 때마다 움직이는 것으로부터 배워나가는 학습 스타일을 뜻한다. 필자는 현장에 나가 그 현장을 보고 배우는 학습 방법을 좋아하는 편이다. 생생한 현장에 함께 있으면 보다 의욕이 들고 적극적으로 임하고 싶다는 생각이 들기 때문인데, 관심이 있는 분야에 대해 배우고 싶을 때는 무조건 현장에 나갈 방법부터 찾기 시작한다. 예시로, 최근 들어 청소년기에 대해 고민이 많았던 필자는 부천시청소년상담센터에서 멘토로 활동하는 '꿈나래 멘토단'에 관심을 가졌고, 이에 멘토단으로 활동할 기회를 만들었으며, 교내 또래소담 프로그램에서 또래소담자로 활동을 하며 새로 정의를 써내려가고 있다.

필자의 MBTI를 다양한 경험 측면에서 살펴보자면, 전공과 복수전공에 관한 이야기를 빼놓을 수 없다. 필자의 전공은 미디어커뮤니케이션학으로, 현재 방송/영상 관련 트랙을 배우고 있으며, 이와 더불어 편집과 관련된 인디자인을 배우고 있다. 필자가 처음 전공을 선택했을 때로 돌아가보면, 그 당시 필자는 진로에 관한 많은 고민을 하고 있었다. 원래 심리학을 전공하고 싶어했었는데, 하나의 꿈을 오래 간직하고 달려오다보니 그 의미가 변질된 느낌이 있었고, 정말 내가 무엇을 배우고 싶은지에 대한 고민이었다. 그때 커뮤니케이션이라는 단어를 처음 접했고, 하나의 전공이라기보단 다양한 전공이 융합된 듯한 느낌에 미디어커뮤니케이션학에 관심을 가지게 되었다. 필자는 지식과 숙달된 지식을 얻고자 하는 무한한 호기심과 욕망을 가지고 있는 사람으로서 이와 같은 사실은 굉장히 매력적으로 다가왔다. 그에 미디어커뮤니케이션학을 배우기 위해 본교, 선문대학교에 진학하게 되었고, 동시에 전부터 배우고 싶었던 심리학에 대한 열망을 가지고 상담심리사회복지학을 복수전공하게 되었다.

필자는 다양한 활동에 대한 꿈이 있다. 여러 다양한 분야에서 활동하는 모습을 오랫동안 꿈꿔 왔으며, 그 모두를 포기하고 싶지 않아서 모든 것을 습득하고자하는 경향이 있다. 이에 가끔은 휴식을 취하는 것을 어려워하기도 하나, 덕분에 꾸준한 발전을 이뤄내고 있다. 필자가 현재 관심을 가지고 있는 분야는 출판편집분야, 영상, 영화 관련 산업, 범죄심리학과 범죄학, 그리고 글쓰기와 스피치(성우, 강연)이다. 워낙 넓은 범위의 다양한 분야에 관심을 갖고 있는지라 필자에겐 늘 시간이 부족하다. 또한 이 모든 것을 충족시키기 위해 여러 활동에 참여하고 있는데, 앞서 말한 또래소담 프로젝트, 부천시청소년상담센터 '꿈나래 멘토단' 활동이나, 스피치와 관련해서 학과 내 스피치 동아리 '아이스트'에서 활동하는 것이 있다. 또 글쓰는 활동으로 POSTYPE에서 소설을 연재하고 있으며, 현재 소장본 작업도 진행하고 있다. 범죄심리학과 관련해서는 상담심리사회복지학 학위를 따고 관련 대학원을 진학할 계획을 가지고 있으며, 출판편집과 관련된 전공 강의, 방송/영상과 관련된 전공 강의를 들을 예정이다. 필자는 스스로를 향상시키기 위해 끊임없이 노력하는 타입이다. 이뤄내고자 하는 것은 꼭 이뤄내야 한다고 생각하며, 이와 관련되어 주변 사람들의 경험담을 듣고, 그들을 통해 배우고자 하는 욕구가 크다.

더불어 취미생활을 통해 자신을 발전시키고자 하는 욕구도 큰 편인데, 특히 스스로 생각하고 발전할 수 있는 취미활동을 즐기는 편이다.

글을 쓰고, 책을 읽고, 요리를 하며 스트레스를 푼다. 또한 오랜 시간 머무르는 공간을 셀프 인테리어하는 것을 좋아하고, 다양한 영상을 보는 것을 좋아한다. 필자의 취미생활은 혼자 하는 활동이 주다. 홀로 생각하고 결론을 내리고 후에 사람들을 만나 그에 관해 나누는 것을 중시하기 때문이기도 하고, 사람들 사이에서 벗어나 스스로를 돌아볼 시간이 필요하기 때문이다. 그와 같은 맥락으로 여행을 즐기는 편인데, 혼자 하는 여행을 그 중 제일 좋아한다. 낯선 곳에 홀로 서서 그곳의 문화를 바라보고, 그들의 삶을 엿보는 것은 상당히 두근거리는 일이다. 보통 필자의 지인이 사는 곳을 많이 방문하는데, 홀로 여행하다 그 때 느꼈던 기분을 나누고 싶기 때문이다. 그곳에 사는 사람들이 매일같이 보는 거리를 걸으며, 마치 그곳에 사는 것처럼 느껴보는 것이 필자의 궁극적인 여행 목표이다. 이와 같은 맥락으로 필자가 하고 싶은 1위 여행은 스페인 바르셀로나에서 1달 살기이다. 바르셀로나는 고등학교 때부터 필자가 관심있게 보던 도시이다. 지중해 연안의 항구 도시란 점이 끌리기도 했지만, 그보다는 느긋하게 여유있는 그들의 삶을 보고싶었다. 한국 사람들이 너무 많은 곳은 피하고 싶었고, 그에 맞는 곳이 바르셀로나라고 생각했다. 필자는 본인이 모르는 다른 삶에 대해 탐구하려는 욕망이 있다. 세상을 바라보는 시야를 넓히기 위한 가장 좋은 방법이라 생각한다. 대학생활에서 다양한 경험이 중요하다고 하는 이유도 아마 같은 맥락일 것이다. 발전하기 위해서는 현재 자신이 어디에 머물러 있는지 되돌아 볼 수 있어야 한다. 따라서 필자는 다양한 경험을 통해 그동안 머물러 있던 곳이 어떤 곳인지, 어떻게 나아가야 하는지를 찾아갈 것이다.

다양한 경험을 통해 결과론적으로 우리가 바라는 것은 진로를 찾아가는 것이다. 필자는 관심있는 분야로 나아가기 위해 대학생활을 이어가고 있다. 이것은 필자가 아무리 힘들어도 학업을 포기하지 못하고, 많은 활동을 손에 쥐고 있는 이유일 것이다. 필자는 목표를 달성하기 위해 그 어떤 노력도 감수할 수 있는 사람이다. 아무리 힘들어도 원하는 방향으로 나아가기 위해서라면 끊임없이 노력할 것이다. 필자가 관심있는 분야들은 각자 자신의 영역으로 굉장히 전문적인 분야들이다. 특히 오랫동안 꿈꿔 왔던 범죄심리 전문가와 같은 경우는 다양한 방법으로 될 수 있지만, 필자는 대학원 진학, 박사 학위 취득을 목표로 두고 있다. 그렇다고 해서 그 외 관심있는 분야를 포기할 생각은 없다. 대학원에 진학하기 전 필자는 출판업계에 취업할 계획이며, 어느 정도 안정된 후에는 성우 콘텐츠를 가지고 자회사를 설립할 생각이다. 혹자는 묻는다. 그걸 전부 할 수 있냐고. 그러면 말한다. 왜 못한다고 생각하는지. 필자는 인생을 길게 보는 연습을 한다. 상당히 미래지향적인 성향을 가지고 있다. 필자에게 제일 최악의 상황은 경험하지 못해 후회하는 것이다. 필자는 게으름은 죄악이라 생각한다. 잠시라도 뒤처지지 않기 위해 끊임없이 노력해야 한다고 생각한다. 그와 관련해서 필자는 할 수 있는 모든 경험을 할 계획을 가지고 있다. 지금은 교내활동을 위주로 준비하고 있지만 점차 대외활동까지 뻗어나갈 계획이다.

'어떻게 살아가느냐' 만큼 중요한 것은 대인관계이다. 사람은 사회적 동물이다. 혼자서는 절대 살아갈 수 없다. 우리는 수많은 사람들과 상호작용을 해야 하고, 어울려 살아가야 한다. 필자의 강점은 비판을 잘 받아들이고, 갈등을 잘 다루고, 쉽게 감정이 상하지 않는다는 점이다.

다른 사람들이 필자에게 어떤 부분을 지적하면 쉽게 수용하고 바꾸려 노력한다. 또한 갈등이 생겼을 때, I Message 등 다양한 화법을 사용하여 서로의 감정을 상하지 않게 풀어나가는 방법을 늘 강구한다. 만일 비난이 날아오는 경우에도 경우에도 쉽게 잊어버리기 때문에 쉽게 감정이 상하는 법이 없다. 뿐만 아니라 필자는 다른 사람들을 관찰하고 그들의 생각을 듣는 것을 좋아하기 때문에 사회관계에서 대처력이 나쁘지 않은 편이다.

최근에 필자가 확실히 ENTJ라고 느꼈던 사례를 하나 소개해보고자 한다. 필자는 친구가 본인에게 힘든 점을 털어놓거나 고민상담을 하면 친구의 감정을 잘 이해하기 어렵기 때문에 친구의 입장에서 생각을 해 보려고 하는 타입이다. 친구가 만족할 수 있는 정도로 공감하는 과정을 거치고 나면, 후에 친구가 상황을 객관적으로 바라볼 수 있도록 도우려고 노력한다. 이 때 어떻게 전달해야 할지, 친구가 어떻게 하면 기분 상하지 않고 내용을 받아들일지 생각하고 어법을 빠르게 결정 내린다. 이야기가 끝나고 나면 친구의 기분을 살피며 혹시 본인의 말에 기분 상하지 않았는지 물어보기도 한다. 감정을 느끼기(Feeling)보다 생각(Thinking)하려는 부분에서 필자의 'T' 성향이 드러난다. 또한 상황을 객관적으로 바로볼 수 있도록 도우려는 부분도 관계를 멘토-멘티로 만드는 ENTJ의 성향이다. 대처법을 생각하고 빠르게 판단을 내리는 것은 'J', 판단이며, 마지막에 친구에게 기분을 묻는 것은 'E', 외향적인 성향이다. MBTI 검사를 통해 필자는 필자 본인의 행동을 이해하는 과정을 거치고 있다. 검사를 통해 필자는 본인에게 가장 열등한 기능을 'F', 감정이므로 이 부분에 대한 강화가 필요하다는 생각을 하게 되었다.

흔히 대학을 작은 사회라고 표현하는데, 고등학교 때까지는 경험하지 못했던 다양한 사회관계를 맺고 형성하기 때문이다. 특히 대학생활은 선후배 간의 교류라든지, 다양한 사람들과 만나게 되면서 사회를 배워나가는 과정이다. 그래서 필자는 다양한 사람을 만나기 위해 노력하고 있다. 또래소담 프로그램을 신청했던 이유도 마찬가지이고, 다양한 동아리 활동, 다른 사람들과의 교류를 위한 행사 참여 등 다양한 사람을 만나기 위한 기회를 만들어가고 있다. 필자가 관계에 있어서 가장 중시하는 것은 관계 속의 '나'이다. 이것은 건강한 자아와도 연관되는 이야기인데, 사람들은 수많은 관계 속에서 자신을 잃고 휘둘리는 경향이 있다. '나'의 중심을 잘 잡아놓지 않으면 금세 휩쓸려 '나'를 잃고 만다. 필자는 이 점을 늘 상기하고 있다.

필자는 건강한 자아를 위해 충분한 휴식시간을 갖는다. 필자는 휴식시간을 갖기 위해서 시간 분배를 해야 할 필요성을 강하게 느끼는데 이에 본인에게 가장 편리한 방법은 계획 세우기이다. 계획을 세우고, 그것에 대한 평가를 하는 것, 따라서 필자는 늘 연간으로 계획을 세우고, 달력 어플을 통해 월별로 계획을 세우며, 그것을 주간으로 나누고, 일일 계획을 세우는 작업을 거친다. 이렇게 하면 내가 언제 쉴 수 있는지, 어떻게 쉴 수 있는지를 확실히 정할 수 있다. 필자가 휴식을 취하며 하는 일은 주로 친구를 만나 수다를 떨거나, 좋아하는 것을 먹고 혹은 책을 읽거나 영화나 드라마를 보는 등의 활동이다. 필자는 'E'성향이 강하지만 'I' 성향이 너무 낮은 편은 아니어서 혼자서 하는 활동도 즐기는 편이다.

또한 SNS에 팔로워도, 팔로잉도 없는 계정을 만들어 감정 쓰레기통으로 활용하고 있다. 남에게 풀기보다는 말 그대로 그 날의 기분을 적는 곳으로 쓰고 있는데, 갈 곳 없는 악감정을 털어놓기에 좋다고 느꼈다. 필자는 다른 사람에게 과거의 일들에 대해 자기공개를 하는 것을 꺼려하는 편은 아니나, 현재의 문제에 한해서는 자기공개를 힘들어하는 타입이다. 그에 따라 필자는 멘탈 관리를 위하여 SNS 계정을 활용하고 있다.

현재 필자의 대학생활은 전체적으로 봤을 때 성공적인 대학생활이라고 하긴 어렵다. 본인 스스로가 본인에 대한 만족도가 전반적으로 떨어지며, 부족한 부분이 많다고 여기기 때문이다. 이에 다음 파트인, 성공적인 대학생활을 위한 방법에서 현재의 대학생활에서 부족하다고 느끼는 부분을 보완하기 위한 방법에 대해 이야기해보고자 한다.

4. 성공적인 대학생활을 위한 방법

성공적인 대학생활을 영위하기 위해서는 무엇이 필요할까. 필자는 이번 파트에서 본인에게 부족한 부분을 보완하는 방법에 대해서 이야기하고자 한다.

먼저 학업 측면에서 바라보자면, 필자는 현재 성적 편차가 심한 것에 문제의식을 가지고 있다. 따라서 좋아하는 과목에만 몰두하지 않기 위해서, 모든 과목에 적절한 시간 분배를 할 수 있도록 계획을 세울 것이다. ENTJ인 필자는 계획을 세웠을 때 일을 더 잘 수행할 수 있는 사람이기 때문에 상당한 효과를 기대해볼 수 있겠다. 물론 그렇다고 해서 하기 싫은 일을 너무 억지로 몰아붙일 경우 역효과를 볼 수 있기 때문에 학기 별로 꼭 듣고 싶은 강의 몇 가지를 선정해서 적절하게 동기를 부여하는 방법도 같이 사용할 예정이다.

또한 진로와 관련되어 다양한 자격증을 취득하며 진로에 대한 동기를 강화시킬 것이다. 현재 첫 직업으로 생각하고 있는 출판관련 직종을 얻기 위해서 전공하고 있는 미디어, 방송/영상, 출판편집 분야를 중점적으로 공부할 예정이며 이에 어도비 국제자격증을 취득하고자 한다.

필자는 매 방학 때마다 성적표와 활동 내역을 보며 스스로 다잡기 위해 노력하는 편이다. 후회없는 대학생활, 성공적인 대학생활을 위해서 지금 당장 할 수 있는 일부터 차근차근 노력해야 한다는 생각을 많이 하는데, 아무래도 미래지향적인 성향이 커 현재의 일에 충실하지 못하고 미래에 대한 고민에 빠지는 경우가 많다. 이런 문제를 방지하기 위해서 필자는 미리 계획을 세우되 언제든지 변할 수 있음을 늘 상기하고, 현재에 너무 많은 짐을 지우지 않기 위해 노력할 것이다.

흔히 성공적인 대학생활이라고 물었을 때 빠지지 않고 나오는 경험은 진로와 연관시켜서 생각해 볼 수 있는데, 이에 필자도 두 가지를 묶어서 방법을 이야기하려 한다. 필자는 경험하는 것을 중요하게 생각하지만 그럼에도 여전히 익숙한 길로 가려는 성향이 있다. 이로 인해 많은 경험을 하는 데에 제약을 받는 것 같아 조금씩 변화를 주는 방법을 찾으려고 한다.

현재 필자는 출판편집분야에서 일을 하기 위해 준비하고 있는데, 특히 이 분야는 변화에 민감해야 하고, 그에 맞춰 변화해나가야 한다. 그에 새로운 메뉴를 도전해보거나, 가끔은 익숙하지 않는 길로 걷기와 같이 사소한 것부터 시작해 변화를 두려워하지 않도록 노력해 나아가려고 한다. 앞으로 경험하게 될 무수히 많은 일들을 단지 변화가 두렵다는 이유로 포기하지 않기 위해서이기도 하다.

다음으로 노력할 부분은 교우관계이다. ENTJ인 필자는 다른 사람들의 감정과 일에 대한 기여를 인정하는 데에 어려움을 느낀다. 칭찬 한 마디 건네는 것이 힘들고, 장점을 보는 것이 어렵다. 전보다 나아지긴 했으나 그럼에도 여전히 부족한 부분이기에 타인의 장점을 먼저 보려고 노력할 것이며, 칭찬할 일이 생기면 바로바로 칭찬할 수 있도록 노력할 것이다. 또한 속단속결하고 참을성이 부족해 강압적으로 보이기 쉬운데, 조금더 심사숙고하여 상대방을 신경쓸 수 있도록 노력할 것이다.

다음에 이야기할 부분은 건강한 자아를 갖기 위해 노력하는 부분과 이어지는데, 감정을 표현할 수 있도록 그때 그때 감정을 생각하고 말하는 연습을 할 것이다. 현재 필자는 부정적인 감정을 표현하는 폭도 좁으며, 긍정적인 감정은 더더욱 적다. 가장 많이 하는 표현은 스트레스 받는다, 기분이 나쁘지 않다와 같은 표현들로 불명확하고 부정적인 부분으로 치우쳐져 있다. 이에 어떤 감정을 느끼는지 파악하고, 다른 사람들에게 진심으로 공감할 수 있도록 노력할 것이다.

사실 앞에서도 말했지만, 성공적인 대학생활이라는 것은 지극히 주관적이기 때문에, 자신의 만족이 중요하다고 생각한다. 그러나 어느 정도 바라는 수준이 있기 때문에 그에 도달하기 위해서 끊임없이 노력하고 경험을 쌓는 것도 중요하다고 생각한다. 그렇기에 본인은 앞으로도 꾸준히 노력해 대학생활을 끝마치는 순간에 후회 없이 끝을 즐길 수 있도록 할 것이다.

Ⅲ. 결론

필자는 ENTJ의 성향이 강한 사람이다. 그만큼 ENTJ의 부족한 부분이 두드러지게 드러나는 사람이기도 하다. 다행히도 긍정적인 상황인데 그 이유는 필자가 본인의 부족한 부분이 무엇인지 정확히 안다는 것과 그 부분에 대해 전부터 고민해왔다는 것이다. 물론 이대로 살아도 그렇게 큰 문제는 없겠지만, 조금 더 나은 삶을 영위하기 위해서는 '나'를 바꿔 나갈 필요가 있다. 그에 필자는 MBTI 성격유형 검사 결과를 활용해 나갈 것이고, 가깝게는 대학생활부터 멀게는 인생 전체를 바꾸어나갈 것이다. 현재에 머무르지 않고 미래를 향해 나아가는 것, 그것이 필자가 추구하는 인생관이다.

필자는 현재 대학생이란 신분으로 사회를 배워나가고 있다. 앞으로 만나게 될 사회 이전에 이 곳에서 수많은 경험을 하고 학습을 해 나갈 것이며, 그것을 바탕으로 성장해 어느 정도 완성된 모습으로 사회와 마주할 것이다. 그렇기에 대학생활을 성공적으로 이뤄내는 것이 중요하다고 생각한다. 만일 스스로 변화하는 데 한계가 있으면 주변의 도움을 받으면서 성장해 나아갈 것이며, 어떠한 고난이 있어도 극복해 낼 수 있도록 스스로를 단련할 것이다. 나중에 다시 이 시간을 되돌아보았을 때, 후회하지 않고 찬란했다고 이야기할 수 있도록 말이다.

부록 2

생활 속의 심리 개념

(가나다 순)

- 기대-가치 이론(Expectancy-Value Theory) - '제 눈에 안경' 혹은 '끼리끼리 논다'는 유유상종이란 말처럼 자기와 함께 할 상대자를 선택할 때 그 상대방의 매력 정도뿐만이 아니라 그 상대와의 성사 가능성이란 기대 정도도 고려해서 결정한다는 것
- 낙인(stigma) 효과 - 피그말리온 효과와는 반대로 나쁜 사람이라고 부정적인 낙인이 찍히면 그 낙인에 걸맞은 행동을 한다는 것
- 내적 귀인(Internal Attribution) - '잘되면 내 탓'이라고 자기가 한 일이 성공적인 경우는 자신의 재능이나 노력 등 스스로의 공으로 돌리는 것
- 단순 보상의 효과(simple Reward effect) - 사람들이 유명세에 약하듯이 부담스러운 것보다는 보상을 추구하는 성향이 있기 때문에 일단은 강한 자 편에 서고 싶어 하는 것
- 단순 접촉의 효과(Effect of simple contrast) - 자주 보면 정이 드는 것처럼 단지 자주 접촉하는 것만으로도 사람들이 호감을 느

끼는 것

- 대비(Contrast) 효과 - 방사 효과와는 반대로 여자들이 자기보다 예쁜 친구와는 될 수 있는 대로 같이 미팅에 안 나가는 것처럼 너무 매력적인 상대와 함께 있으면 그 사람과 비교되어 평가절하되는 것
- 맥락 효과(Context Effect) - 성실한 사람이 머리가 좋으면 머리 좋은 게 지혜로운 것으로 해석되고 이기적인 사람이 머리가 좋으면 교활한 것으로 해석되는 것, 또는 예쁜 여자가 공부도 잘하면 기특한 거고 못생긴 여자가 공부를 잘 하면 독한 년이라고 처음에 제시된 정보가 나중에 들어오는 정보들의 처리 지침을 만들고 전반적인 맥락을 제공하는 것
- 머리부터 들여놓기 기법(Face-in-the-door Technique) - 어린애들이 엄마에게 우선 비싼 것을 사달라고 떼쓰다가 그것이 안 되면 그것보다 좀 싼 것을 사달라고 하는 식으로 무리한 부탁을 먼저 해서 나중에 제시한 작은 요구를 들어주게 하는 방법
- 몰개성화(Deindividuation) 현상 - 스타의 공연을 보는 오빠 부대 마냥 흥분하면 자신의 상태를 파악하는 능력이 감소되어 하나의 독립된 개체로서의 개성을 상실하는 것
- 발부터 들여놓기 기법(Foot-in-the-door Technique) - 외판사원들이 하는 영업수법으로 작은 요구에 응하게 하여 나중에 큰 요구를 들어주게 하는 것
- 방사(Radiation) 효과 - 예쁜 여자랑 다니는 못생긴 남자는 뭔가 다른 특별한 게 있을 것이라고 보는 것처럼 매력 있는 짝과 함께 있을

때 사회적 지위나 자존심이 고양되는 것

- 방어적 귀인(Defensive Attribution) - 실패했을 때는 남의 탓으로 돌려야 자존심이 상하지 않으며, 잘 되었을 때는 자기의 공으로 치부해서 자기의 자존심이 고양되는 것
- 부정성의 효과(Negative Effect) - 한번 전과자는 사회에 발붙이기 힘들다고 하듯이 부정적인 특징이 긍정적인 것보다 인상형성에 더 강력하게 작용하는 것
- 비인간화(Dehumanization) 현상 - 상대방이 어떤 사람인지 모르는 경우에는 상대방을 비인격적인 존재로 격하하기 때문에 상대방을 아는 경우보다 공격성이 촉발되는 것
- 빈발 효과(Frequency Effect) - 내성적이라고 생각했던 사람도 웃기는 행동을 자주 하면 외향적이라고 생각되듯이 반복해서 제시되는 행동이나 태도가 첫인상을 바꾸는 것
- 사건 처리(Event Processing Hypothesis) 가설 - 모르는 길을 찾아갈 때는 이것저것 파악해야 할 게 많아 멀게 느껴지지만 돌아올 때는 파악해야 할 것이 갈 때보다 적어 가깝게 느껴지는 것처럼 처리되는 사건의 수에 따라 시간의 추정이 달라지는 것
- 사회 비교 이론(Social comparison Theory) - 내가 남들에게 어떻게 보이는가가 항상 궁금하듯이 사람은 의식적 또는 무의식적으로 자신을 타인과 비교하려는 욕구가 있다는 것
- 수면자 효과(Sleeper Effect) - 큰 잘못을 해도 시간이 지나면 용서 받을 수 있듯이 초기에 제시된 정보도 잠자고 나면 점차 망각되는 것

- 스톡홀름(Stockholm) 신드롬 - 스톡홀름의 은행강도에게 인질로 잡힌 여자가 그 강도와 사랑에 빠진 것처럼 왕창 겁을 준 다음에 주는 호의가 더 효과적이라는 것
- 심리적 반발(Psychological Reactance) - 멍석 깔아주면 안 하는 것처럼 하라면 하기 싫고, 말리면 하고 싶은 것
- 악마(Devil) 효과 - 후광효과와는 반대로 못생긴 외모 때문에 그 사람의 다른 측면까지 부정적으로 평가되는 것
- 외적 귀인(External Attribution) - '못되면 조상 탓'이라고 실패한 경우는 타인이나 상황 또는 운으로 탓을 돌리는 것
- 욕구-상보성 가설(Need Complementarity Hypotheses) - 기대-가치 이론과는 반대로 지배욕구가 강한 사람은 순종적인 사람을 좋아하는 것처럼 서로 상반되는 성향의 사람들이 자신들의 욕구를 보상받을 수 있는 상대와 친해지려고 하는 것
- 위약(placebo) 효과 - 밀가루를 알약처럼 만든 플라시보가 약효를 보는 것처럼 가짜 약이 진짜 약처럼 정신적, 신체적 변화를 일으키는 것
- 자극 일반화(stimulus Generalization) 현상 - '자라 보고 놀란 가슴 솥뚜껑 보고 놀란다'고 조건형성된 자극과 유사한 자극이 나타나도 학습된 조건반사와 비슷한 반응을 보이는 것
- 자극포만 기법(stimulus-satiation Technique) - 비정상적인 행동을 그만두게 하는 심리학적인 치료방법으로 좋아하는 것을 물리게 하여 그만두게 하는 것
- 자기 이행적 예언(Self-Fulfilling Prophecy) - '며느리가 미우면 며느

리 발뒤꿈치까지 밉다'고 어떤 사람을 의심하면 하는 짓마다 수상하게 보이고 미워하면 미운 짓만 하는 것 같은 것

- 자기불구화(Self-Handicapping) 현상 - 어떤 일을 실패할 가능성이 많다고 생각할 때는 다른 이유로 책임을 전가하여 핑계댈 구실을 만들어 자존심을 보호하는 것
- 자이가르니크(Zeigarnik) 효과 - 연구자의 이름을 딴 것으로 첫사랑은 잊을 수 없는 것처럼 미완성 과제에 대한 기억이 완성 과제에 대한 기억보다 더 강하게 남는 것
- 자존심 고양의 효과(self-Esteem Enhancing Effect) - 유명하고 똑똑하고 힘있는 사람이 내 주변에 많으면 내 자존심이 올라간다고 생각하는 것
- 전위적 공격행동(Displaced Aggression) - 자기 마누라한테 받은 분풀이를 회사에 와서 부하 직원에게 푸는 것처럼 처벌을 가한 자에게 공격행동을 하기보다는 다른 대상을 찾아 분노감을 해소하는 것
- 점화 효과(Priming Effect) - 특정한 정서와 관련된 정보들이 그물망처럼 서로 연결되어 있어서 한 가지 정보가 자극을 받으면 관련된 기억들이 함께 떠오르는 것
- 정서 말초설(Peripheral Theory of Emotion) - 아이들이 싸우다 코피가 나면 눈물을 흘리며 우는 것처럼 신체의 말초반응들이 감정을 유도하는 것
- 조건형성(Conditioning) - '파블로프의 개' 처럼 과거에 경험했던 어떤 자극이 제시되면 그 자극상황에서 나타났던 반응들이 일어

나는 것

- 주의 감소(Attention Decrement) 현상 - 첫인상이 나쁘면 나중에 아무리 잘해도 어려운 것처럼 후에 들어오는 정보에 주의를 기울이는 정도가 줄어드는 것
- 중요성 절감(Discounting) 현상 - 이기적이라고 생각했던 사람이 갑자기 호의를 보이면 의심하듯이 나중에 들어오는 정보의 중요성은 처음 들어오는 정보에 비해 가볍게 취급되는 것
- 초두 효과(Primacy effect) - 만남에서 첫인상이 중요한 것처럼 먼저 제시된 정보가 나중에 들어온 정보보다 전반적인 인상 형성에 강력한 영향을 미치는 것
- 터널 시야(Tunnel Vision) 현상 - 열 받으면 눈에 뵈는 게 없는 것처럼 생리적인 흥분이 증가되어 주의력과 정보처리 능력이 현저하게 저하되는 것
- 통제감의 착각(Illusion of control) - '사람들은 모두 제 잘난 맛에 산다'고 불행한 사건이 일어날 가능성은 낮게 보고 남들보다 행복한 미래가 기다리고 있다고 생각하는 것처럼 우연에 의해 결정되는 일도 자신이 통제력을 행사할 수 있다고 믿는 것
- 피그말리온(Pygmalion) 효과 - 피그말리온이라는 사람이 자기가 만든 여자 조각상을 너무도 사랑했기 때문에 그 조각이 진짜 여자가 되었다고 해서 나온 말로 긍정적으로 기대하면 그 기대에 부응하는 행동을 하게 된다는 것
- 행위자-관찰자 편향(Actor-Observer Bias) - 운전할 땐 차선의 빨간 불이 길게 느껴지고, 길을 걸을 땐 횡단보도의 빨간 불이 길게 느

껴지는 것처럼 똑같은 행동도 자신이 행위자일 때와 다른 사람이 그 행위를 하고 있는 것을 관찰할 때가 서로 다른 것

- 허구적 일치성 효과(False consensus Effect) - 바람기 있는 남자는 자기 친구가 업무상 여자를 만나면 바람을 피운다고 추측하기 쉽듯이 객관적인 절차 없이 남들도 자기와 같을 것이라고 짐작하는 것
- 허구적 독특성(False Uniqueness) - 내가 하면 낭만적 로맨스고 남이 하면 주책 같은 스캔들이라고(내로남불) 자신은 남들과 달리 독특한 개성을 갖고 있다고 보려는 것
- 현저성 효과(Vividness Effect) - 이빨에 고춧가루가 낀 여자는 아무리 예쁘게 생겨도 매력 없는 것처럼 두드러진 특징이 인상형성에 큰 몫을 차지하는 것
- 혐오적 조건형성(Aversive Conditioning) - 만일 나비가 하수도에서 산다면 나비도 쥐처럼 사람들이 혐오하는 곤충이 되었을 것이라는 상상처럼 더럽고 불쾌한 자극과 짝지어 제시되었기 때문에 어떤 것을 혐오스럽게 생각하는 것
- 후광(Halo)효과 - 어떤 사람이 갖고 있는 한 가지 장점이나 매력 때문에 다른 특성들도 좋게 평가되는 것

참고문헌

김광현, 강성배(2016). 대학 신입생의 대학생활적응척도 개발 및 타당화. 『교양교육연구』, 10(3), 253-293.

김정택, 심혜숙(2017). 『MBTI, 성장프로그램 지도자 안내서』. 서울: 어세스타.

노안영, 송현종(2006). 『상담의 원리와 기술』. 서울: 학지사.

석창훈(2021). 『대학 학생상담의 이해』. 서울: 북퍼브.

석창훈(2021). 『대학적응검사의 이론과 실제』. 서울: 북퍼브.

제석봉(1999). 『MBTI: 인간의 이해와 성장』. 대구가톨릭대학교출판부

제석봉(1997). 『인간관계 심리학』. 대구가톨릭대학교출판부

제석봉(2003). 『상담의 이론과 실제』. 경산: 대구가톨릭대학교출판부.

제석봉, 유계식, 박은영 역(1999). 『유능한 상담자』. 서울: 학지사.

천성문, 김남희, 김정남, 박미선, 박원모, 배정우, 조정선, 한민경(2005). 『중고등학생을 위한 집단상담 프로그램』. 서울: 학지사

한상근(2015). 『2014 미래의 직업세계』. 서울: 한국직업능력개발원.

Martin C., 심혜숙 외 역(2009). 『성격유형과 진로탐색』. 서울: 어세스타.

Adams, H. E.(1972). *Psychology of Adjustment*. The Ronald Press Company.

Allport, G. W. (1961). *Pattern and growth in personality*. New York: Holt, Rinehart & Winston.

Austin, A. W.(1977). *Four critical years*. San Francisco: Jossey-Bass Publishers.

Baker, R.W.& Siryk, B.(1984). Measuring adjustment to college. *Journal of Counseling Psychology*, 31, 19-189.

Balkin, J. & Donaruma, J. A.(1978). Contributions of family and friends to fear of success in men. *The Journal of Psychology 100*, 279-283.

Charles, C. Z., Dinwiddie, G., & Massey, D. S.(2004). The continuing consequences of segregation: family stress and college academic performance.

Social Science Quarterly Vol. 85, 1353-73.

Chung Y., B. & Sedlacek(1999). Ethnic differences in career, academic, and social self-appraisals among incoming college freshman. *Journal of College Vol. 2,* 14-24.

Cummins, M. M., Haskell, J. H., & Jenkins, S., J.(2005). Financial attitudes and spending habits of university freshman. *Proceedings of the Academy for Economics and Economic Education Vol. 8,* 3-6.

Demeulemeester, J., & Rochat, D.(1995). Impact of individual characteristics and sociocultural environment on academic success. *International Advances in Economic Research Vol. 1,* 278-287.

Egan, E.(2002). *The skilled helper, Pacific Groves.* CA: Brooks/Cole.

Elkins, S. A., Braxton, J. M., & James, G. W.(2000). Tintos seperation stage and its influence on first-semester college student persistence. *Research in Higher Education 41(2). 251-268.*

Garza, C., & Landeck, M.(2004). College freshman at risk-social problem at issue: an exploratory study of a Texas/Mexico border community college. *Social Science Quarterly Vol. 85,* 1390-1400. Guidance Journal Vol. 58, 508-511.

Hill, C. E., O'Brein K. M.(1999). *Helping skills: Facilitation exploration insight and action.* Washington, DC: American Psychological Association.

Hudson, W., E., Henderson, D., & Henderson, J.(2002). The retention of entering and returning freshman enrolled at Florida A&M University's school of general studies during the fall semester 1997-2001. *Education Vol. 1,* 210-213.

Keller, D., Crouse, J., & Trusheim, D.(1993). Relationship among gender differences in freshman course grades and course characteristics. *Journal of Educational Psychology Vol. 85,* 702-709.

Kiersey D. Bates M.,(1984). *Please Understand Me(Character and temperament type).* Prometheus Nemesis Book Company, Delma: CA.

Lazarus, R., S. (1976). *Patterns of adjustment(3rd).* New York: Mcgraw-Hill Book Company

Leppel, K.(2001). The impact of major on college persistence among freshman. *Higher Education Vol. 41,* 327-342.

Mak, J., & Moncur, J. T.(2003). Interstate migration of college freshman. *Annals of Regional Science Vol. 37,* 603-612.

Myers, I., (1993). *Gifts differing.* Palo Alto: Consulting Psychologists Press.

Pritchard, M. E. and Wilson, G. S.(2003). Using emotional and social factors to predict student success. *Journal of College Student Development 44(1). 18-28.*

Robert, J. R., & Jones, E.(2001). Money attitudes, credit card use, and compulsive buying among American college students. *The Journal of Consumer Affairs Vol. 35,* 213-240.

Seo, S. K., & Kim, K. H. (2002). A validation study of the test of college life adaptation. *Student Review,* 36, 1-12.

Tieger, P. D. and Barron-Tieger, B. (1995). *Do what you are: Discover the perfect career for you through the secrets of personality type.* New York: Little, Brown and Company.

Young, M. E.(2001). *Learning the art of helping: Building blocks and technique, Upper Saddle River.* NJ: Prentice-hall.

www.16personalities.com

www.career.go.kr

www.career4u.net

www.mbti.co.kr

www.naver.com

www.personalitymax.com

www.webzine.ncyok.or.kr

www.work.go.kr

색 인

인명 색인

〈저자 소개〉

석창훈(石昌勳)

· 경북대학교 사범대학 교육학과, 대학원 교육학과 졸업
· 대구가톨릭대학교 철학박사(전공: 종교교육 및 상담심리)
· 전 대구가톨릭대학교 성장상담연구소 학술연구교수
· 전 고려대학교 교육대학원 외래교수 / 대표입학사정관
· 현 선문대학교 교양학부 교수 / 학생상담센터장
· 현 충남교육청 다문화학생 학력평가 심사위원장
· 현 한국연구재단 인문사회연구본부 인문학단 PM
· 현 한국상담학회 전문영역(수련감독급) 1급 상담사

인간의 정신과 행동에 대한

심리학의 이해

초판 1쇄 인쇄일 2022년 2월 10일
초판 1쇄 발행일 2022년 2월 15일

지은이 석창훈
발행인 황선조
발행처 선문대학교 출판부
신고번호 | 제302-1961-000002호
주소 | (3146) 충남 아산시 탕정면 선문로 221번길 70
전화 | (041) 530-2827
팩스 | (041) 530-2979

ISBN 978-89-8423-906-7

정 가 15,000 원